国学经典

姜忠喆/主编

鉴古中国兴衰成败 通五千年沧桑流变

中国通史

辽海出版社

【第五卷】

《中国通史》编委会

前 言

中国是一个拥有五千年灿烂文明史，又充满着生机与活力的泱泱大国。中华民族以其先辉的历史屹立于世界的东方。

在中华民族的历史长河中，曾创造了无数的文明奇迹，谱写了许多不朽的篇章。

自公元前 3000 至公元前 21 世纪，是中国文明初起的时代，也就是历史上三皇五帝时期。"三皇"是伏羲、女娲与神农。"五帝"为黄帝、颛顼、帝喾、唐尧与虞舜。后来黄帝统一各部，所以中华民族一向自称为"黄帝后裔"，又因炎、黄两部落融合成华夏民族，故也称为"炎黄子孙"。

公元前 21 世纪至公元前 17 世纪，是中国第一个王朝——夏王朝时期。夏朝的建立标志着中国若干万年的原始社会基本结束，数千年的阶级社会从此开始，它的诞生成为中华文明史上的一个重要里程碑。夏朝总共传了 14 代 17 个王，延续近 500 年。

商汤灭夏，是历史的进步。新建立的商王朝，虽然在社会形态上与夏王朝并无区别，但是它的诞生，毕竟给古代社会内部注入了新的活力，健全了古代阶级社会的机制。所以古书对商汤伐桀灭夏一事给予了充分的肯定，认为"汤武革命，顺乎天而应乎人"。

商朝共历 30 主 17 世。

西周从武王灭商建国，到幽王亡国，一以共历近 300 年，是中华文明的一个重要时期，也是中华古典文明的全盛时期，它的物质、精神文明对后世历史的发展产生了深远的影响。

周朝经历了 37 代天子，共 800 多年。

春秋时期，是中国历史上社会经济急剧变化、政治局面错综复杂、军事斗争层出不穷、学术文化异彩纷呈的一个变革时期，是中华古代文明逐渐递嬗为中世纪文明的过渡时期。

据史书记载，春秋 242 年间，有 36 名君主被杀、52 个诸侯国被灭，有大小战事 480 多起，诸侯的朝聘和盟会 450 余次。

战国时期，战争愈来愈多，愈打愈大。据统计，从周元王元年（公元前 475 年）至秦王政二十六年（公元前 221 年）的 255 年中，有大小战争 230 次。

公元前 221 年，秦王嬴政灭六国，终于建立了中国历史上第一个统一的多民族的中央集权的国家——秦，历史从此翻开了新的一页。

为了加强对全国的统治，使秦帝国长治久安、万世不移，秦始皇在政治、军事、经济、交通、文化及对外开拓诸方面，采取了一系列新的政策。

西汉是中国的一个黄金时代，在国力上达到空前的强盛，疆域也是扩张到空前的辽阔，势力也伸展至中亚。

东汉皇统屡绝，外蕃入侵，母后与天子多无骨肉之亲，所以多凭外戚专政。及至天子年壮，欲收回大权，必然和外戚发生冲突，于是天子引宦官密谋除掉外戚。此一时期，外戚、宦官明争暗斗，此起彼伏。

公元 581 年，北周相国杨坚接受北周静帝的"禅让"称帝，国号"隋"，建元"开皇"。

隋继承了北周的强大，等内部安定后，随即在 589 年灭南方的陈国,结束了270余年的大混战,统一了中国。

唐代把中国封建时期的繁荣昌盛推向了顶峰:有发达的农业、手工业和商业,纺织、染色、陶瓷、冶炼、造船等技术也都有了进一步的发展。

宋朝时,中华文化继续发展,是中华文化的鼎盛期,唐代最突出的成就是诗歌,而宋代在教育、经学、史学、科技、词等方面都超越了唐代。

南宋的历史都与抗击北方外族的战争相关,从1127年开始,南宋王朝对金王朝进行了5次战争,最后被蒙古人所灭。

1271年,蒙古大汗忽必烈把原来属西夏帝国、金帝国、宋帝国、大理帝国和蒙古本土合并成一个帝国,国号"大元"。不断的征战和元政府的歧视汉人政策,导致汉人不断地反抗,元朝皇帝终被逐出中原,回到蒙古故地,元帝国也随之灭亡。

朱元璋建立的大明王朝,使中华民族从一个厄运又走进另一个黑暗的长夜。

明末,"辽饷""剿饷""练饷"加重了给百姓的负担。政治腐朽,贪污成风,是明末的一大痼疾。明王朝终于在内忧外患之下,走向灭亡。

明王朝的腐败,再加上李自成的暴动,加速了这个汉族建立的封建王朝的灭亡。取而代之的是中国北方的清王朝。清王朝是中国的最后一个王朝。清朝前期它带领中国进入了另一个强盛时代。

19世纪中期以后,清王朝迅速衰败。鸦片战争之后,英、美、法、俄、日等国家不断强迫清政府签订各种不平等条约。自此,中国逐渐沦为半殖民地半封建社会。

1911年孙中山领导的辛亥革命,推翻了清王朝368年的统治,同时也结束了延续 2000 多年的封建君主制，建立了中华民国，这是中国近代史上最伟大的事件之一。

但随后中国又陷入了新的混乱之中，新旧、大小军阀连年混战，日本侵略者大举入侵。以毛泽东等为代表的中国共产党人，经过 28 年艰苦卓绝的斗争，终于在 1949 年 10 月 1 日建立了崭新的中华人民共和国，中国人民自此走向新生。

《中国通史》是一部全景式再现中国历史的大型图书，它在吸收国内史学研究成果的基础上，将中华文明悠久历史沉淀下来的丰富的图文资料，按历史编年的形式进行编排，直观地介绍中国历史的发展进程，全书共分 6 册，以众多珍贵图片，配以 160 多万字的文字叙述，全方位地介绍中国历史的荣辱兴衰，内容涵盖政治、军事、经济、文化、外交、科技、法律、宗教、艺术、民俗等各个领域。

因编写时间仓促、编者水平所限，书中难免存在疏漏之处，敬请广大读者与专家学者批评指正。

《中国通史》编委会

目 录

近代史

（1912—1949 年）

太平军北伐西征

太平天国定都天京（今南京）后，便开始进行北伐和西征。

北伐的总目标是攻占北京，推翻清朝中央政府。咸丰三年（1853 年）五月，林凤祥、李开芳率领太平军精兵约 2 万人，从扬州出发进行北伐。十三日，进至浦口，清军溃走。两天后又攻占浦口，与吉文元、朱锡琨所部会合，先后北上，迅速入安徽。仅仅一个月，连破滁州、临淮关、凤阳、怀远（今蚌埠）蒙城、亳州等地。六月，入河南，在归德（今商丘）大败清河南巡抚陆应谷军。北伐军原计划从归德城西北 40 多里刘家口渡黄河，取道山东北上，因清军在黄河渡口严密布防，该处无船可渡，于是沿黄河南岸西进，攻省城开封又不克。北伐军虽遭到一些困难，但终于在汜水、巩县之间渡过黄河，进围怀庆（今沁阳）。清军 6 万人死力防堵，双方争夺激烈，历时近两个月未克。随后北伐军撤离怀庆，自黄河太行山间小道入山西。经垣曲、曲沃、平阳、洪洞，复折东向，经河南入直隶，攻克军事重镇临洺关，清钦差大臣、直隶总督讷尔经额军被击溃。此后，北伐军又乘胜攻占沙河，长驱直入，连克赵州、栾城、藁坡、晋州，十月进占深州。然后又进抵张登镇，距保定仅 60 多里。清廷闻讯后大震，咸丰皇帝逃亡热河行宫。在此之后，北伐军东进，连克献县、交河、沧州、青县、静海、前锋直抵杨柳青，进逼天津。清军联合地主团练，决运河堤放水，北伐军攻天津受阻，于是便退守静海、独流一带。时届隆冬，北伐军弹尽衣缺，加之清军围攻，兵力大受耗损，先后派人回京求援。咸丰四年（1854 年）二月，北伐军南撤，五月，转据东光县连镇待援。此时，天京曾派出援军北上，但到达山东境内时，在临清被清军击败。北伐军听到援军北上的消息后，便由李开芳分兵自连镇而下接应，被清军围于山东高唐州。林凤祥等坚守连镇，与僧格林沁相持；李开芳坚守高唐，与胜保相持。咸丰五年（1855 年）三月，连镇的北伐军粮食用尽，营地被清军攻破。全军将士宁死不屈，林凤祥被俘，解北京英勇就义。扼守高唐州的北伐军在李开芳的率领下，突围至茌平县冯官屯，再次被围。清军引运河水灌冯官屯，北伐军屡次突围未成功。李开芳被俘投降，被解北京杀死。

北伐军转战 5000 多里，经历 6 个省，连克数十城，深入清朝的心脏地区，给清政府以沉重打击。

太平军在北伐的同时，还派兵西征。目标在于确保天京，夺取安庆、九江、武昌 3 大军事据点，控制长江中游。

咸丰三年（1853 年）五月，派胡汉晃、赖汉英、曾天养等率船千余艘，溯长江西上，攻占了安徽和州。转月，又攻占了芜湖、安庆，进围南昌。清军调重兵防守，双方在南昌展开激烈争夺。因久攻不下，太平军九月撤围北上，攻下九江。此后，西征军分兵两路。

一支由胡汉晃、曾天养率领，以安庆为基地，经略皖北，连克集贤关、桐城、舒城。随后又攻克重镇庐州（今合肥），安徽巡抚江忠源投水自杀。太平军占领安徽的广大地区，成为西征军的运输要道和主要给养基地。

另一支由韦俊、石祥率领，自九江沿江而上，攻克汉口、汉阳，因兵力不足，不久退守黄州。曾天养率部来援，于咸丰四年（1854年）二月在黄州大败清军，湖广总督吴文镕投水而死。西征军乘胜三克汉口、汉阳，六月再克武昌。

西征军在湖北战场获胜后，又攻入湖南，遇到曾国藩湘军的顽强抵抗。四月，太平军攻占岳州，湘军大败，太平军乘胜进入湘潭，钳制长沙。在湘潭，太平军与湘军水陆激战7天，伤亡很大。五月湘潭沦陷。太平军突围奔走靖巷。这时，靖巷的太平军已几乎全歼湘军水师，曾国藩羞愤交加，欲投水自杀，被随从捞起。在湘潭、岳州战斗中，太平军不幸失利。老将曾天养单骑冲入敌阵，壮烈牺牲。十月，湘军和湖北清军反扑，武昌、汉阳相继失守。第二年初，湘军进逼九江。石达开为统帅，率大军西援。驻守湖口指挥全局。用诱敌深入、以少胜多的灵活战术，在湖口、九江两次战役中痛歼湘军水师，夺获曾国藩座船，曾国藩水师溃败。与此同时，秦日纲等乘胜从太湖、宿松一带向湖北反攻，在广济（今梅州）大破清军。石达开从湖北移军江西，与来自广东天地会起义军响应。咸丰六年（1856年）三月，攻克吉安、樟树镇（今清江），曾国藩困守南昌。江西8府50州县均被太平军所占。后石达开率主力援天京，未能攻下南昌。十月，石达开东援事毕，自天京进军武昌。

太平军长达3年多的西征，取得安徽、江西、湖北东部的大部分地区，控制长江中游安庆、九江、武昌三大重镇，为屏障天京奠定了基础，太平军在军事上达到了全盛时期。

天京祸起萧墙

天京大屠杀是太平天国由盛而衰的一个转折点。酿成事变的根源不难索解，事变的爆发点却始终是个谜。东王府直到事变前夕还是很平静的，致使韦昌辉的屠刀挥舞得那么如心如意，这明明是在东王毫无防范的条件下的突袭。所谓"逼封万岁"一事，真实性颇多疑问。一则杨秀清要夺权，何必做得如此猴急；二则，大权在握，要个"万岁"何用？三则，既然做了这种必然遭忌的事，为什么竟是毫不警戒地在东王府睡他的大头觉？

论者说，这故事是在惨案发生后对东王的"欲加之罪"，用以平息某些人的困惑、怀疑和愤恨，它是天王府编造出来的。据石达开的回忆说："达开领众在湖北，闻有内乱之信。韦昌辉请洪秀全诛杨秀清，洪秀全不许，转加杨秀清伪号；韦昌辉不服，便将杨秀清杀死。"杀杨本是极密事件，只有在洪、杨、韦3人心底里最明白；当时李秀成尚未封王，石达开西征在外，他俩说的都算不上第一手材料。但石达开一直是主要当事人之一，他所了解的应该较能接近实际。尽管他说得略而不详，且有某些歧义，但有一点很清楚，是天王主动加了东王封号，与逼封之说恰恰相反。本来，这种争夺权位的肮脏勾当最容易产生政治谣言，后来石达开出走了不是又产生所谓"诛杨密议"的吗？东王被杀，北王受诛，翼王又出走，群情惶惑，人心离散，洪秀全只好给东王平反来平息众议，于是"开诏擅杀"和"诛杨密议"两项新的内幕新闻，相继占领了谣言市场，前者是加重北王罪名的，后者是让翼王分担杀杨责任的。诏书上还说："妄为推测有何益，可怜叛爷成臭虫。"出了怪事，怎能禁得住群众的"妄为推测"呢？不论怎样添注涂改，逼封万岁的谣言已经广泛流传，再也收不回来了。

不管"逼封万岁"有无其事，反正洪、杨矛盾已发展到了不可调和的地步，冰冻三尺，非一日之寒。起义初因军令需要集中，杨秀清做事又极能干，因此洪秀全指定诸王一律"听东王将令"。东王不识字而极聪明，从事判断敌情，决策进退，颇多独到见解。他多次出奇制胜，化险为夷，在军中威望极高，这些原都是正常的事情。可是，由于杨秀清握有假托天父附身传言的特权，他的神权高过了洪秀全的王权，这就成了准备子孙万代相传的洪家王室之大忌。建都以后，东王府权势显赫，威风张扬，杨秀清一切专擅，几乎重要的事都得通过他决定。

1856年杨秀清把他的战功推到了最高点。天京受南、北大营的困扰已久，这次东王下决心全力加以扫除，高度发挥了他的指挥艺术。过程中运筹准确，计日成功，号令严峻，"不奉令者斩"，这是他的一贯作风。历时5个月，从江北横扫到江南，江苏巡抚吉尔杭阿在高资战败自杀，从孝陵卫东逃的钦差大臣向荣在丹阳自缢身亡。在天京外围纠缠了3年多的一支威慑力量宣告瓦解，清廷大受震动。

太平军第一次打了个大规模的歼灭战，而且打得漂亮，这是值得称道的。东王自以为了不起，志得意满，骄傲了。其实，清廷经此挫折，更识得了太平军的厉害，正在重新部署，准备卷土重来，严重的拼死决战就在眼前，而天国领袖却相反地陶醉了起来。老话说，"兄弟阋于墙，外御其侮"，现在对外打了一个对于消灭清廷实力而言并不具有决定意义的胜仗，竟然祸起萧墙，实在是很可惜。天京热烈举行祝捷大会，享有最大光荣的当然是班师回朝的东王。东王出门，坐48人抬的大轿（天王洪秀全坐64人大轿），由27节的龙灯开道。

龙灯五色洋绉长达数十丈，高丈余，行不见人，鼓乐从其后，谓之"东龙"。东王仪仗次于天王，排场的豪华煊赫，"侯相为之侧目"。自信心特强的东王自我陶醉的热度狂烈地高升了，天王和其他各王怎能看得过去。

仅仅为巩固权力而除掉一个东王，只要不多牵动其他将士，影响自亦不大。可是动手的北王韦昌辉做法极蠢，杀了东王一家后就此大开杀戒。先用计诱集东王部属和关系人，聚歼在东王府；再转到外边，大肆株连屠杀有关士兵和家属，据说总数至少两万余，以致从观音门内漂流出江的"长发尸骸数日不断，江流因血污为之变色"。内讧接着演出第二幕。石达开返京不满韦昌辉所为，韦即图谋杀石；石星夜缒城逃出南京，韦又把石全家老小杀了。第三幕，惩办韦昌辉和秦日纲，由幸存的东王部属来动手了，先杀了几百人，正要按照北王方式继续杀下去，幸经陈玉成及时赶到劝阻。他说："太平军皆东、北王旧部，如欲株连，非杀尽太平军不可。"一场大火并才算告一段落。

在这场历史上罕见的内讧屠杀中，不少转战万里的起义将士，农民军骨干，不是死在与清军鏖战的沙场，而是倒在自相残杀的血泊之中。石达开惊叹："自攻自杀，从此元气大伤，十年未可即复。"说得多么痛心！正如后来李秀成所追忆的，从此"人心改变，政事不一，人各一心……各有散意"。这是上层的反应。下层呢？当时流行起一首歌谣说："天父杀天兄，总归一场空，打打包裹回家转，还是做长工。"且撇开扑朔迷离的政治谣言不说，反正群众亲眼看到的是一场"天父杀天兄"的不幸惨剧。整个人心与士气遭受到严重挫伤，正是这场惨剧的必然后果。

过去人们都虔诚地相信：上帝是无所不能的，是可以制止一切祸害的，现在为什么失灵了呢？天父的化身为什么不能保卫自己的生命呢？再说，过去人们相信领袖们说的：人人都是亲兄弟，要并力斩邪除妖，建立人间天国，群众也都这样希望着。可如今现实告诉他们，宗教原来是领袖们争权夺位的工具，一些关系微妙的秘密，由洪、杨两个"亲兄弟"（上帝的第二子和第四子）亲手揭开了魔术布，西洋镜全部拆穿。宗教的纽带松解了，宗教的语言丧失了原有的魅力，群众对上帝、对领袖的向往，自然要大大地打了个折扣。

《原道救世训》曾给人们指出希望："行见天下一家，共享太平。几何乖离浇薄之世，其不一变而为公平正直之世也；几何陵夺斗杀之世，其不一变而为强不犯弱，众不暴寡，智不诈愚，勇不苦怯之世也。"可是现在"陵夺斗杀"从内部发生了，哪一天"共享太平"呢？人们的信念动摇了。

严重的问题在于敌情在起着相反的重大变化：其一，江南、江北大营两支"御林军"的覆灭，逼使清廷在民族歧视上大大让步；其二，清廷与帝国主义者之间，正在曲折地进行着携手合作。敌人在磨刀，磨刀的特点就是扩张反革命的队伍和能量。与此同时，革命阵营的最高领导层却在进行着"自攻自杀", 双方力量对比从此发生了巨大变化。

英王与忠王共撑危局

陈玉成 14 岁跟叔父在金田村参军, 当上了孩儿兵。二次攻陷武昌之役, 久攻不克, 17 岁的陈玉成已是骁勇善战的小将了, 他先对城内敌情侦察清楚, 率领 500 名精兵绕到城东防务薄弱处, 出其不意地进行突击。他带头缒登城墙, 打开缺口, 夺下了武昌城。他从此崭露头角, 驰骋长江以北一带, 不仅勇敢而且多谋, 渐渐地可以独当一面了。

杨、韦事件以后, 军事形势已经逆转。被摧毁的江南、江北大营重又建起, 曾国藩定下了全力夺取安庆进而合围南京的进军战略。此时天国的开国五王已是一个不剩, 重担子落到了陈玉成与李秀成两人身上。

为解救京围召开的枞阳会议, 决策横扫长江北岸, 再次拔除江北大营。陈玉成军队离开枞阳时, 湘军李续宾追踪而来。李续宾是曾国藩办团练的主要得力助手, 名位仅次于罗泽南, 作战历来以剽悍见称, 这次从湖北赶来进犯三河 (属肥西) 是打算直取庐州 (合肥), 断陈玉成的后路。他没有估计到江北大营那么不中用, 陈玉成竟已迅速回师。李续宾措手不及, 被打得主力全军覆灭, 本人落得个自缢而死。曾国藩为之惊叹: "三河之挫, 歼我湘人殆近六千, 不特大局顿坏, 而吾邑士气亦为不扬。"湘乡这块名牌牌子砸了, 这是最叫曾国藩伤心的。陈玉成以功封英王。又半年, 李秀成击溃了浦口大营, 击毙湖北提督周天培, 晋封忠王。此时天京之围稍解, 但就整个形势来看, 安庆之围这个"劫"打不赢, 天京仍然不得安全。整个棋局中所以出现这个"劫", 是从天国的战略错误产生的。定都南京意味着革命进军的停顿, 一切军事行动从此服从于"保卫天京"这一特定任务。这个保卫战派生出两大战场, 一是要防备窥伺天京近侧的江北、江南两个大营, 二是为了上游不受阻扼, 必须保有安庆。造成被动局面后, 杨秀清生前对这两个战场一度占有过优势, 内讧后就一直处在挨打地位了。

安庆既为双方所必争, 展开了一场斗力且是斗智的殊死战。英王与忠王合力再破江南大营, 收拾掉了两大头子和春与张国梁, 然后由李秀成乘胜下江南, 建立苏福省, 进军上海。清廷慌了手脚, 指示曾国藩: "屯兵坚城, 即使安庆得手, 亦属得不偿失。"要他立即统率所部"径赴苏州, 不许稍有迟误"。曾国藩坚持"安庆之得失, 关系吾家之气运, 即关系天下之安危", 他不顾江南失地千里, 一口咬住小小安庆不放。

据清军俘获的陈玉成自南京发出的密件, 陈玉成设计的作战部署是: "派杨辅清、李世贤、李秀成直取苏常, 再攻徽浙, 以入江西; 又派吴如孝、张乐行由定远、寿、颍、六、霍入湖北，定于秋间四路大举。"这个计划的特点，不是死守天京，而是从外围作战取得胜利来解救天京。但是，不论太平军在别的战场如何声东击西，老练的曾国藩就是不为所动，紧围安庆不舍。

安庆之围难解，一计不成又生一计，既然安庆关系到南京的安危，上游武昌不也就关系到安庆的安危吗？新的围魏救赵计划产生了，力争上游。李秀成在上海虚晃一枪，大军转向皖南、赣北移动，同时陈玉成大军则在江北由皖入鄂，双方准备在长江上游南北会师。陈玉成进兵神速，直下黄州，下一步就是武昌。这一下可让反动派发了慌，楚军头头胡林翼身处安庆前线，自嗟自叹"笨人下棋，死不顾家"，以至惊忧成疾，不久呕血而死。曾国藩估计到：武昌失陷不仅对下游构成莫大威胁，而且将使中原各省失却屏障。南路也很危急，李秀成大军过祁门，对曾帅大本营发起猛烈攻击。景德镇失守，曾国藩自称"日在惊涛骇浪之中……自度殆无保全之理"。他曾经写就给妻子的遗嘱，准备自杀。围安庆的曾国荃想要分兵营救，他硬是不准，后来他写信告诉这位九弟说："群贼分路上犯，其意无非援救安庆。无论武汉幸而保全，贼必以全力回扑安庆围师；即不幸而武汉疏失，贼亦必以小支牵掣武昌，而以大支回扑安庆，或竟弃鄂不顾。"陈、李的计谋没有瞒得了曾国藩。过去的经验他还牢记着，他说："去年之弃浙江而解金陵之围，乃贼中得意之笔，今年抄写前文无疑也。"上一年太平军先攻浙江，佯示切断江南大营粮路，引蛇出洞，和春不识得，果然发兵救浙，李秀成却又丢开浙江回过来把出洞的蛇捕歼了。李秀成的打法被曾国藩看得清楚，学得乖了的曾国藩不曾做和春第二。

打乱分进合击湖北计划的主力还是帝国主义者。此时北京英法联军的和议已成，英国使馆参赞巴夏礼来到汉阳，与清廷官吏议定在汉口镇设立英租界；随即亲自到黄州，要求陈玉成停止进军。据巴夏礼给政府的报告说："至于汉口，英王说他自己可以不攻该城。但其他诸王尚不知道英国在汉口设立租界，也许仍照原定计划进军。他还说，英国占据汉口和武昌，由他占领汉阳，这样英国人和太平军两方面的关系才会融洽。"后来英王并未占领汉阳，因安庆已极危急，即行回师。南路的李秀成，虽进入湖北，始终未能与北路联系上，后来转过头来一路打到浙江去了。从当时交通与通讯的条件看，相隔千里的大部队夹江进军，双方很难保证战略协同。事情虽未成功，但其智谋与胆识是卓绝的。

大局已坏，情势已决定安庆难保。依靠一二杰出将领的竭尽计谋，几路勇敢弟兄们的浴血苦战，也只能取得暂时的局部的胜利。大火并以后太平军守城主将连兵带马献城投敌的事常有发生，这在前期是从来没有过的。例如韦志俊的叛变，恰在安庆军情紧要关头，不仅在数量上为清军增加了不少筹码，而且这个叛徒还卖出了死力。叛将很多是杨、韦两派相互攻杀的幸存者，他们积有宗派宿怨，投敌后对老弟兄们的残忍狠毒，有时比清方将士还厉害。

これ尽是内讧留下的后遗症，越到后来越发无可救药。不久安庆就被曾国荃使用新到的西洋火器攻破了，陈玉成因此论罪被革职。他革职后仍为太平军的重振积极筹划，派部将陈得才、赖文光等经略西北，说明他是具有长远目光的。不久庐州失守，不幸被早已暗投清营的捻军叛徒苗沛霖所骗，陈玉成在寿州牺牲，临危不屈，年仅 26 岁。

总起来说，洪秀全从策略到战略都犯了重大错误，内讧后大局已坏，颓势难挽。英王、忠王并不是没有看到这一点，但终于千方百计，竭尽心力，共撑了三数年的危局。他们都为农民革命军鞠躬尽瘁，知其不可为而为之，直到最后一息。

太平军进攻上海

咸丰十年（1860 年）五月，太平军攻破清军江南大营，解除天京之围后，忠王李秀成等率各路太平军开始东征，一路所向披靡，连克丹阳（今江苏丹阳）、常州（今常州）、无锡（今无锡）。六月，又相继攻克苏州、嘉兴（今嘉兴）、太仓（今太仓）、嘉定、常熟（今常州）、青浦、松江（今松江）等地，建立了以苏州为首府的苏福省。当太平军席卷江南、逼近上海的时候，上海的官僚、地主、买办大为恐慌，江苏巡抚薛焕派上海道吴煦向英、法领事请求派兵防守县城。英、法公使宣布将协助清军"弥平一切不法叛乱，保卫上海"。美国人华尔也向江苏粮储道杨坊提出组织一个洋枪队的计划。这个计划得到了薛焕、吴煦的赞成，并由上海的地主、富商提供军械和军费。于是华尔招募外国在华的流氓、海盗和亡命之徒 200 多人组成洋枪队，企图阻止太平军的攻势。在太平军进攻上海之前，干王洪仁玕也来到苏州，同李秀成分别写信给英、美、法公使和领事，向他们宣布了太平天国对外国的平等互惠的通商政策，希望他们不要协助清兵坚守上海。但防守着上海的外国军队对之置之不理，甚至连洪仁玕的信件也没有启封拆开。七月中旬，洋枪队袭取松江，得到 3 万两海关银重赏。接着又进犯青浦，被李秀成率太平军打得大败，华尔率残部逃回上海。不久之后，清参将李恒嵩和华尔率领刚组成的洋枪队再次进攻青浦。九日，展开大战，太平军重创洋枪队，缴获洋枪2000 多支，大小洋炮 100 多门，船只数百艘。华尔身上 5 处受伤，只好带着残兵败将逃回上海。而后，美国人白齐文和法尔思德率领的洋枪队以华尔在上海所募之英、法、德、意、希腊人联合起来再攻青浦，又被太平军击败，死者近百，并失去大批枪炮。李秀成率部乘胜于十二日克复松江，并由此引兵进攻上海，十八日抵徐家汇，进逼上海西门和南门。李秀成致书英、法公使，声明太平军到上海后，将保护教堂，只要外国人闭门不出，屋悬黄旗，太平军便绝不伤害他们。由于洋枪队的一再失败，英、法决定自行参战，正式宣布要"保持上海秩序"，组成英法联合干涉军，英国的卡思克尼被任命为联军司令，火速从津沽前线分兵数百南下，又搜罗洋行仆役等1000多人协同清军对太平军作战。停泊在黄浦江的两艘黄舰宁乐特号和先锋号也向太平军开火。李秀成还想与"洋兄弟"取得谅解，竟严禁还击，致使太平军遭受重大伤亡。太平军首次进军上海，由于军力不超过3000人，加以英法干涉军拥有优势武器，特别是后方嘉兴又遭清军攻击告急，被迫于八月下旬撤围回援。

咸丰十一年（1862年），太平军第二次进攻上海。这年一月，李秀成派慕王谭绍光等由苏、杭出发，分兵5路，水陆并进，再次进攻上海。李秀成传檄外国军队："各宜自爱，两不相扰"，倘敢"助逆为恶，相与我师抗敌，则是飞蛾扑火，自取灭亡"。但外国军队仍蛮横不讲理。于是太平军迅速抵达嘉定（今上海嘉定区）、青浦（今上海青浦区），随即占领奉贤（今上海奉贤区）、南汇、川沙、高桥（今奉贤区南桥镇），前锋直逼吴淞。法军悍然向太平军开炮阻击，俄国也派兵参加，分区防守上海。太平军暂时撤退。二月，反动势力在上海成立"中外会防公所"，策划防守方案及筹措饷械。在上海的英、法军队增至数千人。华尔洋枪队和英国海军司令贺布、法国海军司令卜罗德率领的英法军队联合向高桥、萧塘反扑；三月，贺布又进攻上海泗泾。太平军与敌巷战，逐屋争夺。敌纵兵抢掠焚杀，并依仗兵多优势，迫使太平军撤离。华尔洋枪队改名为"常胜军"，扩编近5000人，清政府还赏华尔参将衔。二月至三月，英军先后由米歇尔率九十九联队及炮兵一部和陆军司令士迪佛立率全军自天津到上海，于是英军在上海的兵力由不足900人到2824人，计炮22尊，另海军大炮2尊。四月初，贺布率英、法军队和华尔的"常胜军"共2000多人，又"约同新到之俄国兵数十名"，联合清军，向沪西的王家寺、罗家港等太平军阵地进攻。在罗家港的战斗中，太平军打死打伤"常胜军"数十人，击伤贺布。后来，卜罗德用大炮轰毁罗家港太平军营垒后，太平军开始撤走。四月下旬，又在周浦发生战斗，此距上海约29公里。太平军有600人战死，300人被俘，俘虏全被残酷处死。四五月间，已经认定"华、夷混一，局势已定"的李鸿章，率淮军6000多人从安庆乘坐英国轮船到达上海。清政府授他署理江苏巡抚，不久实授。四月二十七日，英、法军队和李鸿章的淮军联合进攻嘉定。英、法军队包围了三面城门，另外一面城门作为守军唯一退路则交给淮军攻打。其中太平军有一队130人的童子兵，为掩护自己军队撤退而浴血奋战到最后一人。不久当嘉定陷落的时候，法军奏乐，李鸿章命令淮军把俘虏的太平军官兵的耳朵割下，献首于指挥这次战役的英陆军司令士迪佛立。随后，英法侵略军又攻占了青浦。侵略军所到之处，除就地烧、杀、抢、劫之外，还唆使清军卑鄙地残杀俘虏。剑子手们用尽剖腹挖心、割掉妇女的乳房、从孕妇的肚子里掏出胎儿、从俘虏身上割下一块一块的肉开心取乐等一切残酷的、惨无人道的杀人手段；还唯恐分赃不均，规定"攻占之地，不许单独抢掠，应平均分配"。五月中旬，英、法侵略军和华尔"常胜军"5000多人，与李鸿章的淮军配合，复犯奉贤南而后又联合李鸿章的淮军进攻奉贤南桥镇。太平军击毙法国海军司令卜罗德，但终因伤亡过多，南桥失守。敌军转攻柘林镇，太平军2000多人与之激战，全部壮烈牺牲。李秀成得知东线失利的消息后，立即从苏州亲率精兵万余人赶到。十七日至十八日，两军激战于太仓城下，太平军取得全胜。击毙了清知府李庆琛并消灭其全军5000人，破清营30多座，缴获大炮洋枪不计其数，敌军全线溃败。接着，又乘胜进围嘉定，英军急忙从上海赶来救援。太平军与驰援英军血战数日，消灭英军1000多人。在太平军胜利进攻中，英国驻上海代理领事麦华陀建议贺布和士迪佛立同李鸿章会商如何对付太平军，并达成李调遣3000军队进驻南桥、由外国军官训练、双方必须互相提供太平军行动消息等5项协议。与此同时，太平军听王陈炳文及纳王部永宽部进攻青浦，占领泗泾；李秀成率部大败华尔，进围松江；慕王谭绍光攻克湖州府后，又立即移师东征，六月九日，太平军再克青浦，活捉"常胜军"副统领法尔思德。几天之后，太平军数万人挺进法华镇、徐家汇、九里桥，直逼租界和上海县城，一直打到上海城下。正在这时，太平军在西战场连连失利，曾国荃率湘军扎营雨花台附近，围攻天京（今江苏南京），天京告急。洪秀全一日连下3道命令催促李秀成火速回援，李不得不暂时放弃攻取上海的计划，忍痛撤松江之围，终止了对上海的第二次进攻。

李秀成率大部回援天京前，在东线布置了严密的防御体系，由其部将谭绍光负责，致使李鸿章和外国军队长期无隙可乘。谭还数次出兵，以攻为守，曾抵达上海西郊之法华镇、北新泾等地，进逼上海。终因势单力薄，不久撤军。

太平军苏南城镇保卫战

到了1863年，在中外反动武装的夹击下，太平军在浙江的基地大部丧失，湘军加紧了对天京的合围，各部太平军转战在外，呼应不灵，难以休整，洪秀全已无力将太平军捏成一个有力的整体。太平天国所能控制的邻近天京的地盘，只是江苏南部的若干城镇，已处于被动防御的不利态势。如果说前几年外国侵略军和"洋枪队"与太平军交战的目的，主要是维护他们在上海、宁波等通商口岸的既得利益。那么，如今他们同清政府进一步勾结，是为了把太平天国彻底打垮，扶持清王朝在全国的统治，以实现其在历次不平等条约中所夺取的种种特权，并进而使清政府屈从于外国侵略者的指挥棒下，他们绝不甘心让富庶的苏南地区仍控制在太平军手里，于是加紧了武力侵犯。这样，在苏南保卫战中，太平军的处境就更为艰难。

1863年的苏南保卫战，是从"洋枪队"伙同清军进犯太平军的重要基地太仓城开始的。"洋枪队"领队华尔在慈溪被太平军击毙后，由英国一名上尉军官奥伦代理。2月14日，奥伦率"洋枪队"2500名，携各种火炮22门，在清军的配合下，气势汹汹地进犯太仓。镇守苏州的太平军主将谭绍光获悉后，立即派增援部队前往太仓，配合守军防御。奥伦依仗炮火优势，企图一举摧毁城墙。在密集的炮火下，只见火焰冲天，砖石横飞，城墙上却空无一人，奥伦以为太平军已无力抵抗，遂令"洋枪队"从被炸开的城墙缺口处扑城，当他们接近缺口时，守城太平军枪炮连发，砖石齐下，"洋枪队"避退不及，纷纷倒地，一些从浮桥越过城壕的"洋枪队"员，全部被歼。正当"洋枪队"乱作一团，准备撤退时，守军从城内冲出，奋勇杀敌，先后打死"洋枪队"官兵400余人，缴获大炮两门，"洋枪队"狼狈回窜。奥伦被撤去代理领队职务，而以英国军官戈登上校接任，并扩军至5000人。

在击退侵犯之敌后，太仓军民在守将蔡元隆的领导下，抢修加固城防工事，在城内挖了地窖以防炮击，在城外筑了两道护城的高墙，随时准备迎击再犯之敌。5月2日，戈登率"洋枪队"2800人再次进犯太仓，步兵在炮火的掩护下，逐渐向城垣推进。下午2时，各种火炮齐发，轰塌了城墙多处，打开了一个大缺口。"洋枪队"蜂拥而上，遭太平军炮火的阻拦。守军堵住缺口，坚守城墙，并以密集的火力向"洋枪队"扫射。"洋枪队"难以立足，往后退缩，并再次炮击城墙。太平军经反复战斗，予敌重创后撤离太仓。这一仗击毙"洋枪队"少校班农等20人，打伤"洋枪队"官兵142人。6月1日，侵略军出动炮兵600人，"洋枪队"2500人，侵占了邻近太仓的昆山。7月29日，侵略军攻陷吴江。这样，太平天国苏福省的省会苏州就暴露在敌军面前。

从11月下旬起，揭开了苏州城防战序幕。戈登率"洋枪队"5000余人，伙同清军对苏州城实施包围。太平军凭借城高池深，由谭绍光率部坚守，一时相持不下。戈登决定袭击娄门外土山上的太平军石垒，企图先突破外围防御工事。土山上太平军筑了很多砖砌的炮台，山坡上密密麻麻地钉上竹桩，周围挖了3道极深的壕沟，堤岸上遍插锋利的竹签和铁钉。越过壕沟后，还有一长列围桩。面对太平军的坚固工事，戈登决定于27日晚进行偷袭。"洋枪队"的士兵都分发白头巾，以便在黑暗中能够互相辨认。午夜1时许，戈登亲率两连士兵，潜近外围的长桩，其余部队也按预定信号前进。这时，四野寂静，他们认为太平军并未发觉，当突击队爬进胸墙时，太平军突然开火，"洋枪队"陷入太平军的火网，顿时一片混乱。戈登见太平军已有防备，急令部队退却，将大批伤亡士兵遗弃在战场，至少有200多官兵被打死打伤。戈登恼羞成怒，于 29 日晨又以重炮猛轰该地太平军石垒。在这次进攻中，太平军切断了戈登的退路，差点把他捉住。这一天，"洋枪队"又遭惨重伤亡，至少有 9 名尉级军官被打死。在太平军的打击下，"洋枪队"的进犯一次次被粉碎。孰料正在这紧急关头，太平军内部一些将领却悲观失望，贪生怕死，背着主将谭绍光，秘密和中外反动派勾结，准备献城投降。12 月 4 日，太平军苏州守将郜云宽、汪安钧、周文嘉等人在会议厅将谭绍光刺死，向反动派投降。这样，苏州城就不战而陷了。叛徒们满以为可以卖主求荣，结果在两天之后，这 8 名叛将统统被江苏巡抚李鸿章杀死，落得个身败名裂的可耻下场。

苏州失陷后，广大太平军将士并未放下武器，他们决心破釜沉舟，与侵略军血战到底。1864 年 3 月中旬，戈登率"洋枪队"由溧阳至金坛，准备攻城。太平军在刘官芳的率领下，展开了英勇的保卫战。21 日，"洋枪队"炮轰金坛，守军不动声色，等到"洋枪队"越过城壕至城根准备从缺口处登城时，守军忽起，纷纷以刀、矛、砖石、火药包砍击登城之敌，先后击退"洋枪队"的 3 次冲锋。太平军还乘势从缺口出击，与敌展开肉搏，打死打伤"洋枪队"军官 14 人、士兵数百人，连戈登腿上也吃了一枪，晕倒在地，"洋枪队"溃退溧阳。这就是闻名远近的金坛"砖瓦战"。

在太平天国苏南战场节节撤退之时，太平军还深入敌后展开反击作战。坚守常州的太平军主将陈坤书派兵一部，插入常熟、江阴、无锡境内，寻机杀敌，吓得侵略军惊呼"天落长毛"。1864 年 3 月下旬，江阴华墅之战是其中最著名的一役。31 日，戈登率"洋枪队"两个步兵团和一个炮兵连在无锡、江阴地区寻找太平军决战。他发现太平军主力集结于江阴华墅，即率队乘坐船只，分路逼近太平军阵地，却不见太平军踪影。正在彷徨之际，太平军实施突袭，击毁了"洋枪队"的运载船只。太平军还乘"洋枪队"步兵分散出击之机，居高临下，从邻近的山丘上呼啸而下，骑兵也从隐蔽地冲杀出来，手持大刀，左右冲杀，把"洋枪队"团团围住，附近农民也用锄头、木棍协助太平军拦击逃跑之敌。这一仗，800 名"洋枪队"全军覆没。戈登带了少数士卒，仓皇逃窜，才免一死。据外人记载，"这是戈登生平所遭遇到的伤亡最为惨重的一次战役。"经这次惨败，"洋枪队"士气低落，被迫整顿。

1864 年 4、5 月间展开的常州之战是太平军与"洋枪队"最后一次交锋。4 月中旬，戈登统率步兵、炮兵共 3000 人，作为攻打常州的先锋。太平军守将陈坤书率 8000 子弟坚守常州城。24 日，常州保卫战在隆隆炮声中拉开战幕。"洋枪队"用巨炮轰开了西门缺口，守军前仆后继，一再把缺口堵住。陈坤书身先士卒，指挥若定。子弹打光了，太平军战士就用砖石击敌，使"洋枪队"不得从门而入。接着，南门、北门的城墙也炸塌了，守军在缺口处组成人墙，一批倒下了，后一批继续接上。一直坚持到 5 月 11 日，城墙又被炸塌几十丈，守军已难以填补，戈登率"洋枪队"蜂拥而上，攻进城内，展开了逐屋争夺的巷战，一直打到陈坤书衙门口，太平军将士一个个倒下，陈坤书受伤死难。城中的几百名太平军还埋伏在僻巷深院，手持戈矛与"洋枪队"格斗，直到最后一息。在悲壮的常州保卫战中，太平军8000将士浴血苦战，壮怀激烈，可歌可泣，予"洋枪队"以重创。戈登自己也承认："常州太平军是一支最能拼死作战的队伍，""洋枪队"的100名军官中有48人死伤，3500名兵士伤亡一半。

至此，太平军在苏南的基地丧失殆尽，天京被湘军四面围住，洪秀全又不愿"让城别走"，太平天国的失败命运就不可避免了。这时，曾国藩兄弟不愿让"洋枪队"分享攻占天京之功，一再向清政府保证，湘军有力量把天京拿下。而戈登鉴于"洋枪队"元气大伤，军纪败坏，已难以振作，遂于1864年5月底将"洋枪队"解散。7月，太平天国都城天京终于被湘军攻陷。

太平军与外国侵略军的较量，是继三元里民众武装抗英斗争之后规模最大、历时最久的反侵略作战。在战场上，太平军一再打败曾在第二次鸦片战争期间在京津逞凶的英法联军，阵毙法军头目卜罗德、"洋枪队"领队华尔，活捉副领队法尔思德，沉重打击了外国侵略军和"洋枪队"的嚣张气焰，大长了中国人民的志气，维护了中华民族的尊严。

起义联军的最后一战

农民起义是全国性的。在南方，与拜上帝会在广西兴起的同时，另有一个天地会，历史还要悠久些，是旨在反清复明的民间秘密团体。太平军兴，各地天地会群众纷纷响应，一部分曾经建立"升平天国"于广西，后又成立"大成国"。因组成分子复杂，所奉宗教不同，与太平军彼此若即若离，时合时分，有时甚至互相冲突。占领过上海的小刀会，是天地会分支之一，一度颇想与金陵取得联系，终未实现。历朝农民大起义时无不轰轰烈烈，到处响应，但各路英雄往往自立为王，各唱各的调，这是小农经济条件下的时代局限。

北方的捻军早在嘉庆年间就从皖北活动开了，他们依靠宗族的封建关系结成集团，以反抗兵差、衙役的压迫，地主恶霸的残酷剥削和迫害。太平军进入安徽，捻军受到鼓舞，但不能接受上帝模式的宗教（在早期它与烧香拜弥勒佛的白莲教也未能合作）。太平军北伐部队路过捻区获得许多方便，但未能联合作战。在北伐部队的失败和散亡中，捻军得到了补充，盟主张乐行称王，建五旗军制，屡创清军。这两支农民起义军在强大时各据一方，等到能实行局部合流时，形势已从高潮低落下来，时机错失，是很可惜的。这也说明了洪、杨在南京停顿下来，是个多么大的失着。虽然如此，联合起来的农民武装，天京陷落后在中原还是搞得清廷疲于奔命。

张乐行在陈玉成联络下接受领导封为沃王、征北将军。安庆失守前夕，遵王赖文光提出计议："北联张苗（张乐行、苗沛霖）以固京左，次出奇兵进取荆襄（江陵、襄樊）之地，不出半年，兵多将广，可图恢复皖省。"陈玉成据以上报天王。隔一年，天王才下谕"广招兵马，实行远征"，陈玉成派赖文光和陈得才率部渡淮北进中原。后又折回，李秀成在天京危急时专程到皖北组织勤王兵力时曾有联系，指示赖文光广招中原战士从上游威胁敌后，策援天京。赖、陈果然出入豫、陕，带领大军打回鄂东，意图东下；无奈天京已陷，计划落空。当时张乐行受叛徒谋害死了，捻军信服赖文光的智勇，奉为领袖。赖文光从团结捻军广大战士出发，不太坚持天国宗教礼制上的种种俗套，并沿用了捻军的名义。他保持着坚韧强劲的士气，继续驰骋中原4年，斩了僧格林沁，随后又挫败了曾国藩。一支孤军能够获得这样的战绩，确是很不容易的。

关于这支孤军的战绩，还得从头说起。且说曾家兄弟破金陵得了头功，不仅淮军吃醋，八旗将领们尤其眼红。所以捻军的警报传来后，这一"功"只能是让给"八旗禁旅"的了。郡王僧格林沁曾同早期捻军交过手，杀张乐行，纳降苗沛霖，都还顺当，何况现在敌手已落孤单，更是不在他的眼下。捻军领袖赖文光和张宗禹（张乐行的儿子）看准对方拥有蒙古骑兵的优势，这番又是倾巢出动，研究对策，首先要在速度上求得均衡。除增加马队外，他们创造了新的战术。有时疾驰狂奔，日行百余里，接连几天不稍停歇；有时盘旋打圈，忽左忽右。所有士兵都能说得出一条规律，叫做"多打几个圈，官军之追者自疲"。走的目的是为了打，"飘忽驰骋"的目的在于"避实就虚"。所以它一停下来就不好打发，正像敌人所嗟叹的："猛一回噬，立见伤亡。"这番僧王轻率上阵，满心寻求速决，犹如狼奔豕突一般，抓住什么就猛打，就想决战。这边呢，从不固守一城一地，就像张宗禹说的："官军能战，应不与战，专以走疲之，则可常活。"这样的敌来我走，以待其疲，充分掌握主动，正是高明的游击战术。后来左宗棠对付西捻军时看出来了："遇官军坚不可撼，则望风远引，瞬息数十里，俟官军追及，则又盘折回旋，亟肆以疲我。其欲东也，必先西趋，其欲北也，必先南下，多方以误我。"然而捻军这一战术秘密，当时的僧格林沁对此完全是盲目的。他被赖文光牵着鼻子走，捉主力不着则更加恼火。他穷追到曹州高楼寨，进入了捻军预设阵地，于是这边立即停下来，收缩袋口，实行聚歼，斩杀了凶悍闻名的僧格林沁和好几个大将。经此挫折，只好让湘军再次上场了。

僧王主帅时期，常把湘军撇在一边，不予重视。湘军士气也确已大为低落，因为战胜后靠掳掠发了财的不想打仗，热衷升官获赏的因僧多粥少心怀不满，更有一部分开始受到了帮会的影响。曾国藩接到任命，即把两江总督交卸给李鸿章，增调了些亲信部队走上战场，接替僧王。此时捻军气势正盛，他一上来就屡吃败仗，被飘忽战术搞得晕头转向。他于是一反前任的要求速决，实行"划河圈地"之策，利用自然地形设立防线，步步为营，想要把对方分割为一块块互不通气的"死棋"。但是谈何容易。辛苦经营的沙河、贾鲁河防线很快被冲垮，他九弟召集的新湘勇又在湖北大败。清廷着急了，实行走马换将，再把他跟李鸿章对调过来，让手中掌握几座小小军火厂的淮军来对付。又过两年，李鸿章依靠从上海经由海路驰援的法国水师提督卜罗特、英国海军管带帕尔逊斯的配合，陆上又已拥有西式配备的洋枪队和"开花大炮"。经过烟台之役，一向被清廷看作心腹之患的"发捻"联军折损了它的主力，失败了，时在1868年。

很难设想，50年代的各路农民起义军如果真能做到"四海之内皆兄弟"，将会造成怎样一种局面呢？后来多少历史学家为农民领袖们这样那样设想过，假定他们如此这般就可以取得成功。但是，起义军主力太平军内部也未能突破"此疆彼界之私"和"尔吞我并之念"，要他和其他起义部队结成牢固的同盟军，其难度自然更大了。小农经济的分散性决定了农民起义部队不可能统一行动，这就给封建统治者对他们实行各个击破提供了条件。因此，结束封建统治的任务，有待于先进阶级的成长来完成，太平军和捻军终于相继倒下去了。

天京保卫战

1862年（同治元年）5月底，江苏布政使曾国荃率湘军陆师约2万人进驻天京城南雨花台，兵部侍郎彭玉麟率水师进泊护城河口，从水陆两面完成了对天京的围困。曾国藩坐镇安庆指挥，他鉴于江南大营覆灭的教训，决定采取稳扎稳打以求胜的战略。洪秀全急诏在苏南的忠王李秀成等回援。6月，李秀成等高级将领在苏州召开第一次军事会议，议定先以粮食、弹药援京，两年后决战。在洪秀全第四道催救严诏到后，8月又在苏州召开第二次军事会议，决定联合13个王的部队，约40万人，一起救援天京。北路由李秀成、李世贤率领主力10多万人，进攻天京城外的清军；中路以陈坤书为首，攻芜湖、金柱关，截断清军粮道；南路由杨辅清、黄文金、胡鼎文等率领向宁国推进，以佯攻牵制清军的增援部队。9月，李秀成率大军自苏州西上，取道宜兴、溧阳，到东坝集合，然后分军向秣陵关和雨花台两路进攻。10月13日，太平军开始猛攻雨花台。在东至方山、西至板桥镇约60里的阵地上，太平军把湘军层层围住，以冲锋、挖地道等各种方式猛攻敌营，昼夜不息。在开始的20多天中，至少有8次几乎摧垮湘军整个阵地。湘军伤亡数千，曾国荃负伤，加以瘟疫流行，使曾国藩惶惶不可终日，准备丢掉安徽，退保江西。就在这时，南路太平军在 10 月下旬占领宁国，达到了牵制敌人援军的目的；但中路太平军却为湘军长江水师所败，未能有效截断敌军粮道。湘军依照曾国藩"缩营自保"的办法，凭借深沟高垒，坚守顽抗。尽管太平军在兵力和装备上都占优势，但围攻曾国荃部 46 天却不能取胜，损失数千人，于是在 11 月 26 日遽然主动退兵。曾国荃及其湘军虽然受到严重打击，但却侥幸免于全军覆灭的命运。太平军主力功亏一篑，未能实现直接解围天京的战略。

李秀成退兵，引起洪秀全大怒，给他以革爵处分，调当殿明责。随后，又命李执行"进北攻南"战略，即从长江北岸进军安徽霍山、英山（今属湖北）和湖北武汉、荆州（今江陵）、襄阳（今襄樊市）等地，攻敌后方，意欲与远征西北的太平军及捻军联合行动，迫使围攻天京的清军回援，以解天京之围。李秀成受命率部自长江北岸进发，李世贤、刘官芳等带领军队从南岸配合攻取皖南赣北。12 月，李秀成命林绍章、洪春元、郜永宽等率先头部队，由天京下关渡江至九洑洲，突出浦口，进攻江南提督李世忠大营，占安徽含山、巢县、和州（今和县）。转年 1 月，太平军常熟守将骆国忠向李鸿章献城投降，太平军久攻常熟不下。2 月底，已经转移到东线的李秀成主力再次撤回，渡江入皖北，转战巢湖、庐江、舒城、六安等地。清军采取"专守为稳，以逸待劳"的防御方针，太平军所到之处"攻又不下，战又不成"。所过之处，久被清军和地主团练烧杀扰害，残破不堪，时逢春荒，军粮严重缺乏，太平军因饥疲而死者甚多。5 月李秀成从寿州一带回师东返。在江浦渡江时，又遭湘军截击，伤亡惨重。6 月中旬，曾国荃率湘军攻陷雨花台，洪秀全急诏李秀成回师援救。待 20 日回到天京时，十几万大军，只剩下四五万人，战斗力锐减。太平军以"进北攻南"再解天京之围的战略计划仍未实现。

李秀成回到天京后，洪秀全鉴于太平天国军事形势严重，为统一领导，以应急变，遂封李秀成为真忠军师，节制诸王。李秀成在天京住了一个星期，就赶去苏州部署，天京危急又使他不得不西返主持守城事宜。前后两度往返于东、西战场，终因两面作战，顾此失彼，没有什么建树。12 月 21 日，李秀成在苏州失守随即来天京的次日，向洪秀全提出"让城别走"的建议，洪没有采纳，决定坚守天京。在此前后，洪秀全派洪仁玕出京到江、浙催兵解围。自从李秀成从江北败回后，一批太平军将领悲观失望，纷纷率部献城降敌。到 1864 年 4、5 月间，局势空前恶化，苏南、浙江、皖南大片根据地全部失去，李世贤部远在江西，陈得才、赖文光部远在湖北，他们都被清军重兵阻隔，无力回援天京。在清军的层层围困下，天京内无粮草，外无援兵。在这座孤城里，上自天王、下至士兵只得用野草充饥。6 月 1 日，洪秀全病逝，长子洪福贵福即位，为幼天王。7 月 3 日，保卫天京的最后一个要塞地保城被敌军攻陷。19 日，湘军从地道轰塌城墙 20 多丈，蜂拥而入。当时，守城的太平军及老弱妇幼不足 1 万人，能作战的士兵不过 4000 来人，但是他们同仇敌忾，高呼："弗留半片烂布与妖享用！"白刃肉搏，拼死巷战，连曾国藩也不得不承认：守城太平军"无一降者，至聚众自焚而不悔""实属古今罕见"。血战至黄昏时分，李秀成、林绍璋等少数人拥幼主突围出去，天京失陷，至此太平天国运动失败。

捻军起义

咸丰三年（1853 年），太平军北伐，经过安徽、河南，各地捻首纷纷聚众起事。

咸丰五年（1855 年）秋，各地捻军首领齐集雉河集（今安徽涡阳），推张乐行为首领，以雉河集为中心。建国号"大汉"。张乐行称大汉明命王，分五色旗统领各军。张乐行自统黄旗，龚德树领白旗，侯世维领红旗，苏天福领黑旗，韩万领蓝旗。五旗以下又设五种镶边旗和其他旗号，由孙葵心等许多人分领。还制定《行军条例》19 条。河南夏邑黑旗首领王贯三，亦率部前来参加会议。人数约达 10 万。

咸丰七年（1857 年）捻军渡淮河南征，与太平军李秀成、陈玉成部会师于霍丘与正阳关等地，并接受太平天国领导，蓄长发，受印信，使用太平天国旗帜，张乐行被封为"征北主将"，五旗首领亦各有封号。但他们"听封而不听调"，不出境远征，并保持自己独立的组织和领导系统。

咸丰八年（1858 年），张乐行等部北上占领安徽怀远、临淮和凤阳等地。次年夏，和太平军合力攻克安远。十一月，怀远失守。一年以后，临淮、凤阳也相继陷落。同时，淮北捻军 3 万人在张宗禹等的率领下，攻占苏北重镇清江浦（今淮阳）。咸丰十一年（1861 年）三月，龚德树率军配合太平军西征武汉时，战死于罗田松子关。九月，安庆失守，张乐行率众北归颍上。于第二年春，与太平天国联合围攻颍州（今阜阳）。不久，苗沛霖叛变，向张乐行的背后突然发动攻击，使张乐行全军溃败。英王陈玉成被俘遇害。同治二年（1863 年）三月，以僧格林沁为首的清军全力猛攻皖北蒙城、亳州，捻军根据地雉河集失守，张乐行被俘遇害。

当天京陷落时，东援天京的西北太平军、捻军联合部队，正与清军胶着于鄂东。天京陷落后，以僧格林沁的蒙古贵族骑兵为主的清军，趁机发动突袭，联军受到很大损失，乃分二路突围。一路以陈得才为首东走，另一路以赖文光为首北走，两支部队时合时分。赖文光巧妙地避敌主力，在豫南罗山、光等战役中，重创清军。陈得才却仍力图东进，结果于 11 月初，在安徽霍山为僧格林沁所败。马融和等趁机以 10 余万之众，分批叛变。陈得才见大势已去，服毒自杀。其余部邱远才、张宗禹等突围与赖文光会合。推赖文光为首领。赖文光按照太平天国的兵制、纪律、整编捻军，并逐渐易步为骑，使捻军成为 10 万余人的骑兵武装。捻军还吸收了败散各地的太平军战士，即著名的范汝增来归。

同治四年（1865 年）初，僧格林沁率骑兵，在山东对捻军大举进攻，被赖文光统率的捻军打败。随后赖文光部从信阳出兵，横扫豫中，接着，进入鲁西，穿过鲁西南，突入苏北，然后又折回鲁西，在曹州（今菏泽）设埋伏。僧格林沁尾追不舍，向捻军寻机决战，终于陷入捻军埋伏圈，大部被歼，僧格林沁被击毙。

清廷闻讯后大震，急忙派曾国藩督师北剿。曾国藩针对捻军流动作战的特点，提出以静制动的方针，以点和线来围困捻军，制止捻军的运动。他调集 10 万重兵，配以新式枪炮，在淮水北、运河西、沙河及贾鲁河以东，沿岸设防，想逐步收缩，把捻军消灭在包围圈中，还成立一支机动部队专供往来游击之用。但赖文光等所率捻军，以机动灵活的运动战术，多次惩创清军，纵横驰骋于豫、鲁、苏、皖之间。

雉河集捻军大联盟

> 雉河集，像京城，五色帅旗飘天空。
>
> 众家兄弟饮血酒，誓同生死共患难。

这是当时安徽蒙城一带人民群众热情赞扬各路捻军在雉河集举行大联盟的民歌。它反映了捻军会盟时，战旗飘扬，兵强马壮，同心协力，誓死杀敌的壮丽景象。

雉河集大联盟是怎么一回事？它对捻军斗争的发展起了什么作用？

原来，捻军起义后，由于地区比较分散，各路队伍也众寡不一；同时，清朝反动军队接二连三地对捻军进行血腥屠杀，在烽火连天、战斗频繁的艰苦环境里，起义军来不及组成一支统一领导、统一指挥的农民革命大军。因此在初期的战斗中，捻军虽然英勇地打退了清朝反动军队的多次进攻，但由于力量分散，各自为战，往往被敌人各个击破，使革命受到损伤。严酷的斗争实践，给农民起义军提出了一个重要课题，就是必须把分散的力量组织起来，联合起来，适应新的斗争形势，与敌人进行规模越来越大、斗争越来越严酷的大搏斗。

各路捻军有了联合的强烈愿望，而当时形势的发展，对捻军实现大联盟也十分有利。一方面，1854 年 3 月，安徽张乐行等率领的捻军，和河南苏天福统率的队伍首先实现了局部联合，接着 1855 年捻军领袖龚得带领一支人马向河南胜利挺进，在夏邑与王冠三的起义军又联合起来。这两次局部联合，为捻军的大联盟奠定了基础。另一方面，敌人内部矛盾的加剧，也给捻军大联盟提供了客观有利条件。1855年4月，镇压捻军的刽子手袁甲三，与江南提督和春、安徽巡抚福济，在捻军的沉重打击下，屡受重创，无法向咸丰皇帝交差。他们互相埋怨，狼狗相斗，结果袁甲三被清朝政府撤了职。这样一来，敌人在皖北的防御暂时削弱了，便有利于捻军的迅速发展和联合。

1855年（咸丰五年），捻军大联盟的时机已成熟。这年夏，安徽的蒙城、亳县和河南的永城、夏邑等地，各路捻军在雉河集会师。整个淮北大地沸腾起来了。大联盟这天，雉河集披上了节日的盛装，到处张灯结彩，锣鼓喧天，各路捻军高举各色旗帜，迈着矫健的步伐，雄姿英武，从四面八方云集雉河集。霎时间，这个小小的北方集镇，旌旗招展，刀枪林立，人欢马叫，热气腾腾，鞭炮声、欢乐声响成一片，劳动人民尽情欢呼捻军大联盟会议的召开。

会议决定的第一件大事，是宣布成立"大汉国"，表达了农民群众要求建立革命政权的强烈愿望，也反映了革命人民誓与清朝政府斗争到底的决心。从此，捻军在淮北大平原上树起了崭新的革命旗帜，统一了组织。会议上，各路捻军领袖推张乐行为盟主。

会议上，初步明确了捻军的斗争目标，指出：清朝反动政府横征暴敛，吸吮人民血汗，凶恶残暴，屠杀起义群众，罪行累累，号召捻军战士起来"拯救百姓，除奸诛暴。"清楚地申明了捻军反对清朝反动统治和保护劳动人民利益的鲜明革命主张。

会议还决定，用5种色旗编制军队。盟主之下设总旗，有黄、白、红、蓝、黑5色总旗；此外还有5种镶边旗、水花旗、八卦旗等。张乐行自兼黄旗总领，龚得、侯士维、韩万、苏天福分别统率白、红、蓝、黑旗。总旗之下设有大旗，这是组成捻军的基本单位，可以独立活动；大旗之下设有小旗。总旗、大旗、小旗各级组织，没有固定编制，人数不一。各旗都是步、骑混合编制，联盟初期，步兵多于骑兵，后来骑兵逐渐增多，到1864年（同治三年）以后，骑兵成为主要的兵种。会议还规定，各旗将领都要听从盟主张乐行的指挥。至此，捻军初步建立了一整套军队编制和军事制度，把原来互不联系的各支捻军，逐渐联合和组织起来，增强了战斗力。

会议制定了《行军条例》，明确规定每个战士都要严守"号令"，听从指挥；临阵要勇猛杀敌，不得"漏下"（掉队）；禁止抢掠、奸淫，贫民的衣服粮食不准扒运；从敌人手里缴获的武器弹药，一律"分派公用"，不得占为己有。这就充分表明，捻军是一支具有严明纪律的农民革命武装，受到人民群众的热烈拥护和支持，有力地粉碎了反动地主阶级对捻军的诬蔑。

雉河集大联盟，在捻军发展史上写下了新的篇章，它标志着捻军反抗清朝统治的斗争进入了一个新阶段。通过这次会议，捻军开始有了比较统一的领导，明确了共同的革命宗旨，加强了严明的军事纪律。从此，捻军成为中国北方反帝反封建斗争的一支劲旅。

大联盟虽然使捻军出现了一个新局面，但是联盟会议后，在政治上没有制定达到推翻清王朝这个斗争目标的战略方针和各项具体措施，因此捻军的军事行动，往往是自发的、盲目的，没有明确的战略目的。在组织上各路捻军有事则联合作战，无事则各自独立，并没有完全改变各自为政的局面。这些缺点，到 1864 年（同治三年）捻军与太平军余部完全联合起来以后，在太平天国的影响下，才得到进一步的克服。

捻军大联盟后，各路捻军鏖战黄河、淮河之间，屡创敌军。一时，安徽、河南、江苏、山东 4 省交界地区，清朝反动军队已"无能控制"，革命形势一派大好。

太平军余部和捻军的继续斗争

天京陷落后，太平天国虽然已告失败，但是，大江南北还有太平军余部、捻军和少数民族起义，他们英勇不屈，继续坚持战斗。

1864 年底，西北太平军和捻军共推赖文光为首领。赖文光按照太平军制度整编捻军，使之有统一的纪律和组织领导。以骑代步，采用"以走致敌"的战术。这支改编过的捻军和西北太平军的联合部分，习称新捻军，有较强的战斗力。

1865 年初，新捻军在河南大败僧格林沁，5 月 18 日，在山东曹州（今菏泽）高楼寨设伏，一举全歼僧格林沁军，僧格林沁也被一刀砍死。这支清朝王牌军的覆没，使清廷十分恐慌，急调曾国藩主持"剿捻"军事。由于曾国藩"剿捻不力"，清政府便改派李鸿章主持"剿捻"。

1866 年 10 月 20 日，赖文光把新捻军改为东、西二支，他和鲁王任化邦、首王范汝增等，率东捻军于同年年底从河南入湖北。1867 年 6 月入山东，他们在突破运河敌人防线时受挫，继而在抢渡六塘河、黄河时又受挫。1867 年 11 月 19 日，鲁王任化邦在江苏赣榆被部下杀害。24 日，东捻军又在山东寿光战败，首王范汝增战死。此时，东捻主力已丧失殆尽。1868 年 1 月 2 日，赖文光率 2000 多人渡过六塘河，5 日，在扬州瓦窑铺被清军俘获，10 日在扬州被杀。至此，东捻军全部覆没。

西捻军由梁王张宗禹等统率，从河南入陕，1866 年底逼近西安，次年初在灞桥附近歼灭湘军 30 多营。清政府调左宗棠入陕。西捻军正在军威大震时，因闻东捻军危急，乃于 12 月过黄河，迅速经山西、河南，入直隶，欲以威胁北京来解东捻军的困境，但这时东捻军已覆亡了。西捻军到此进退失据，被敌人包围，虽突围入山东，但已势孤力单。1868 年 8 月 16 日（太平天国戊辰十八年七月一日，清同治七年六月二十八日），在山东往平徒骇河边，西捻军全军覆没，张宗禹不知所终。

至此，坚持斗争达18年之久的太平天国革命，最终失败了。

列强入侵

沙俄武装入侵中国边疆

1865年初，浩罕（今阿富汗）统治者乘新疆回、维吾尔族民众反清斗争之机，派阿古柏带兵先后侵占了南疆各城。1867年，阿古柏成立"哲德莎尔国"，自立为汗。1869年，阿古柏又将势力伸展到了北疆。当时，英、俄两国在中亚地区的角逐正趋激烈，俄力图阻止英国势力继续北上，而英则担心俄插手印度。阿古柏侵入新疆后，英、俄两国都争相支持、勾结，力图控制阿古柏，以便把中国的新疆分割出去。1871年7月，沙俄对英国与阿古柏"政权"的亲近不满，借口"安定边境秩序"派俄属突厥斯坦第一任总督考夫曼将军率兵占领了伊犁地区，清政府多次与沙俄交涉，沙俄不仅不撤出伊犁，反而提出在新疆全境通商、重划中俄边界等无理要求。

1876年左宗棠率兵出关，经过两年的艰苦作战，击败阿古柏，收复了除伊犁以外的新疆土地，1878年清政府派盛京将军崇厚为全权大臣前往俄国谈判归还伊犁事宜。第二年10月，崇厚擅自与沙俄签订割地赔款、出卖蒙古、新疆利权的《伊犁条约》，受到国内舆论的普遍反对。清政府迫于舆论，拒绝批准条约，并以"不候谕旨擅自起程回京"为由，将崇厚革职拿问，议处斩监候。1880年，清政府另派曾国藩的长子、驻英法公使毅勇侯曾纪泽赴俄谈判，要求索回崇厚所丧失的领土和一些重要权益。

在谈判中，曾纪泽据理力争，于1881年2月签订中俄《改订条约》及《改订陆路通商章程》，收回伊犁九城，争回了一些领土主权和通商权益，但赔款从500万增加到900万卢布，霍尔果斯河以西地区仍被沙俄割占。此后，根据条约的规定，在1882年至1884年期间，沙俄又迫使清政府签订了《伊犁界约》等5个勘界议定书，割占中国7万多平方公里的土地。

1884年，清政府接受左宗棠的建议，在新疆建省，设置州县，取消吐鲁番王和各城伯克管理民政的权力。任命刘锦棠为第一任巡抚，驻省会乌鲁木齐。

美日侵略台湾

1853年，美国海军舰队司令皮雷率舰队来远东活动，并派人非法"调查"台湾，盯上了这一宝岛。1867年，美国以美船"罗佛号"在台湾海面失事，有7名水手被当地高山族人击毙为借口，派遣海军在台湾南部的琅𫏋（今桓春）

登陆，试图实行武装占领，受到高山族人的迎头痛击。美国武装侵台的企图受挫后，就转而支持日本进攻台湾。

日本长期以中国为样板来学习，明代还属中国的藩属国，早于中国受到西方的侵略。但是 1868 年，日本成功地进行了明治维新，便走上了资本主义发展的道路，一开始就制定了一个先征服台湾、琉球、朝鲜、满蒙，然后征服中国和世界的扩张政策。1871 年，明治政府派柳原前光来中国，与清政府建立了外交关系。同年 11 月，一艘琉球船漂到台湾海面，与当地高山族人发生冲突。日本便借机寻衅，硬说琉球船便是日本船，派外务卿副岛种臣来北京交涉，遭到总理衙门的严词驳斥。琉球一直是中国的藩属国，1866 年还与中国保持贡使往来。1874 年 4 月，日本在美国的怂恿和支持下，以前美国驻厦门领事李仙得为"策士"，派陆军中将西乡从道率兵 3000 在琅峤登陆。台湾各族民众纷起抵抗，使日军败守龟山，进退维谷。日本难以在军事上取胜，转而向清政府施加政治压力，以求外交解决。日本在美国公使的支持下，终于迫使清政府在 10 月 31 日签订中日《北京专条》。清政府不仅向日本赔偿50 万元，而且承认"中国生番曾将日本属民等妄加杀害"，这就承认了日本对琉球的宗主地位。于是，1878 年日本吞并琉球并改其名为冲绳县。

英国入侵西南边疆

1874 年，英国组织了一支由陆军上校柏郎率领的近 200 人的武装"探险队"，探测从缅甸曼德勒经八莫至云南的道路。1852 年英国占领缅甸后，就处心积虑地企图开辟一条从缅甸经云南到中国内地的通道。英驻华使馆为配合这次行动，派 28 岁的副领事马嘉理前往接应。1875 年初，马嘉理到达八莫，与柏郎相会。2 月 21 日，马嘉理带领"探险队"进入中国边境，到达腾越西南的蛮允村，与当地群众发生武装冲突，马嘉理被杀，柏郎被迫退回八莫。这就是所谓的"马嘉理事件"。

事件发生后，英驻华公使威妥玛奉命向清政府进行讹诈，提出范围极为广泛的侵略要求。总税务司赫德以"调停人"的伪善面孔，诱逼清政府了结"滇案"。以"息事宁人，不与外国失和"为原则的大学士、直隶总督李鸿章，也力促清政府对英妥协，以保和局。1876 年 9 月 13 日，李鸿章与威妥玛签订了《烟台条约》，除赔款、道歉外，中国还增开 4 个商埠，开放长江通航权。另设专条允许英国连通北京经西藏到印度的路线。

1875 年 8 月 29 日，清廷派郭嵩涛率使团去英国道歉。1878 年，郭嵩涛在伦敦设立中国公使馆，使团变成了中国派驻海外的第一个中国使馆。两年后，中国在巴黎、柏林、西班牙、华盛顿、东京和圣彼得堡相继设立了使馆。

英国利用《烟台条约》的专条允许英人入藏的规定，一再企图派人到西藏活动，都未能得逞。1888年2月，英国借口藏军"越界戍守"，派兵向隆吐山的西藏守军进攻，占领隆吐山和纳汤。西藏爱国军民奋起反击。清政府一向惧外，怕事态扩大，将支持抗英的驻藏大臣文硕撤职，另派升泰为驻藏帮办大臣，罢兵议和。1890年3月，中英签订《藏印条约》，清政府承认哲孟雄（即锡金）归英国"保护"，将一大片领土划归了哲孟雄。随后，中英双方又就通商、游牧等问题进一步谈判，于1893年12月又签订《藏印续约》，中国开放亚东为商埠，准许英国派员驻扎；开关5年之内，藏、哲、印边境贸易概不纳税。这两个不平等条约使英国侵占了西藏部分领土，获得通商贸易等权益，还为日后进一步侵略西藏创造了便利条件。

葡萄牙占领澳门

英法侵夺中国利权得逞，大大鼓舞了其他国家对中国的侵略。葡萄牙也向清政府提出侵略要求，迫使清政府签订条约霸占澳门。澳门自明朝嘉靖时，被葡国占据后，岁输税课两万两，清初改税课为地租，每年令其交租银500两，鸦片战争之后中国开始沦为半殖民地半封建社会，自1849年以后葡萄牙人拒绝交租，腐朽的清政府听之任之。1880、1883年中俄、中法关系紧张时，葡萄牙人想乘机逼迫清政府承认澳门归葡萄牙所有，均没有成功。中法战后，葡人在澳门地区展边赖界，肆意强占中国领土。中法战后，清政府在各国侵略者的威逼下，整顿边防，加强海军建设，筹备修建铁路，以稳固其统治，但深感财政危机，新的办理洋务机关——"海军衙门专待增款"，竭力搜刮财源，赫德建议清政府增加鸦片税，采取税厘并征的办法，每岁可以增加税收上千万两，清政府接受此项建议，令驻英公使曾纪泽与来华贩卖鸦片最多的英国进行谈判。曾纪泽以烟台条约中有关"认真整顿洋药贸易之法尚欠详细"的规定，与英国开始谈判，于1885年7月18日签订《烟台条约续增专条》，规定：（一）鸦片每百斤向海关完纳正税30两，并厘金80两；（二）清政府派员查禁香港至中国偷漏税课，应该立即进行。根据《烟台条约续增专条》，1886年清政府派邵友濂和赫德与英国香港当局谈判香港与广东间征收税金和防止走私办法。但是，英国香港当局表示"这类办法必须以澳门同样接受为前提条件，若澳门不照办，香港亦必不允"。清政府被迫又派人与葡萄牙商谈澳门防止鸦片走私问题，这就为葡萄牙对清政府实行讹诈提供了机会。

赫德派税务司金登干前往葡萄牙，与葡萄牙谈判。于1887年3月26日，在里斯本金登干与葡萄牙外交部大臣巴罗果美因签订《中葡会议草约》四条：（一）在北京即议互换（1862年）修好通商条约；（二）清政府允葡萄牙"永驻管理"澳门；（三）未经中国允许葡萄牙永不得将澳门让与他国；（四）葡萄牙允许洋药征税防止偷漏办法，按英国在香港办法办理。《中葡会议草约》

签订后，引起地方官吏和人民群众的反对。

但清政府为了增加一些财政收入，同年 12 月，与葡萄牙在北京签订《通商条款》54 款和《缉私条款》3 款，不仅使葡萄牙在中国取得了与其他侵略者相同的特权，而且丧失了中国对澳门的领土主权。

阿古柏入侵新疆

19 世纪 70 年代，中国邻邦缅甸、越南、朝鲜等亚洲国家先后遭到西方殖民者的侵略，英国吞并印度后，继续向北扩张，沙俄也极力向南扩张，使中国边疆不断出现严重的危机。与此同时，清朝驻新疆办事大臣与当地封建伯克相互勾结，不断向当地群众增加新税，他们贿买官位，极度贪污，高利贷十分盛行。同治三年（1864 年），新疆维吾尔族和回族等各族人民相继爆发了大规模武装起义，并迅速占领了天山南北的广大地区，先后出现了几个封建割据政权，其中有：以库车为中心的热西丁和卓即黄和卓神权政权；以乌鲁木齐为中心的妥明（或称妥得璘）封建神权政权；以和阗为中心的依比布拉汗封建神权政权；以喀什噶尔为中心的柯尔克孜族司迪克封建地主政权；以伊犁为中心的塔兰齐苏丹封建君主政权。他们彼此间又发生了割据混战。与此同时俄国为把中亚弄到手，陆续占领了哈萨克平原浩罕汗国属境和布哈尔汗国的全部地区，并设立土耳其斯坦总督统治这一带地区。由于俄国强占中亚，使得英国担心俄国再向印度伸手，因此，英俄两国在新疆问题上产生了矛盾。

同治四年（1865 年）夏季，割据喀什噶尔的柯尔克孜族司迪克久攻疏勒不下，便派回族封建领主金相印赴中亚浩罕汗国，向阿力木库里汗乞求把在浩罕汗国的原中国人张格尔之子布素鲁克和卓遣回作为新疆的汗王。于是，阿力木库里汗就遣派布素鲁克和卓回新疆任汗王，以便复辟"叶尔羌汗国"，并派塔吉克族阿古柏（原名叫穆罕默德·亚库甫）担任他的军队首领入侵南疆。阿古柏和布素鲁克和卓来到喀什噶尔之后，名义上把布素鲁克和卓奉为汗王，但是实际所有的权力都掌握在阿古柏手里。阿古柏让自己带来的亲信担任军政要职，使用贿买当地伯克或派人暗杀的手段，日益巩固了他自己的政权。同时，向来受到英国殖民主义影响的阿古柏又立刻与英国取得联系。随后，阿古柏占领了英吉沙尔、疏勒、叶尔羌。转年又诱杀了依比布拉汗，吞并了以和阗为中心的割据政权，并开始向北进军。这时布素鲁克和卓周围的人虽进行了反阿古柏的秘密活动，但事情很快被暴露了出来，许多人被杀害，阿古柏强迫布素鲁克去圣地朝觐，这样就把他驱逐到麦加。同治六年（1867 年），阿古柏相继攻占了阿克苏、库车等地，兼并了以库车为中心的黄和卓割据政权，继而宣市成立"哲德沙尔国"，即又称"七城汗国"（包括喀什噶尔，阿克苏、库车、莎车、叶尔羌、和阗、吐鲁番），阿古柏自称"毕条勒特汗"（意为"洪福之王"）。同治九年（1870年），阿古柏又攻占乌鲁木齐和吐鲁番盆地，消灭了以乌鲁木齐为中心的妥明割据政权，将势力扩展到玛纳斯。从此，阿古柏占有全部南疆和北疆部分地区，实行军事封建采邑"苏王尔阿利"制度。他们强占土地，勒索财物，征调劳役，严刑厚敛，税及园树，迫使农民变卖土地，牲畜交纳税款，甚至变卖家中锅碗去交纳税款，使社会经济遭到破坏。英、俄在19世纪后半期，就竞相争夺新疆，此时，都想借阿古柏之手达到侵略目的。于是英国笼络收买阿古柏，通过各种形式把势力渗透到新疆，还派遣以福尔赛依特·萨伊甫为首的特别使团，携带英国女王维多利亚的亲笔信到达喀什噶尔，承认阿古柏政权，并贿赠大量军火。阿古柏于同治十三年（1874年）与英国订立了《英阿条约》，准许英国人自由出入新疆经商贸易，不久之后，阿古柏在英国的支持下，由南疆向北疆侵犯，先后占领了吐鲁番、乌鲁木齐、玛纳斯等地。俄国看到自己的利益受到侵犯，于是就派军队进行干涉，相继占领了中国伊犁地区9城，并宣布伊犁永远归俄国管辖。清政府闻知消息后，于光绪元年（1875年）任命左宗棠为钦差大臣，率部队入新疆平叛，左宗棠在当地各族民众的支持下，用兵神速，致使阿古柏军队很快溃败，光绪三年（1877年）阿古柏自杀。左宗棠收复了除伊犁外的新疆全部领土。

左宗棠首战乌鲁木齐

乌鲁木齐战役从1876年7月21日开始，11月6日结束，历时3个半月。

乌鲁木齐位于天山北麓，是北疆重镇，由阿古柏的傀儡白彦虎和马人得率数千人驻守。清军担任主攻的部队为刘锦棠部和金顺部。清军的作战部署是：刘锦棠部在乌鲁木齐以东300余里的济木萨集结，金顺部在济木萨以东90里的古城一线待命。为防止敌人北窜蒙古，由徐占彪率5营，驻守巴里坤到古城一钱；令张曜率部十二营，驻守哈密一线，扼敌东窜青海；派重兵加强对乌鲁木齐以西和玛纳斯以北的沙山子、马桥一带防线，严防敌人经塔城逃窜科布多、乌里雅苏台等地。

1876年7月，左宗棠指示刘锦棠、金顺迅速向乌鲁木齐接近，攻占城北要地古牧地，扫清乌鲁木齐外围。28日，金顺出敌不意，率部占领古牧地北的阜康城，刘锦棠所部开抵阜康城东的九营街。这时白彦虎也率兵加强了古牧地之防御，企图阻止清军攻打乌鲁木齐。

黄田初战告捷

从阜康到古牧地约100华里，有两条路可通：一条是大路，但有50里长的戈壁阻挡，仅在甘泉堡有一口可供百人饮用之水井。从这条路进军，部队饮水无法解决。另一条是小路，途中有充分水源，但敌人在黄田设有卡栅、驻有重兵，易守难攻。敌人企图迫使清军从大道进攻，陷清军于前阻坚城、人马困乏之境地。刘锦棠将计就计，故意布下疑阵，迷惑敌人。8月8日，他调集部队西出阜康，开沟引水，挖掘水井，佯装从大路进攻古牧地。敌人以为西征军已经陷入他们的圈套，放松了对黄田的防御。而刘锦棠却于10日深夜指挥部队，衔枚疾进，从小路潜袭黄田。当清军接近黄田卡栅时，先声夺取山冈，占领制高点，敌人方从梦中惊醒，仓促迎战，陷于被动。金顺率部从右路出击，总兵余虎恩、陶鼎金率骑兵从两翼包围，谭拔萃、谭上连、董福祥指挥步兵从正面攻击。在清军的强大攻势下，敌人溃乱，丢弃辎重狼狈逃窜。11月收复黄田，首战获胜，生擒敌21名，缴获战马28匹、枪械数十件。清军阵亡官兵14人，伤38人。

古牧地歼灭战

古牧地是乌鲁木齐外围的重要据点，敌人设防严密，控制了山垒制高点和城关要隘，由头目王治、金钟万率部据守。8月12日，清军兵临古牧地城下。13日，阿古柏派遣数千名骑兵，从红庙子方向增援古牧地。刘锦棠下令余虎恩、黄万鹏率骑兵驰赴打援，并派步兵居后策马。令攻击古牧地的部队，先把敌人团团围住，组织突击队攻打山垒和城关要隘，清军士兵在大炮的掩护下，率先抢占了山垒，夺取了制高点，后续部队士气更旺，斩关而入，与敌展开了激烈的战斗，抢占了城隘。这时增援之敌急于同古牧地的守敌会合，猛攻清军打援部队。清军奋勇阻击，拦截兜抄，击毙援军的重要头目，歼援敌350余人。在攻城前，刘锦棠和金顺策马视察敌情，发现守敌固守不懈，决定实施强攻，令围城部队先在古牧地四周筑起墙垒，架设大炮。15日，令谭拔率先用开花大炮，劈山炮猛轰城墙，炸开数处缺口，令谭慎典、谭义和、张俊、董福祥等部，利用夜暗，冲入城内，与敌人展开激烈的巷战。金顺部由城东、城北分进合击，敌人溃乱，全歼古牧地之敌。古牧地之战，历时5天，歼敌5000余人，生擒敌250人，守城头目王治、金钟万被击毙，缴获战马200余匹，阿古柏派来支援古牧地的部队被歼300余人。清军阵亡官兵158人，伤455人。

攻克乌鲁木齐

古牧地歼灭战，打乱了敌人的部署，乌鲁木齐守军十分惊恐。白彦虎、马人得见清军锐不可当，先遣妇孺辎重南逃，留精壮据守乌城。刘锦棠获悉乌鲁木齐兵力空虚、军心动摇，当机立断，令谭和义、唐国华率两营留守古牧地，其余各部于 8 月 18 日拂晓向乌鲁木齐开进，金顺也督率所部跟进。当先头部队抵达乌鲁木齐城外 10 里处，守敌千余人即行南逃。刘锦棠命令余虎恩、陶生林、陶鼎金等人率马队 3 个营由左路追击；谭拔萃、席大成、张春发、汤仁和率步兵 4 个营随后跟进；令黄万鹏、崔伟、毕大才、禹益长、马正国、禹中海率骑兵 5 旗，从右路包抄追击。谭上连、萧元亨、戴宏胜、陈广发率步兵 4 个营跟进。刘锦棠亲率罗长祐、袁尧岭和老马队于城北指挥，谭慎典、汤秀斋、张俊率三个营攻击乌城。敌军不战而溃，击毙百余人，俘虏 13 人。刘锦棠在乌城同金顺会合，分兵进入红庙子（即乌鲁木齐汉城）和伪王城。白彦虎、马人得弃城率残部仓皇逃窜，在距离乌鲁木齐 10 余里处，向追来的清军反扑，展开激烈战斗。清军陶鼎金腮部受伤，不下火线，指挥部队追杀敌人至城南 30 里的盐池墩，敌溃散。在乌鲁木齐战斗中，毙敌 500 余人，生擒 26 人，缴获战马 70 余匹。清军牺牲官兵 130 余人，伤 47 人。

玛纳斯南城攻坚战

清军收复乌鲁木齐，使敌人更加慌乱。盘踞在北疆昌吉、呼图壁之敌翻山南逃，玛纳斯南城的伪元帅黑宝财和北城的叛军头目余小虎，也弃城逃跑。伪元帅韩刑农凭险死守南城，妄图顽抗。刘锦棠根据左宗棠尽快挥师南下进军吐鲁番的作战意图，不给敌人喘息之机，由金顺部立即进攻玛纳斯南城，直逼吐鲁番。刘锦棠鉴于大量逃散残敌流窜于东南山谷之中，随时骚扰后方，威胁前方作战，则由他亲自领兵入山进剿。

金顺率部于 9 月 2 日从昌吉驰抵玛纳斯南城，令提督刘宏发驻城南，总兵张大发驻城之东北，副将方春发驻城之东南，营官和振头驻扎城西。金顺亲率提督孔才、参将余致和驻守城北，将玛纳斯南城紧紧围住。经过数日准备，于 7 日发起攻击。金顺亲率总兵邓增、都司张玉林用后膛开花大炮猛轰城东北的角楼，轰开缺口丈余。刘宏发、方春发在炮火的掩护下，向城墙接近，乌鲁木齐领队锡纶率先登上缺口，敌人凭借坚固城墙，拼死抵抗，炮石如雨，总兵李大洪、熊佑林、参将陆辉先，先后中弹阵亡。方春发、张玉林义愤填膺，率队猛扑，身又负伤。张大发、余致和督率士兵继进，轮番仰攻，只因城头狭窄，兵力施展不开，攻城没有成功。19 日，提督马玉崑率队再次攻城，潜登西北角楼，斩守城之敌 10 余人，余敌拼死顽抗，马玉崑负伤，副将游击胡耀群冒着炮火冲杀，以身殉国；余致和面带石伤，犹裹创血战。10 月 2 日的战斗中，毙敌 300 余名，清军伤亡 200 多人。敌人极为顽固，以死守玛纳斯城，晚间守敌用绳索捆系柴草，灌油燃烧，光如白昼，以防清军夜袭。被清军轰开之缺口，守敌立即用芦席裹土填砌，在沿城屋顶筑有大量垛口，架设洋枪，抵御清军进攻，派出小部队出城反扑。当刘宏发与营官刘占魁、李大全率队截杀时，守敌立即回城，待清军追到城上，敌人连环施发排枪，清军伤亡 70 余名。在攻城鏖战中，战斗更为激烈。清军缘梯登城，肉搏而战，攻而复退，退而复攻，双方拉锯交战达 10 余次。张大发、杜生万在缘梯登城时中弹牺牲。副将司世道、把总邵芝、游击杨占魁冲上城头，也先后阵亡，清军付出重大代价，玛纳斯南城仍未攻克。10 月 4 日，刘锦棠派湘军营务处道员罗长祐、总兵谭拔萃、提督黄万鹏、总兵董福祥各率所部驰援攻打玛纳斯南城，伊犁将军荣全也率部来援，他们先在城外高筑炮台，挖掘地道，10 月 17 日中午发起攻击。清军大炮猛轰城垛，轰坍城墙两丈余，方春发指挥清军冲进缺口，守敌凭借城内矮墙，用密集火力向清军射击，方春发部被滞阻，谭拔萃部从城南攻打也未得手。翌日晨，清军再攻缺口处，这时敌军已经用木册加裹湿毡挡住了缺口。都司崔伟督队猛攻，手刃数敌，手臂中箭，拔箭再战，后因部队伤亡较大，退出战斗。守敌伪元帅韩刑农被西征军大炮击毙，由海晏接充头目，继续顽抗。清军架大炮，挖地道，埋地雷，于 28 日，由罗长祐、谭拔萃、董福祥等率部继续攻城，金顺与荣全亲督方春发、马玉崑从北面攻打。天明时，清军埋设的地雷爆炸，轰坍城墙两丈余。提督杨必耀持刀督战而牺牲，孔才被击伤，士兵们继续冲杀，敌终不支，11 月 6 日，海晏率部 2000 余人，挟护老幼妇女，从西门突围，徐学功上前劝降，伪元帅何碌突然指挥部众向清军开枪。清军早有准备，由徐学功擒何碌斩于阵前，谭拔萃、董福祥等率队围攻，金顺率部由北面截杀，敌大部被歼，伪元帅黑峻自杀，营官汤秀斋生擒伪元帅马有财，海晏也被金顺部活捉。各路清军会师玛纳斯南城，取得了乌鲁木齐战役的全胜。玛纳斯南城攻坚战，历时两个多月，歼敌 3000 余人。西征军牺牲近千人，仅官弁阵亡的就有 115 人。

乌鲁木齐战役的胜利，歼灭了盘踞北疆之敌，不仅保证了陕甘、蒙古等地的安宁，而且使西征军有了可靠的基地，为清军越天山，攻打南疆门户吐鲁番，创造了极为有利的条件。

西征军南疆东四城之捷，使敌人成了丧家之犬。刘锦棠原拟从中路进攻叶尔羌，分割西四城之敌，然后东打和阗，西攻英吉沙尔和喀什噶尔。这时，敌军分崩离析，内部一片混乱。和阗的敌军头目呢牙孜向清军投降，伯克·胡里亲率骑兵 5000，在叶儿羌同呢牙孜酣战。白彦虎逃到喀什噶尔，被阿里达什拒之门外。投降阿古柏的原绿营守备何步云、旗员英韶率满汉兵民数百人反正，据守喀什噶尔的汉城，阿里达什日夜攻扑，形势危急，何步云乞求刘锦棠派兵援助。刘锦棠抓住这一有利时机，改变原来首攻叶尔羌的作战计划，兵分 3 路，乘敌不备，迅雷下击，先攻取边城喀什噶尔，裹敌中央，截断敌人向俄境逃窜去路，然后再攻打叶儿羌、英吉沙尔和和阗 3 城。令提督余虎恩为一路，率步兵 3 个营、骑兵一个营，总兵桂锡桢率马队一个营，从阿克苏取道巴尔楚克、马纳巴什，直指喀什噶尔，为正兵；令提督黄万鹏率马队6旗，总兵张俊率步兵3个营为第二路，由乌什取道布鲁特边界，迂回至喀什噶尔之西，为奇兵。两路所有部队，由余虎恩指挥，于12月18日前抵达指定位置。刘锦棠亲率马步各营，为第三路，随后进发，一面阻击和阗、叶儿羌方向之敌，一面策应攻击喀什噶尔之清军。余虎恩、黄万鹏部士气高昂，星夜疾驰，提前一天到达指定位置。当夜三更，黄万鹏部从喀什噶尔城北的麻古木，余虎恩从城东的牌素特，同时攻城。两军齐抵城下，城内火光烛天，敌军在城外顽抗。余虎恩在中，提督萧元亨、总兵桂锡桢、副将夏辛酉在左，提督戴宏胜、陈健厚、总兵张宗本在右，3路步兵骑兵，一齐攻击城东。守敌困兽犹斗，组织骑兵千余骑，向清军冲扑过来。西征军将士奋勇阻击，用长矛将敌酋副元帅王元林戳坠马下，清军的步兵压逼而前，骑兵张两翼包围，尽歼该敌。黄万鹏、张俊所率马步各营在喀城西北角，与守敌三四千酣战，敌被击溃，从西门逃窜。伯克·胡里令于小虎率敌眷后行，自己率敌400先窜。于小虎被萧元亨、戴宏胜前后夹击，被都司余福章、军功马德海擒获，伯克·胡里逃入俄境。余虎恩完成追歼逃敌任务后，又主动从明要路，转师恰哈玛克，奔袭300余里，配合黄万鹏追歼白彦虎。白彦虎残部，在前有拦截，后有追兵的困境中，立即溃乱，伪元帅马元被俘，副元帅白彦龙被斩，白彦虎率一二百骑，携带金银，逃入俄境。

12月19日，刘锦棠抵达玛纳巴什，21日收复叶儿羌，接着赶赴英吉沙尔，令董福祥从叶儿羌进兵和阗。1878年1月2日在和阗战斗中，生擒敌头目达的罕条连、洛巴什俄波和伪元帅常世和、王孝等人，全歼敌人。南疆8城中的最后一个城市，被清军收复。攻打西四城之战，毙俘敌万余人，拿获阿古柏军大小头目1000余人，缴获大炮万余门，战马万余匹，战果辉煌。至此，我国神圣领土新疆，除了伊犁地区尚被沙俄占领外，其余地方重新回到祖国怀抱。

索回伊犁

西征军击败阿古柏侵略军以后，清政府立即着手收回伊犁。

伊犁在北疆西部，是西路第一重镇，包括宁远、惠远、惠宁、绥定、广仁、熙春、拱辰、瞻德、塔勒尔等9城，纵横相连。清政府设伊犁将军，驻宁远城。伊犁地区兼得伊犁河、特克斯河的灌溉之利，农牧相宜，民丰物阜，是新疆富饶的地区之一。沙俄对伊犁垂涎已久。在1871年用武力侵占伊犁后，企图长期霸占，便毁弃大城，在宁远东90里之金顶寺，另修长20里街市，划归俄国阿尔玛图的地方官科尔伯科夫斯基管辖。沙俄政府原以为清政府迫于内忧外患，没有能力把盘踞在天山南北的阿古柏侵略军赶走。俄国驻北京公使倭良嘎哩曾代表沙俄政府向清廷总理衙门表示，只要中国从阿古柏手中收回被占领土，他们就把伊犁还给中国。1876年4月西征军入疆，沙俄政府发觉阿古柏难以抵挡清军的进攻，倭良嘎哩的讲话使沙俄很被动。阿古柏如被击败，清政府将会根据他们曾经许下的"诺言"，向俄国收回伊犁。俄国陆军大臣米留金为此召开了一次特别会议，研究对策。最后确定：如果阿古柏失败，俄国必须获得在中国内地通商的权利，并且从中国边境割取土地以后，才能交还伊犁。西征军进军新疆，沙俄便支持阿古柏对抗清军。1877年1月，俄国派出特别代表团到库尔勒，鼓励阿古柏负隅顽抗。阿古柏军战败，沙俄别有用心地收容了白彦虎和阿古柏的儿子伯克·胡里，并支持他们多次从俄境骚扰南疆。

崇厚签订丧权辱国的《交收伊犁条约》

1878年西征军歼灭阿古柏侵略军后，清政府向驻北京的俄使布策提出归还伊犁的要求，不得要领，便于7月派盛京将军崇厚为全权大臣，赴俄交涉收回伊犁和引渡白彦虎等人。崇厚在彼得堡不顾国家和民族的根本利益，一味讨好俄国，对俄国关于归还伊犁后，清政府必须在商务、界务和赔偿军费等3个问题上作出重大让步的无理要求，不但没有进行斗争，反而为俄国说项开脱。他把俄国为了占我领土提出重新划界的要求，说成俄国索要土地实属无几。对赔偿军费一节，崇厚说所要数目不大，似不必计较，并建议朝廷在俄交还伊犁前，应取消商业禁令，准允俄国商人到新疆各地贸易。清政府坚决不同意，一再电示未可因急于索还伊犁，转贻后患，尤其边境分界，涉及领土，关系重大，"断不可许"。崇厚对朝廷的指示，置若罔闻，于1879年10月，在《交收伊犁条约》上签了字。条约规定：中国方面收回伊犁，但要把霍尔果斯河以西和特克斯河流域的大片领土割让给俄国，俄国商人在蒙古、新疆贸易享受免税的权利；俄国可以在嘉峪关、哈密、吐鲁番、乌鲁木齐、科布多、乌里雅苏台增设领事；清政府允许伊犁居民迁居俄国；赔偿"代守"伊犁费500万卢布（合白银280万两）。消息传回北京，舆论大哗，全国朝野纷纷指责崇厚擅权卖国。清政府拒绝批准《交收伊犁条约》，于1880年1月将崇厚革职拿问，判处死罪。改派驻英法公使曾纪泽为钦差大臣，赴俄重开谈判。

左宗棠进驻哈密

收复伊犁，使新疆全部失地统统回归祖国，是左宗棠远征新疆的最终目标。他在同沙俄的长期打交道中，对其侵略野心有了深刻的了解。1877年左宗棠就说，俄国人绝对不会痛痛快快地交出伊犁，将来必定要有一番争执。他批评崇厚在谈判中一味妥协，丧权辱国，"譬犹投犬以骨，骨尽而噬仍不止，目前之患既然，异日之忧何极，此可为叹息痛恨者矣！"左宗棠力主用武力把沙俄侵略军从伊犁赶走，上书朝廷说："就事势次第而言，先之以议论，委婉而用机；次决之阵战，坚忍而求胜。""所有新疆南北两路军务，臣既身在事中，自当与各将领敬慎图维，以期有济。"可是李鸿章却主张对俄妥协，支持崇厚。他在给总理衙门的信中说，俄国本不愿交还伊犁，亏得崇厚专使，俄国政府始愿归还。今幸一了百了，已定之约，若再更改，后患不可思议。他攻击左宗棠进兵哈密，实为徒劳，今"军心不固，外强中干，设与俄决裂，深为可虑"。清政府没有同意李鸿章的意见，指示左宗棠统筹战守，积极准备收复伊犁。左宗棠极受鼓舞，他在给友人的信中说，伊犁事，非用兵，不会有结果。今朝廷力持正论，不为异议所惑。当前正是"戒备宜预，绸缪未雨"之大好时机。

左宗棠计划兵分3路，收复伊犁。东路由金顺率部，扼守晶河一带，防止俄军东窜；令金运昌率皖军5营，拨归金顺指挥。令张曜速募兵丁1000名，骑兵数百骑，增拨步兵5营，骑兵两营，加上原有步兵4500人、骑兵500骑，由中路阿克苏沿特克斯河，取道冰岭，直趋伊犁；令刘锦棠率步兵8500余人、骑兵1500余骑，由西路取道乌什，过冰岭西侧，经布鲁特牧区，直指伊犁。并调步兵8营，以补充刘军缺额。左宗棠还加拨民团千余人，加强搭城方面的兵力。1880年5月，左宗棠完成了进军伊犁的准备。全军上下一片欢腾，人人思奋，等待出征。这时左宗棠年近7旬，衰弱多病，杖不离手。但是他老骥伏枥，"壮士长歌，不复以出塞为苦"，决心亲临前线，收复伊犁。他从肃州移营到哈密时，叫士兵抬着他的棺木同行。正当左宗棠出兵哈密之际，国际和国内一些反对对俄用兵的势力，诱迫清政府同俄国妥协。李鸿章攻击左宗棠说，"左帅主持倡率一般书生腐官，大言高论，不顾国家安危；即其西路之调度，不过尔尔。把握何在？"英国驻华公使威妥玛和海关总税司英人赫德出面斡旋说，只要中国接受规劝，英国愿意帮助清政府训练军队。镇压过太平天国革命的大刽子手英人戈登，在1880年夏，向总理衙门提出割让伊犁，避免一战的建议，并威胁说，中国若与俄相争，徒费兵饷，得不偿失。清朝政府在国内外妥协势力的诱迫下，动摇了用武力收回伊犁的决心，于1880年8月，以"现在时事孔亟，俄人意在启衅，正需老于兵事之大臣，以备朝廷顾问"为理由，召回左宗棠。左宗棠于11月14日离开哈密，翌年1月25日回到北京。清政府根据左宗棠的荐举，任命刘锦棠署理钦差大臣，督办新疆军务，以张曜为帮办。

伊犁回归祖国

曾纪泽于1880年2月出使俄国，抵达彼得堡后，同俄使进行了长达将近一年的艰苦谈判。在谈判中，俄国代表虽然同意交还伊犁，但仍坚持由清政府将伊犁西南莫萨山附近的将近 4000 多平方公里的战略要地割让给俄国，还要重新勘定喀什噶尔和塔尔巴哈台的边界，企图占我国更多领土。在通商税则和设立领事等问题上，俄方始终坚持《交收伊犁条约》中的条款，索赔军费则由 500 万增加到 1200 万卢布。曾纪泽据理力争，经过反复辩驳，于 1881 年 2 月 24 日签订了《中俄伊犁条约》，废除了《交收伊犁条约》，收回了由崇厚割让给俄国的特克斯河一带的领土，在重新划界、通商等方面对俄国的广泛要求，也作了一些限制，争回了一些权益。清政府在赔款问题上作了让步，由 500 万卢布增加到 900 万卢布。中国收回了伊犁地区及特克斯河流域 19000 千余平方公里的土地，但是，霍尔果斯河以西地区仍被沙俄霸占。1882 年至 1884 年，沙俄根据《中俄伊犁条约》，又与清政府签订了《伊犁界约》，分段勘定新疆的中俄边界，并吞了中国的 7 万多平方公里的领土。

江孜保卫战

英国侵略军在堆拉一线战斗中得手后，得寸进尺，积极作进犯江孜的准备。西藏驻军并没有因初战失利而气馁，也作了继续抗击侵略军的打算。

康玛沿线之战

1904 年 4 月 5 日，英国侵略军从古鲁出发，北犯江孜。藏军据险扼守古鲁至江孜间的康玛一带山谷，并不断袭扰英军。当地藏族同胞为捍卫家园，也纷纷拿起武器，加入了反侵略作战的行列。当英军进至康玛以南的雪那寺附近，守卫该寺的 200 名藏军以高墙坚屋为凭借，予英军重大杀伤，由于兵力不足，在英军步、骑兵的包围下，被迫转移。尔后，康玛遂为英军所占。9 日，英军从康玛继续北犯，当进至藏姆章一带峻岭时，遭到千余藏军的阻击。藏军依托山地工事，一次又一次打退了英军的进攻。英军又采用正面进攻与侧翼迂回相结合的战法，包围了藏军阵地。藏军在腹背受敌的不利态势下，奋不顾身，英勇搏击，被迫向北突围。11 日，英军迫近江孜。

江孜为相当于内地县一级政府的所在地，西通日喀则，东通拉萨，是西藏的军事要地。由于江孜驻军大部已南调各地，又缺乏预备队，与英军相比，兵力更显薄弱。江孜守军未敢近战而后撤，英军竟不费一枪一弹地占领了江孜城。随后，除留少数兵马驻守外，大部仍由麦克唐纳率领折回春丕，以图伺机再战。

卡罗拉之战

藏军撤出江孜城后，西藏地方政府迅速组织民众武装近万人，分别集结于江孜附近和日喀则一带，并在位于江孜、拉萨、康玛之间的卡罗拉山谷地段筑墙设卡，由 2000 藏军守卫。侵略军担心前进受阻，决定乘藏军立足未稳之际发起进攻。5 月 3 日，英军步骑及工兵一部由江孜出动，向卡罗拉进犯。7 日，英军从正面分路向藏军阵地进攻。藏军和民团依山凭险，奋力抗击，经 4 小时激战，击毙英军官兵 18 人，迫使英军蜷缩在峡谷之中。下午，英军投入预备队参战，以求摆脱困境。在炮火的支援下，英军突破了卡罗拉守军右翼的一段防御工事。500 藏军闻讯前往增援，也遭英军拦阻而未能实施机动。藏军为改变不利态势，改从左翼发起出击，接连三次都因遭英军机枪封锁而未果。而突破藏军右翼之敌却进入侧后高地，顿成前后夹击之势，藏军为保存实力遂东撤，向浪卡子方向转移。

西藏军民袭击江孜

正当英军向卡罗拉山谷运动之时，集结在日喀则一带的西藏民军获江孜守敌不足 200 的重要情报后，民军当机立断，决定乘虚袭击江孜。5 月 4 日，民军 1000 余人从日喀则方向直奔江孜，迅速占领了地方政府以及附近各要点、寺庙，控制了整个市区，并包围了江孜英军的巢穴江洛林卡。5 日拂晓前，民军突然向英军营地发起进攻，向内射击，英军遭此突袭，乱作一团。天明后，民军撤出战斗。9 日，侵占卡罗拉之敌闻江孜营地被袭，遂返军回救，但仍未改变被围态势。西藏民军逐步缩小包围圈，先后攻取了英军营地附近的村落，并痛击出击的英军。24 日，从春丕出发的英援军一部，抵达江孜，配合守敌，向营地附近帕拉村民军展开反击。26 日，英军出动炮兵、工兵，配合步兵进攻，由于该村墙高壁厚，即使英军用炮火袭击和炸药爆破仍屹立未动，西藏军民依托高屋固守，先后毙伤敌数十人，经过一整天的逐屋战斗，民军弹药已尽，不得已后撤至地方政府所在地。英军由于兵力不足，补给困难，已无力进攻江孜地方政府所在地，也未能摆脱被困局面，于是派人回春丕求援。

英军重占江孜

此时，集结于春丕的英侵略军，包括皇家步兵部队在内近 4000 人。火力有所加强，另外还有近 7000 人、运输车 1000 多辆的庞大后勤保障队伍，于 6 月 13 日，由麦克唐纳率领从春丕出发，经过 10 天行军，于 23 日抵达江孜。为了改变被围局面，英军首先向江孜外围的民军营地发起攻击，占领附近村落。28 日，据守日喀则与江孜之间翟金寺的千余民军，冒着枪林弹雨，进行近距离格斗，民军与侵略军鏖战一整天后撤出战斗，英军切断了日喀则与江孜的联系。7 月 5 日，英侵略军分两路向江孜城和地方政府发起总攻。守卫江孜城的藏军，凭屋据险，奋勇抗击，一直坚持到傍晚。江孜地方政府是民军指挥部所在地，利用峭壁悬崖，修筑了各道防御围墙。6日，英军在炮火支援下发起冲击，经过几个小时激战，抵达民军前沿阵地，并以炮火轰开围墙缺口，英军蜂拥而上，民军弹尽，乃掷巨石击攀登围墙的敌军，砸死砸伤英军数十，最后，在英军优势枪炮的连击下，民军被迫向拉萨突围，江孜又沦于敌手。

洋务运动概况

19 世纪 60 至 90 年代，清政府在太平天国和捻军农民起义的打击下，又在第二次鸦片战争中再次被外国侵略者打败，面对这种形势，封建统治阶级营垒中的一些有识之士，如在中央官吏中以总理衙门大臣奕䜣、大学士桂良、户部侍郎文祥等为代表，在地方官吏中以两江总督曾国藩、闽浙总督左宗棠、直隶总督李鸿章以及后起的湖广总督张之洞等为代表，他们感受到外国的"船坚炮利"，从而意识到无论挽救民族危亡，还是维护自身统治，都不能再固守陈腐的"祖宗之法"，唯一的办法是向西方学习，引进先进的生产方式和物质文明。他们继承了林则徐、魏源的"师夷长技以制夷"的思想，这就形成了以拯救清王朝封建统治、御侮自强为目的，以引进西方先进的生产技术为主要内容，以"中学为体，西学为用"为宗旨的向西方学习的潮流，史称此为"洋务运动"，旧称"同光新政"（意即同治、光绪年间举办的"新政"，又称"自强新政"）。

洋务运动开始时，是在"自强"的口号下筹建近代军事工业和编练新式海军。咸丰十一年（1861 年）底，曾国藩在安庆设立"内军械所""制造洋枪洋炮，广储平实"，是洋务派兴办军事工业的起点。同治三年（1864 年）安庆内军械所随军迁到南京。安庆内军械所虽然是以手工业制造为主，但却是当时清军的一大火器供应中心。

同治四年（1865 年）六月，曾国藩、李鸿章在安庆内军械所和上海、苏州洋炮局的物力、人力和技术经验的基础上，收买了美国人在上海虹口地区办的旗记铁厂一座，又将容闳从美国购买的"制器之器"一并归入，正式成立"江南机器制造总局"，简称"江南制造局""上海制造局""沪局"。该局由原旗记工厂主科尔继续任制造技术指导，其一切事宜最初由上海海关道日昌督察筹划，后又任命湖北候补道沈保靖督办。开办经费约用银 20 余万两。同治六年（1867 年）江南制造局因厂地狭窄，由虹口移至上海城南高昌庙镇，进行扩建，到光绪十九年（1893 年），共建成工厂 15 个，扩方言馆、炮队营、工程处、翻译馆各一个及各种附设机构 10 多个。建置经费先后用银

200万两。江南制造局从事军火生产、轮船修造、机器制造、科技书籍的翻译和培养外语人才。所制造的枪炮、弹药，供应南北驻军，"遍及全国，共达七八十个单位"。（主要是湘、淮军）。同治四年（1865年），李鸿章将由马格里主办的苏州洋炮局移设南京雨花台，扩建为金陵制造局，简称"宁局"。主要生产枪、炮、子弹和军用物资。到80年代上半期，已有工厂10余座，用银约50余万两，所造之枪炮弹药主要供应南北洋驻军。同治五年（1866年），左宗棠在福州建船政局，后由沈葆桢接办。船政局由铁厂、船厂和学堂3部分组成。初由法国人日意格和德克碑任正副监督，雇用工人1700至2000人。原计划五年内造船16艘，建厂经费约40余万两银，每月造船经费53两银。同治八年（1869年）开始生产，到同治十三年（1874年）共成船15艘，这时船政局共有工厂16座，船台3座，先后用银达135万两。光绪元年（1875年）船政局由艺局学生主持接造。开始仿造旧式木船，从光绪二年（1876年）起，造750匹马力的新式机器铁胁轮船，光绪七年（1881年）为南洋水师造3艘2400匹马力、排水量为2200吨的巡洋快船。同治六年（1867年），恭亲王奕䜣奏准，由三口通商大臣崇厚在天津办"天津军火机器局"，同治九年（1870年）由直隶总督李鸿章接办，改称天津机器制造局，简称"津局"。不久，李鸿章将洋总办密妥士免去，另委沈保靖为总办。天津机器局主要生产火药、枪炮、子弹，供应淮军和直隶练军。到80年代上半期，先后共用银110余万两。

在同一时期内，各地还设立许多军火工厂，"唯一省仿造，究不能敷各省之用"，到光绪十年（1884年）为止，清政府先后设厂局20所，除江南制造局停办外，其余19所分布在全国12个省区。从60到90年代的30多年中，洋务派办军事工业，共用银4500万两，均由国库支出；所有局厂一律归官办；生产的枪炮弹药和轮船均由清政府调拨发给湘、淮军和沿海各省使用；每个厂局均有成群的官吏，机构庞杂，洋务派办洋务首先聘请洋员。

在洋务运动中，洋务派亦筹建新式海军。咸丰十一年（1861年），恭亲王奕䜣请英人"协助购买欧洲造战舰"，同治元年（1862年），两广总督苏崇光与英人议定，向英国购买兵船。同治二年（1863年），一支包括大小船只8艘的舰队，由英国海军军官率领到达上海，由于英国人强夺中国海军的指挥权，清政府拒绝接受，这支舰队被遣散。清政府先后用银160余万两的筹建海军活动流产。同治五年（1866年），清政府批准了左宗棠的"设局监造轮船"的建议，决定江南制造局、福州船政局各以造船为重点，仿照西方，制造兵船，以装备海军。同治十年（1871年），两厂分别造出"惠吉""测海""操江""万年青""福星"等兵船数艘。同治十三年（1874年），丁日昌提议建立北洋、东洋、南洋3支水师。

光绪元年（1875年），由两江总督沈葆桢、直隶总督李鸿章等人倡议，经总理衙门核准，拨银400万两，作为筹办海军军费，准备在10年内建成南、北、粤洋3支海军，后由于财力有限，决定"先就北洋创设水师一军"，沈葆桢死后，海军大权集于李鸿章一身。他在天津设水师营务处，办理海军事务；又于光绪六年（1880年）在天津设立水师学堂，训练北洋系海军军官。同时又用银300万两，从德国购买"定远""镇远"两只铁甲舰。光绪七年（1881年），李鸿章派丁汝昌统领北洋海军。光绪十年（1884年），三洋海军粗具规模，南洋海军约有军舰19艘、北洋海军约有军舰15艘、福建海军约有军舰11艘。光绪十年（1884年）六月，中法战争爆发，八月，法国远东舰队击毁了福建海军全部舰船，并摧毁福州船政局，南洋海军也受到损失，只有李鸿章的北洋海军保存了实力。李鸿章又向英国订购了"致远""靖远"和从德国购进"经远""来远"等舰，北洋海军实力加强。在这前后，李鸿章又修建了大沽、旅顺船坞，作为修理铁甲舰之用。光绪十四年（1888年），北洋海军正式成军，丁汝昌任海军提督，拥有军舰22艘。军事训练由英、德国人操纵。光绪二十年（1894年），北洋海军在中日甲午战争中全军覆灭，结束了北洋海军的历史。

洋务派在开办军事工业的活动中，需要巨额经费，使他们感到"百方罗掘，仍不足用"，认为外国资本主义以工商致富，由富而强，认为"求富"是"求强"的先决条件，因此，洋务派仿照西方，开展了建立民用工业的"求富"活动，借以达到"兴商务，浚饷源，图自强"的目的。

从19世纪70年代开始，洋务派采取了官办、官督商办和官商合办的形式，举办民用工业，包括采矿、冶炼、纺织、交通运输等等，到19世纪90年代中期，共办几十个企业。

同治十一年（1872年），李鸿章派漕运委员朱其昂创办轮船招商局，这是洋务派办民用工业的开端。轮船招商局共招商股73万多两银，海关拨官款190多万两银，官督商办。总局设在上海，在上海天津等地设码头，代政府运漕米等。光绪二年（1876年），李鸿章派唐廷枢筹办开平矿务局，光绪三年（1877年）九月在开平正式建立，招商股80多万两银，官督商办。光绪三年（1878年）开井，次年使用外国机器，按新式方法开采。光绪七年（1881年），开平矿务局每日出煤"五六百吨之多"，10余年后，开采量增加，每日"可出煤一二千吨"，且"煤质极佳，甲于他处"。光绪五年（1879年），李鸿章在大沽和北塘海口炮台试架设电报到天津，"号令各营，顷刻响应"。光绪六年（1880年）九月，李鸿章在天津设电报总局，由盛宣怀任总办。电报线由天津沿运河南下至上海等地，以后又架设了上海至南京及南京至汉口的线路，光绪八年（1882年）四月，电报局改为官督商办，招商股80万元。光绪十年（1884年），电报总局迁往上海，并在各地设电报分局。光绪六年（1890

年），即电报总局成立 10 周年时，电报线已遍布全国各地。光绪七年（1881年）成立黑龙江漠河金矿，商股 7 万两银，官款 13 万两银，官督商办，李鸿章派吉林候补知府李金镛办理。光绪十五年（1889 年），用新式机器开采，这一年产金 18961 两。同年两广总督张之洞主持兴办汉阳铁厂，由清政府拨款 200 万两银作资金，光绪十六年（1890 年），在大别山下动工兴建，光绪十九年（1893 年）完工，共计 10 厂。官办无款可筹，后由盛宣怀接手，改为官督商办。光绪二年（1876 年），李鸿章和两江总督沈葆桢开始议办上海机器织布局，光绪五年（1879 年）派郑观应筹办，光绪八年（1882 年）成立。招商股银达 50 万两，采取官商合办形式。该局享有 10 年专利，不许民间仿办。光绪十六年（1890 年）开工，营业兴隆。光绪十九年（1893 年）失火、损失约 70 多万两银。光绪二十年（1894 年）又设华盛纺织总厂，下设 10 个分厂。光绪十六年，张之洞任湖广总督时，将原设广东织布局移至武昌，建立湖北织布局。光绪十五年（1889 年）八月底，张之洞在两广总督任内奏准在广东设织布局，后张奉调湖广总督，织布局随之迁往湖北，由于筹办资金困难，张之洞先后向英国汇丰银行借款 16 万两银，于光绪十七年（1891 年）开始建造厂房，光绪十八年（1892 年）底才正式开工，尚有盈余。

洋务派在 70 年代后的 20 多年里，先后创办了 41 个资本主义性质的企业，到光绪二十年（1894 年）尚存 30 个，共有资本约计 3900 万元。这是中国早期的官僚资本。

此外，洋务派从同治元年（1862 年）起，先后设立京师同文馆、上海方言馆、福建船政学堂和天津水师学堂等 20 多所近代学校，培养外语和近代科技人才。从同治十一年（1872 年）至光绪十二年（1886 年），清政府还向欧美国家派遣近 200 名留学生。

随着北洋海军在中日甲午战争中覆灭，洋务运动也遂告破产。

洋务运动的发展及影响

外国侵略者对中国的政治控制

19 世纪 60 年代到 70 年代初期，经过两次鸦片战争打击的清政府更加屈从外国侵略者，并勾结列强，全力镇压太平天国等国内人民的反抗斗争，企图借助列强的力量挽救摇摇欲坠的封建统治。外国侵略者为了在中国建立半殖民地的统治秩序，一面扶植清政府，以对付中国人民的革命运动；一面乘机加紧控制清政府，向清政府索取种种特权，进一步扩大他们在中国的政治经济势力。

从 1861 年至 1862 年，英、法、俄、美等国先后在北京建立了公使馆。外国驻华公使及其他外交人员，直接对清政府施加影响，进行外交讹诈，干涉中国内政，扩大在华侵略势力。1868 年，刚卸任的美国公使蒲安臣，竟诱使清政府给他以"办理中外交涉事务大臣"名义，率领一个有英、法等国人参加的"中国代表团"赴欧美等国"访问"，这是清政府第一个外交使团出访欧美。蒲安臣还擅自同美国国务卿订立《中美续增条约》，使美国掠夺华工及在中国设立学堂合法化。外国侵略者还通过他们把持的中国海关，加紧控制中国政治。担任上海税务司的英国人李泰国，首先被清政府任命为中国海关总税务司。1864 年，英人赫德继任，他制定并推行了一套由外国侵略者支配的海关制度，规定由总税务司掌握海关一切行政及人事大权，各口税务司及高级职员全由英、美、法、德等国人充任，中国人只能充当一般职员。由于清政府的财政收入越来越依靠海关税收，所以赫德不仅在经济上控制了清政府，而且在政治上也起了很大的作用。赫德担任总税务司长达 45 年之久，这期间他不仅插手清政府的许多重大外交活动，而且对清政府高级官吏的任免也横加干涉。列强对清政府的要求，往往由赫德用建议或劝告的方式来实现。总税务司赫德及各口岸税务司在名义上是清政府的官员，实际上他们是列强，特别是英国在华侵略利益的重要代理人。

列强对中国经济的侵略

19 世纪六七十年代，列强凭借他们从不平等条约中所攫取的种种特权，逐步加强了对中国的经济侵略。这期间，外国资本家继续大肆向中国贩运鸦片，同时加紧向中国倾销他们的商品，掠夺中国的原料。他们向中国推销的一般商品主要有棉纺织品、毛织品、煤油和金属制品等，其中尤以棉纺织品的增加最为迅速。而在棉纺织品中，棉纱的增长速率又超过了棉布。棉纱的进口，1872 年为 5 万担，1881 年增至 172000 担，增长了 224%；棉布的进口，1872 年为 12241000 匹，1881 年增至 14931000 匹，增长了 22%。他们还把长期以来中国出口货物中最重要的茶、丝两项贸易控制起来，而把适应于外国资本主义工业发展需要的其他农产品和各种原料大量运出，使中国逐步成为外国资本主义的原料供给地。同时，中国的原料生产者还遭到外国商人的压价掠夺，成为外国资本主义直接榨取的对象。这一切正是中国经济半殖民地化的重要表现。其结果是中国农业、手工业日益破产，农民和其他劳动者的生活日益贫困化。

外国资本主义在向中国推销商品和掠夺原料的同时，还在中国开设工厂、经营轮船航运、创办银行等等，进行直接的经济掠夺。早在鸦片战争以后，外国侵略者便擅自在中国通商口岸等地投资设厂。19 世纪 60 年代以后，外资工厂逐渐增多起来，其中大多数是船舶修造业，以及为了掠夺中国原料而经营的各种加工工业，如砖茶、缫丝、轧花、制糖等工厂。1862 年，美国旗昌洋行设立了第一家专业轮船公司，即在上海开设的旗昌轮船公司，垄断我国长江中下游轮船航运达 10 年之久。七八十年代，英国太古、怡和轮船公司先后建立。外国轮船公司逐渐侵占了中国沿海和内河航运的大部分权益，不仅严重地打击了中国旧式帆船运输业，而且阻碍了中国新式航运企业的发展。外国资本很早就在中国开设银行。1848 年，英国在上海设立了东方银行（又名丽如银行或金宝银行）。1854 年和 1857 年，又先后设立了有利、麦加利两银行的上海分行。60 年代，外国在华设立的银行日益增多，其中 1865 年在香港、上海两地同时开业的英国汇丰银行，实力不断扩充，逐渐发展为外国在华资本最雄厚的金融机构。外国银行在中国吸收存款，发行纸币，经营国内外汇兑，并对清政府进行贷款，成为资本主义各国对中国进行经济侵略的重要工具。

由于外国资本主义在华政治、经济势力的扩大，中国半殖民地化的程度逐步加深了。

洋务派代表人物及其思想

在两次对外战争失败的刺激下，在农民革命战争的打击下，中国地主阶级发生了分化，在如何维护清朝统治的问题上存在着不同的政治倾向。

以林则徐的学生冯桂芬为代表的地主阶级改革派，主张向西方学习，改革内政，以达到维护、挽救清朝统治的目的。

冯桂芬亲自经历了两次鸦片战争，在"夷害不已"的感受中，他要求"自强""雪耻"。他遵循着林则徐、魏源的方向，看到了中国的不如人，而要求"博采西学"，努力学习资本主义生产技术。冯桂芬的思想系统地反映在他于 1852—1861 年间完成的著作《校邠庐抗议》之中。为了维护清朝统治，在国内问题上他希望依靠封建政权在政治上、经济上实行一些自上而下的改革；在对外问题上，他反对洋务派对外妥协，也不赞成顽固派的盲目排外，而要求对外国侵略者进行有效的抵抗，并学习西方资本主义国家的长处，以图自强。

冯桂芬继承了魏源"师夷之长技以制夷"的思想，并进一步加以发扬。他看到中国不仅武器和军事技术方面落后于西方国家，而且在其他方面也不如他们，"人无弃才不如夷，地无遗利不如夷，君民不隔不如夷，名实不符不如夷"既然有这许多方面不如夷，就必须向他们学习。他比魏源更直率地提出了学习西方的主张，进一步提出具体改革的意见。要"人无弃才"，就须废八股时文，改革科举考试的科目内容，奖励科学技术人才，予以科举出身的待遇，要"地无遗利"，就须大兴水利，采用机器耕作，广植桑茶，允许私人开矿。要"君民不隔"，就须复乡职（扩大绅士的政治权力）、"复呈诗"（允许人民用诗歌表达意见）。要"名实相符"，就须"改赋税""汰冗员"。这些改革显然有利于加强地主阶级统治，但具有一定的资本主义倾向，与洋务派只注意学习西方制造军火武器和练兵方法不同。

第二次鸦片战争以后，外国资本主义进一步侵入中国，一部分具有买办倾向的地主、官僚、军阀从顽固派中分化出来，形成洋务派。洋务派代表人物，在中央有主管总理衙门大臣奕䜣、文祥，在地方有湘、淮系军阀曾国藩、李鸿章、左宗棠等人。

奕䜣等在奏请清政府设立总理衙门的奏折中说："臣等就今日之势论之：发捻交乘，心腹之害也；俄国壤地相接，有蚕食上国之志，肘腋之患也；英国志在通商，暴虐无人理，不为限制，则无以自立，肢体之患也。故灭发捻为先，治俄次之，治英又次之。"这与地主阶级改革派冯桂芬的看法显然不同。从这点出发，他们便勾结外国侵略者，与他们一道镇压太平天国。在中外反革命联合镇压太平天国革命的过程中，洋务派逐渐认识到要巩固清朝封建统治，必须向西方资本主义国家学习点本领。他们认为："中国文武制度，事事远出西人之上，独火器万不能及……"于是洋务派向西方学习军火制造，以求自强，并未涉及政治改革。这一点与地主阶级改革派也不相同。洋务派学习军火制造，增强清朝统治阶级实力，镇压人民，正符合外国侵略者在中国建立殖民地统治秩序的需要，所以，它们支持洋务派举办的洋务"新政"。洋务运动，是封建势力与外国资本主义侵略者相勾结的产物。

当清朝镇压太平天国革命"得手"之际，洋务派又产生学习西方"机利火器"以对外的思想。奕䜣等人在派京营火器营弁兵赴江苏学习火器制造的奏折中说："现在江浙尚在用兵，托名学制（火器）以剿贼，亦可不露痕迹，此诚不可失之机会也。……洋人乐于见长之时，将外洋各种机利火器实力讲求，期尽窥其之秘，有事可以御侮，无事可以示威"。所以，洋务运动又是封建势力与外国资本主义侵略者相矛盾的产物。

兴办军事工业

洋务运动在初期以"自强"活动为中心，以获得外国新式武器装备和练洋操为主要内容。1864年后，洋务派加紧了创办兵工厂的活动。其主要的兵工厂有：

江南制造总局：这是在曾国藩支持下，由李鸿章筹办，1865年在上海开办的第一个有相当规模的近代军火工厂。李鸿章曾用白银4万两在上海买进一座外商机器铁厂，以此为基础，并入苏州制炮局的部分设备，又增添了曾国藩委托容闳从美国购回的机器，在虹口创立江南制造总局（又名上海机器局）。1867 年，该局搬到高昌庙镇。厂房面积扩大到 70 多亩，雇用工人 2000 多名，主要制造枪、炮、子弹、水雷、火药等军火。1868 年，还制成命名为惠吉号的火轮。江南制造总局还附设一所机械学校和翻译馆，培养技术人员，翻译与军事及工程有关的书籍，也有少量的史志和政法方面的书籍。

金陵机器局：1865 年，李鸿章就任两江总督时，把马格里主持的苏州制炮局迁到南京雨花台附近，改为金陵机器局，用外国机器制造火药、大炮。此局规模小于江南制造总局，但受淮系集团的控制。后来，李鸿章调到北方，金陵机器局仍然由他管辖。

福州船政局：这是闽浙总督左宗棠于 1866 年 6 月在福建开始筹办的近代第一个造船厂。1867 年左宗棠调任陕甘总督后，由福建船政大臣沈葆桢接办。厂址设在闽江马尾山下，主要制造军用船舰。业务由聘用的法国人日意格（P.Giquel）和德克碑（P.D' Aiguebelle）主持，局内有工匠两三千，杂工近千，都由湘军弁兵充任。8 年间花费白银 535 万两，建成大船 10 艘、小船 5 艘，用以装备福建海军。这些船只实际上是向法国购进破旧机械装配而成，质量低劣。1866 年冬，还附设福州船政学堂，分为前、后两部分，前学堂学法文和造船学；后学堂学英文和驾驶术，招收少年入学。

天津机器局：这是清政府特令三口通商大臣崇厚，于 1867 年在天津创办的机器厂，丹麦驻天津领事英国人密妥士（J.A.T.Meadows）为总管，以制造火药，供给卫戍京师的军队使用。由于管理腐败，毫无成效，1870 年李鸿章调任直隶总督后，该局改由李鸿章接办。李鸿章特从香港招聘外国工匠，加以扩充，使之成为仅次于江南制造总局的大型兵工厂，主要制造火药、子弹，以配合江南制造总局生产的枪炮。

此外，其他各省也陆续设厂制造军火，以供各地清军需要。如左宗棠率军进入陕甘时，设西安制造局，后又随军迁往兰州，改称兰州制造局；山东巡抚丁宝桢在济南设立山东机器局，调任四川总督后，又在成都设立四川机器局；还有云南、湖南、广东、吉林、山西、浙江、台湾等地，也都分别筹办过称为机器局的兵工厂，而且皆由各省督抚动用官资设立，一般规模较小，成效不大。

新式陆海军的创建

1862 年，经奕䜣等奏准，在天津成立了洋枪队。以英国军官为教官，训练天津兵勇，并选派京营旗兵赴津一同受训。随后，上海、广州、福州等地，也聘用英法教官，以西法练兵。后又陆续推广到武汉、南昌、安庆、济南等处。1866 年，奕䜣又在直隶选练六军，共 15000 人，称为"练军"。

清政府在训练新式陆军的同时，也开始购买外国轮船，筹建新式海军。

在这次筹建海军的过程中，清政府白白耗费 160 万两银子，结果却一无所获。

70 年代中期，日本在美国的支持下出兵侵犯台湾，震惊了清朝统治集团，于是开始筹建海防，建设新式海军。1879 年，李鸿章在天津设立水师营务处，总管海军事务。1880 年，李鸿章在天津建立水师学堂，任命留英归来的严复为总教习，训练海军军官。1884 年，三洋海军粗具规模。北洋海军有军舰 14 艘，分驻大沽、旅顺、营口、烟台，防卫奉天（辽宁）、直隶、山东海面，由直隶总督兼北洋大臣节制。南洋海军有军舰 17 艘，分驻江宁、吴淞、浙江等地，负责防卫东南沿海一带海面，由两江总督兼南洋大臣节制。福建水师有军舰 11 艘，负责防卫海口，并巡守台湾、厦门及琼廉海面，归闽浙总督节制。海军舰只除由福州船政局和江南制造总局制造外，主要购自英德两国。北洋海军"定远""镇远"两艘铁甲舰，就是李鸿章以 300 万两的高价从德国定购的，均拥有 6000 马力。各舰队的船舰来源及型号庞杂，很不统一。三支海军互不统辖，派系畛域很深。这些海军分别被湘、淮系集团作为自己的势力和资本加以控制。1884 年中法战争期间，福建水师遭法军袭击，几乎全军覆没，南洋水师也受到一定损失，唯北洋水师置身战局之外，对福建沿海的危机坐视不救，得以保全无损。中法战争后，清政府总结这次战争的经验教训。1885 年设立海军衙门，以醇亲王奕譞为总理大臣，奕劻、李鸿章为会办，但实权掌握在李鸿章手中。李鸿章大力扩充一直由他控制的北洋海军，继续以巨款向外国购买战舰。1888 年，北洋海军正式成军，共有船舰 22 艘。其中 17 艘购自外国，5 艘由国内自造。威力较大的船舰是定远（旗舰）、镇远两艘铁甲舰，及致远、靖远、经远、来远、济远 5 艘巡洋舰。英国人琅威理等为海军教习。淮系将领丁汝昌任海军提督。李鸿章还在旅顺修建了船坞。旅顺口与威海卫成为北洋海军的主要基地。此后，北洋海军再未增添船只。

在甲午战争前，清政府的新法练军只采用部分洋械和操典，建制仍为勇营、绿营的组织形式。所建海军，表面上声势浩大，实际上弊病丛生。由于不少舰船质量低劣，将士缺乏训练，军纪松懈，再加上其内部的腐化作风，所以，中国海防并未得到真正巩固。

创办民用工业

从 19 世纪 70 年代开始，洋务派将筹办洋务的目标，由"自强"兼及"求富"，在继续筹办军用工业的同时，采用"官督商办""官商合办"等形式，着手筹办民用性厂矿企业。企图通过"求富"，达到"兴商务，浚饷源，图自强"，以维护清朝的封建统治。

民用工业从 19 世纪 70 年代开始兴办，到 19 世纪 80 年代末，共建成近 20 个，其中最重要的有以下几个：

轮船招商局：这是中国第一家近代轮船航运公司，也是洋务派兴办的第一个官督商办的民用性企业。1872年由李鸿章创办。

汉阳铁厂：1889年张之洞在汉阳建立。该厂机器设备从英国订购，用了3年多的时间才建成。全厂包括大小10个分厂，有炼铁的高炉两座，炼钢的转炉两座、平炉一座，还有轧制铁轨的设备等。其生产能力如能全部发挥出来，每年可出精钢、熟铁3万吨，是当时东方的一个最大的钢铁厂。

开平矿务局：这是中国最早用机器采掘的大型煤矿，1877年李鸿章派唐廷枢在滦州筹办。原拟官办，因清政府财政拮据，改为官督商办，计招得商股80万两。1878年开始以进口机器钻探开采，至1881年日产煤达五六百吨，除供应招商局及天津机器局使用外，还有余额可供出售。但好景不长，在1900年，终于被英商夺走。

漠河金矿：这是中国近代以新法采掘金属的重要矿山。1887年由李鸿章和黑龙江将军恭镗筹建，募集官款、商股共20万两，官督商办。1888年12月开工，次年正式产金。开办初期，每年产量约值银12万两。头三年共产金砂值银62000余两。1893年后又增开观音山分矿，每年产值增至十五六万两银。1897年时有工人2000名，年产达银30多万两。这是甲午战争前中国规模最大、成效显著的一个金矿。

上海机器织布局：这是近代中国第一个机器棉纺织工厂，1882年创设于上海杨树浦。起初，上海的几名官僚绅商，曾集资申请创办新式纺织厂，1880年李鸿章奏准拨给官款，派郑观应主持，官督商办，并请准享有专利10年。规定10年之内，只准本国商人附股搭办，不准另行设局。由于美国技师刁难，封建官吏营私舞弊，抽逃资金，直到1890年才建成投产。1893年不幸失火，厂房设备几乎全被焚毁。李鸿章委派盛宣怀负责重建，更名为华盛纺织总厂，还准备在上海、宁波、镇江等地设立10个分厂。

此外，还有左宗棠于1880年在兰州开办的机器织呢局（纯由官资筹办，产品专供军用）；李鸿章于1880年在天津创办的电报总局（官督商办），等等。

向外国派遣留学生和设立新式学堂

为了办理洋务的需要，洋务派还设立外文学馆，开办新式学堂，选派学生出国留学，以培养人才，奕䜣于1861年奏请设立京师同文馆，1862年正式成立，以培养外语人才为主，兼习天文、历史和数理化等。随后，上海、广州等地也仿效建立。1870年曾国藩、李鸿章在中国近代第一个留学生容闳的建议下，奏请派遣学生出国留学，获得清政府批准。1872年8月，中国首批留美学生从上海出洋赴美国留学。至1875年共选派幼童4批120人赴美，清政府派陈兰彬、容闳为正副监督，负责安排管理留学生。原拟留学15年，学习军政、船政、制造等，后陈兰彬以留学生"荒废中学"为由奏请裁撤，清政府于 1881 年下令将留美学生撤回。1876 年李鸿章又奏请派福州船政学堂学生 18 名赴法国学习制造轮船，12 名赴英国学习驾驶。第一批学生于次年在监督李凤苞的率领下出国。1879 年南洋海防大臣沈葆桢奏请船政局续派学生赴英、法学习。1880 年第一批学生学习 3 年期满归国，分配到南洋、北洋海军中当差。洋务派还设立了许多新式军事学堂，如 1880 年设北洋水师学堂，1885 年设天津武备学堂，1886 年设广东陆师学堂，1887 年设广东水师学堂，1890 年设南京水师学堂，1893 年设湖北自强学堂等。

设立同文馆

为了学习西学，翻译外国书籍，洋务派还设立了同文馆，其中以北京同文馆较为著名。

设馆之议始于 1861 年奕䜣等的"统筹全局"奏折。这个奏折说，听说广东、上海商人中，有专门学习过英、法两国语言文字的人，请求敕令各省督抚，挑选诚实可靠者，各派二人携带各国书籍来京，仿照从前创办俄罗斯文馆的先例，谈话授徒；从八旗子弟中挑选"天资聪慧"、年龄在十三四岁以下者入馆学习。1862 年 7 月 11 日，10 名满洲族人学生入馆学习，同文馆正式成立。先开学的是英文馆，以后又增设了法文馆、俄文馆、天文算学馆、德文馆等。

1869 年，美国人丁韪良被任命为同文馆总教习，此后直至 1894 年，其任此职长达 25 年之久。在他的主持下，同文馆的教学渐有改进，1872 年制订了有次第可循的两种教学计划，一种是"由洋文而及诸学"的 8 年课程表；一种是"借译本而求诸学"的 5 年课程表。同文馆设有严格的学年制度，每 3 年举行一次大考，考试优秀者授七八九品衔；七品再考取一等的授为主事；考试不合格的分别降、革、留馆，仍沿用科举制度的办法。译书是同文馆重要的活动之一。1888 年以前，同文馆师生辑译书籍约 22 种，多为教材。

1900 年后，同文馆并入京师大学堂。

民族资本主义的产生

这个时期，一部分官僚、地主、商人（包括一些买办商人）投资于洋务派所办的新式企业，他们的资金成为这些企业中的"商股"。除了洋务派官僚集团的成员以及和他们最有关系的一些人外，一般的投资者都是被侵渔的对象。在这些企业中出现了官僚买办资产阶级（即大资产阶级）的前身和民族资产阶级上层的前身。由一般"商股"构成的中下层势力得不到什么发展。

另一部分民族资产阶级的前身是小型新式企业的投资者，他们的资本一般不过数千元，最多也不过数万元。另有一部分旧式手工工场或大作坊采用机器，成为新式小企业如机器缫丝业、小型面粉厂之类，但数量很有限。这些人逐渐形成民族资产阶级的中下层。无论上层和中下层势力在19世纪七八十年代都还没有形成为一种阶级力量。

帝国主义对中国社会经济各部门的破坏，是为了把中国半殖民地化和殖民地化，但却不可避免地造成了自己的对立物。洋务派对民族资本采取压迫侵渔和垄断窒塞的手段。在外国资本主义和封建买办势力的双重压迫下，民族资本只能在罅隙中勉强挤出一条生路，没有广阔的前途。正因为这样，民族资产阶级不能摆脱封建主义和帝国主义的羁绊，而对它们保持着既有矛盾又有依附的双重关系，使自身具有先天的软弱性和两面性。

无产阶级的诞生

中国无产阶级早在中国资产阶级产生以前就已诞生。

19世纪40年代，由于外国资本的侵入，所以通商口岸出现了一批码头工人和在外国轮船上做工的海员，这是中国最早的一批产业工人。随着外国资本主义在中国开设工厂，产业工人队伍也随之扩大。19世纪60年代后，洋务派举办军事工业，随后又举办民用企业，民族资本近代企业也随之勃兴，于是中国产业工人的队伍不断增长。在70年代，全国大约不到10000人。80年代增加到45000人。到1894年约有90000多人。其中，在外资经营的近代企业中有34000人，在清政府经营的近代军用民用工业中有36000人，民族资本经营的近代企业中有27000多人。

中国无产阶级的人数不多，但它是中国新的社会生产力的代表者，是近代中国最进步的阶级。

中国工业无产阶级从诞生的时候起，便不断展开了反压迫、反剥削的斗争。早在1858年，香港的市政工人和运输工人2万多人就举行了罢工，许多人回到广州，参加反对英法联军侵占广州城的斗争。1879年有上海耶松船厂工人反对工头克扣工资的罢工。同年又有上海祥生船厂工人反对洋人监工殴打工人的罢工。1882年有开平煤矿一部分工人要求同工同酬的罢工。1883年和1890年有江南制造总局的工人为了反对延长劳动日的罢工。1884年中法战争期间，有广东一带的工人为反对法国侵华而拒绝替法国船只卸货的罢工，等等。这个时期，中国工人阶级还处于幼年阶段，他们的斗争带有自发的性质，基本上是经济斗争。但这些斗争都给予外国资本主义和中国封建势力以一定的打击，初步显示了中国无产阶级的力量。

人民群众反洋教斗争

早在第一次鸦片战争以前，披着宗教外衣的传教士，就开始了对中国的侵略活动。第一次鸦片战争后，美国通过《望厦条约》取得在通商口岸建立教堂的特权。外国传教士与中国教民狼狈为奸，无恶不作。从60年代开始，中国人反外国教会侵略势力的斗争，成为当时反侵略斗争的重要组成部分。

反对外国教会侵略势力的斗争，首先从偏僻的贵州兴起。1861年，法国天主教主教胡缚理趾高气扬，乘坐紫呢大轿，雇用吹鼓手，盛设仪从，招摇过市。贵州巡抚何冠英、提督田兴恕联合秘密发出一封致全省官吏的公函，号召随时驱逐"天主教""倘能借故处之以法，尤为妥善"。7月，团务道赵畏三率众攻打贵阳青岩晁家关教会学堂，逮捕教民4人，不久处死。这一事件发生后，法国公使与两广总督谈判，议定派人将《天津条约》《北京条约》20份携至贵州，按指定地点张贴，并赔偿教会损失，抚恤死者家属。新任贵州巡抚韩超拒绝张贴，将条约还给胡缚理。1862年2月，开州知府戴鹿芝又借群众控告法国传教士文乃耳破坏礼俗之故，逮捕文乃耳及教民4人，并将文乃耳等处死，并派团首周国璋四乡搜寻奉教之人。两国交涉经年，直至1863年英法公使以战争相恫吓下，清政府终于将参与这次反教会斗争的官吏田兴恕等人分别给以革职或发配新疆的处分。

1870年6月间，天津发生了震撼中外的大规模反对外国教会侵略势力的斗争。这年6月，天主教育婴堂收养的婴孩死去三四十人，同时又不断有迷拐幼孩的案件发生，拐犯供词，无不牵连教堂。6月21日上午，天津官员带同拐犯前往天主堂查验。午后，天津有上万人包围了教堂，并有人闯入法国领事署。法国领事丰大业要北洋通商大臣崇厚派兵弹压，因为崇厚派的人少，弹压不下去，丰大业立赴崇厚衙门质问，秘书执刀随行。丰大业闯入北洋通商衙门，蛮横无理，大吵大闹，甚至向通商大臣崇厚开枪。丰大业在北洋通商衙门大肆咆哮之后，离署而去，路遇天津知县刘杰，又向刘杰开枪，打伤刘杰的侍从高升。丰大业的野蛮暴行激怒了群众，他们把丰大业当场打死。随后，又鸣锣集众，抱出育婴堂的幼儿，焚毁法国教堂和东郊"仁慈堂"，杀死法国传教士、修女多人。同时，也杀了几名英、俄、比、意等国人。

在天津人民反对外国教会侵略势力斗争的影响下，直隶、山东、江苏、江西、广东等省都发生了反对外国教会侵略势力的斗争。

天津教案发生后，外国传教士惶惶不可终日，纷纷逃往租界。法、美、比、西、俄和英国驻华公使得知天津教案的消息后，联合向总理衙门发出一份照会，要求"伸张正义"，并保护在华外国人的"生命"，随后，英、美、法、意等国调派军舰到天津、烟台海口，对清政府进行武力恫吓。清政府令直隶总督曾国藩前往天津办理教案，在侵略者的威胁下，曾国藩倒行逆施，"但冀和局之速成，不顾情罪之当否"，竭力讨好外国侵略者，任意判处20人死罪，25人充军，天津知府、知县发配黑龙江，赔款50余万两，并派崇厚到法国道歉后，曾国藩称病不出。清政府任命李鸿章为直隶总督，处理津案未完事宜，李鸿章与曾国藩一样，以杀人结案。

19世纪60年代兴起的中国人民反对外国教会侵略势力的斗争，是中国人民反对外国资本主义侵略的斗争，是当时中国人民反对外国资本主义侵略斗争的一种主要形式。它显示了中国人民充沛的爱国热情和中华民族对外来侵略者的顽强反抗精神。

外行兴办新式军工业

清廷为加紧内战急需船舰，签过北京条约就着手这个事。买船的钱全靠海关收入，这笔买卖自然地落到了总税务司李泰国手中。英国得到清廷要建立海军的消息，立即指示李泰国："对于英国，事关重大的在于怎样支配中国的军事力量，特别是支配他的舰队。"李泰国凭借战胜余威，恣肆跋扈，目无总理衙门，扬言要建立一个中英联合舰队。他擅作主张，先斩后奏，回国买好7艘火轮船，配齐军官、士兵和水手全套班子，指派皇家海军上校阿思本为舰队司令，乘风破浪驶向天津。这可惹怒了湘、淮头头们，面子上一时下不了台。曾国藩上书奕䜣，指责李泰国"意气凌厉，以轮船为奇货可居，视总理如堂下之厮役，倚门之贱客"，认为水陆将士都将引为"奇耻大辱"。投降主义者还得顾些颜面，羞辱超过一定程度也会脸红起来。英国自知理屈，答应把这个所谓"李泰国舰队"解散。

舰队削价拍卖给洋商作运输之用，唯独作为"水上修理厂"的一艘找不到主顾。此时李鸿章的军部设在上海，为组织洋枪队与外国军人搅在一块。英军99团有个军医马格里，仅凭些书本知识，依靠中国工匠的灵巧手艺，利用旧式车床搞出来了一些火药和子弹，据说在西塘战争中起到些作用。李鸿章很赏识，就批准马格里在松江城外一个庙宇里建立小小的兵工厂。马格里找几个英国炮手和工程师相帮，把"水上修理厂"的机器拆来布置好，然后请李鸿章参观。据回忆者描写说："这位统帅到那时为止，除了看过乡下脚蹬的浇田用的挂链水车以外，恐怕还没有见过任何更复杂的机器。如果告诉他这是属于他所感到头痛的李泰国舰队的，劝他购下，那是毫无希望的。现在，这个对机器本来就很陌生的人，看到它忽然灵活地动了起来，发生的惊奇是戏剧性的，一切疑虑和踌躇都消失了。……"

这位外行统帅看了极为满意，对马格里更加信任。兵工厂跟着战争发展，先迁苏州建成西洋炮局，再迁南京雨花台，称"金陵制造局"，在对捻作战中继续起到作用。这个军医后来被调到天津帮助建设海防，并回欧洲采购军火和机械。不幸的是，马格里给大沽炮台装备好的大炮很多成了哑巴。有一次试炮，68磅重炮弹自行爆炸，当场炸死多人。李鸿章把马格里从金陵叫到天津，让他亲自试验，仍是不灵。这才暴露了这个"利废专家"原来也是个外行。

李鸿章在上海、苏州设立炮局的同时，曾国藩在安庆设立军械所。同治四年李鸿章又在上海向洋人买下一个旧机器厂，建成江南制造局。曾国藩看得眼红，他大权在握，经丁日昌、容闳谋划，迅速向美国订购新式机器装备制造局，把管理权夺了过去。可是不久，曾国藩调往北方对捻作战，李鸿章接任两江总督，又把制造局收回了过来。从此，湘、淮矛盾从争夺战功延伸到抢办军事工业，福州船政局也是这一矛盾的产物。因淮系几乎独占了南方的军工业，湘系不能容忍，所以左宗棠出来急起直追。清廷需要平衡两大外藩的权力，很快批准了他的计划。当时《北华捷报》有这样的看法："这位清朝官吏被认为多少可以作为李鸿章的敌手，他曾经从北京方面受到怂恿，建立船政局，作为李鸿章控制下的江苏方面工业的对立物。"

有一段时期，湘淮双方虽未能合作，却也一度搞得像煞有介事，有的说：先把舶来品买来，经过演习，然后仿造，只要找到智巧的工匠，不消一两年，大型轮船就可在南北洋到处航行。有的说：开始时不得不延请外国技师工匠，过一阵就可以全由自己制造了。上马以后，江南局的恬吉轮下水，曾国藩吹嘘："皆与外洋所造者堪相匹敌……与购买外洋者无异。"福州局拼凑装成了几只小船，左宗棠也自夸说："其长（精良）亦差与西人埒。"沈葆桢满意地说：他经营船政局学习洋法，"步亦能步，趋亦能趋"。可是，日子一久，吹牛总要被拆穿，管理上的腐败无能，产品质量的窳劣，全部暴露，舆论大哗。于是，湘、淮两系各据一方，相互掏起了臭粪坑。

李鸿章上奏吹嘘自己管辖下的制造局造船较多，费用较省，"以视闽局专任税务司法人日意格，津局专任领事官英人密妥士，将成尾大不掉之势，似稍胜之"。李鸿章讲这个话，忘掉了自己夹袋里的人物：英人马格里。不多久，大沽炮台试炮爆炸事件发生，金陵制造局被送到了被告席上，李鸿章只好停止自吹，请求处分，湘系方面的舆论也就对他不客气了。

朱彭寿奏报："此次派员将该局（指江南制造局）所造之械，整件零件逐细考察，疵累甚多。以如此巨厂，岁靡经费一百四十万金，而各械无一完善者，殊为可惜。至于员司之冗滥，工作之宕延，各物物价之浮开，各厂用料之虚耗，种种积弊，又复不一而足。"这倒不能完全看作派系之争，有些指责是真实的，触到了官僚企业的要害处。

福州船政局怎么样？也不行。据英国海军军官寿尔参观后的记述说："目前船政大臣是一位能干的人。但是他的前任似乎缺少科学知识，因为他曾检阅教练舰扬武号，当人们把经纬仪给他看，告诉他这种仪器不用福州时间的时候，他悲哀地感到迷惘，任何解释都不能使他满意。琢磨了这种仪器一阵，他回到机关更觉得眩惑，认为人们把他当傻瓜糊弄。他还说：他以前所看到的船机关都有一个大轮子，而那里的轮船没有，必是那儿有毛病。"（按：在使用机械以前，大木船装上轮子鼓水前进，以提高速度）。

中法战争

中法战争概况

侵占越南并以越南为基地，打开一条通向中国的道路，建立一个所谓"法兰西东方帝国"，是近代历史上法国资产阶级政府的一贯政策。1873年，法国侵略者曾一度占领河内，并继续北犯，企图攻占北圻，受到越南军民的坚决抵抗。驻扎在中越边境上的广西天地会余部刘永福的黑旗军，应越南政府的邀请，驰援河内，在红河两岸屡创法军。12月21日大败法军于河内西郊罗池，击毙法军将领安邺，歼敌数百。黑旗军正准备攻河内城时，接越南政府来书，封刘永福为三宣副提督，并要求刘永福撤围退兵。1874年越南阮氏王朝同法国签订了第二次《西贡条约》，法国取得了很多特权，把整个越南置于自己的控制之下。

1882年，由李维业率领的法国侵略军攻占了红河一带越南领土，并沿红河北上。在大兵压境的关键时刻，刘永福陈兵怀德，和法军针锋相对，并应越南政府再次请求，率部3000攻打河内。1883年5月19日，双方决战于河内城西纸桥，法军又一次大败，李维业和法军数百人被击毙。刘永福升为三宣提督。黑旗军的英勇抗法斗争粉碎了法军吞并北圻，打通红河，侵入中国云南的阴谋。这年8月，法国茹费理内阁终于迫使越南阮氏王朝签订了《顺化条约》，取得了对越南的"保护权"。

面对法国侵略造成的严重威胁，清政府内部在要不要援助越南抗法问题上发生严重分歧。以左宗棠、曾纪泽为代表的主战派，认为越南与中国有"唇亡齿寒"的关系，理应接受越南之请进行援越抗法斗争。以奕䜣、李鸿章为代表的主和派，认为"兵单饷匮""海防空虚""断不可轻于言战"，力保"和好大局"，主张"以剿办土匪为名"派驻军队，但不要"显露助战之迹，致启衅端"。以慈禧太后为首的最高统治者，对"战""和"举棋不定，一面向法国提出抗议，派军队进入越南北部的山西和北宁，一面派人和法国谈判，命令军队不得主动进攻。对黑旗军也是既给予一定的接济，又多方加以限制。

但法国侵略者却步步进逼，要清政府承认越南为法国的保护国；要清政府消灭黑旗军；要求给法国从越南任意进入中国云南通商等权利。当这些苛刻条件遭到拒绝后，法国侵略军便于 1883 年 12 月悍然向驻在越南山西的清军发动进攻，中法战争爆发了。

马尾海战

1883 年 12 月 11 日，法国侵略军 6000 人，分路进攻驻守越南山西的清军。守城清军因受"不准衅自我开"的命令束缚，坐失战机，处于被动局面。云南巡抚唐炯指挥无能，作战连遭失败。黑旗军与法军血战 3 天，毙敌数百，最后山西失陷。法军接着攻北宁，陷太原，于 1884 年 3 月逼近中越边界。

清军的暂时失败，使法国加紧向清政府进行诱和活动，也使清政府内的主和派活跃起来。清政府派李鸿章去天津与法国代表福禄诺谈判，1884 年 5 月 11 日签订了《中法简明条约》。其主要内容是：清政府承认法国对越南的"保护权"；不干预法越之间签订的任何条约；同意在中越边境上开埠通商；中国将驻北圻的部队撤回边界。条约签订后，法军向驻谅山附近北黎的清军发动进攻，还杀死清军派去谈判的代表，清军愤而还击，打败了法军的进攻。第二天，法军又来进攻，再次被打败。法军以这次北黎冲突为借口，向清政府提出赔款二亿五千法郎，立即撤退北圻的清军，遭到清政府拒绝。

1884 年 7 月 14 日，法国海军舰队在海军中将孤拔的率领下侵入福建闽江口。8 月 4 日，法海军少将利士比率军舰进犯台湾基隆，遭到负责台湾防务的刘铭传所率军队的坚决抵抗。

1884 年 8 月 23 日，停泊马尾的法军向福建船政大臣何如璋和福建会办大臣张佩纶发出开战最后通牒。但何、张不向福建水师广大官兵透露消息，并派人去法舰要求改变开战日期，遭到拒绝。当天下午一时三刻，法舰开始向福建海军发炮。由于何如璋等人封锁消息，海军事前没有任何准备，仓促应战，还没有来得及起锚，法军第一排炮弹就击沉军舰两艘，重伤 4 艘。在被动应战的情况下，福建海军的广大官兵英勇抵抗。福建海军旗舰"扬武"号，用尾炮击中法旗舰"伏尔他"号，这时，一艘法国鱼雷艇突然从旁边窜出，向"扬武"号发射鱼雷，"扬武"号被击中下沉。"振威"号在法舰开炮以后，立即砍断锚索，向法军发炮还击，冲出与敌舰奋战，遭到法舰围攻，在激战中负伤，但全体官兵仍坚持战斗，不停地发射炮火，重创法舰，直到最后在烟火弥漫中沉没。"福星"号在开战后立即向法国军舰冲击，对准敌旗舰"伏尔他"号猛击，打得"伏尔他"号团团转，其他法舰赶忙来救。"福星"号恶战群舰，毫无惧色，最后因火药仓中弹爆炸，全舰官兵壮烈牺牲。其余军舰如"飞云"号、"福胜"号，也都坚持奋战到最后。马尾海战的失败，是由于清政府的投降路线造成的。早在 7 月中旬，法国军舰驶入闽江口，进行军事刺探活动一个多月，可是"张佩纶狃于鸿章之议，谓和约旦夕成，戒士兵勿妄战，听法船入闽口，及法舰大集，何如璋仍亚谕各舰，不得妄动，及法人遽发炮，各舰燔焉。"8 月 24 日法舰轰毁福州船政局。马尾海战的失败，第一次宣告洋务活动的破产。

镇南关大捷和《中法会订越南条约》

清政府对法宣战后，下令在越南的军队主动出击。东路即广西军潘鼎新出动，越过谅山、谷松，屯扎船头、朗甲一带。西路即云南军岑毓英部于 10 月进抵宣光，与黑旗军配合包围了宣光法军。1885 年 2 月，侵越法军得到增援，向东路清军进攻。潘鼎新战胜不追，战败则退，士气非常低落，谷松、观音桥相继失守。谅山守将苏元春弃城退回边境，法军尾追潘军，一度占领镇南关（今友谊关），把战火烧到中国边境。宣光被围法军得到增援，岑毓英军被迫后撤。3 月末，刘永福部黑旗军，在竹春、陶美等率领下的云南农民军以及越南人民义军的配合下，大败法军于临洮，乘胜克复 10 余个州县，向越南内地挺进。越南之兴安、宁平、南定、兴北、太原各省义民，闻风响应。同时，帮办广西军务冯子材率领东路清军，在镇南关打垮了法军，打死打伤 1000 多人，打伤法军前敌指挥官尼格里。法军溃不成军，狼狈逃窜，清军乘胜收复谅山，向北宁挺进。史称"镇南关大捷"。镇南关大捷扭转了中法战争的局势，但是腐朽的清政府却没有把抗法战争继续下去的决心。主战派与主和派都主张"刻下若能和，中国极体面，稍让也合算"。于是，清政府下令撤军。

1885 年 6 月 9 日，李鸿章与法国驻华公使巴德诺在天津签订《中法会订越南条约》，规定：（一）中国承认越南是法国的"保护国"；（二）中国边界指定两处通商，一在保胜以北，一在谅山以北，法国商人可以在此居住，法国政府也可以在此设立领事馆；（三）法货进出云南、广西边界时，应减轻税率；（四）以后中国建造铁路时，应向法国人商办；（五）法国撤走基隆和澎湖的军队。

马尾海战

马尾据闽江口的上游，闽江与乌龙江汇合之处，是由外海至省城的必经之地。是中国的军、商港口，福建水师的基地，并建有中国最大的造船厂。清政府为了加强福建沿海的防御，派张佩纶为会办福建海疆事宜钦差大臣，并会同福建船政大臣何如璋、福州将军穆图善、闽浙总督何璟、福建巡抚张兆栋等，共同筹划海防和岸防事宜。清军在闽江口的部署上，把陆岸守备的重点放在长门、闽安、马尾和福州，把水师舰船集中于马尾港。法军自进攻基隆失败后，孤拔率舰队主力集中于福建的马尾港。1884年（光绪十年）8月6日，在马尾港已有战舰9艘，长江口内3艘，长江口外马祖澳3至4艘，台湾海峡3艘，完成了陈兵马尾，控制闽江口，威胁福州城的作战部署。8月16日法国议会又通过3800万法郎的侵华军费，茹费理内阁决心作一次最大的征伐。随后不久法军舰一艘接一艘地驶进闽江口，进泊马尾军港，包围福建水师，一时间闽江口战云密布。此时张佩纶接连电告清政府，请求迅速明定是和是战。然而清政府却仍在央求列强出面调停，不准福建水师主动向法军进攻。8月22日孤拔得到法国政府进攻福州的命令。次日早8点钟，法国驻福州领事白藻太把作战决定通知给各国驻福州领事和何琛。在这万分危急的时刻，何琛等人竟对福建水师封锁作战消息，对要求添发军火和报警的士兵大加训斥。并向张佩纶等人建议：军舰还没有准备好，不能开战。同时派魏瀚向法军乞求改变开战日期。当遭到法军拒绝时才仓促准备应战。23日下午法舰突然向福建水师袭击，火力非常猛烈，福建水师的舰只还没来得及起锚，就被法军炮弹击沉两艘，重伤4艘。清军舰艇一片混乱。在这十分不利的情况下，福建水师的下层官兵仍然英雄抵抗，奋起还击。福建水师扬武号，用尾炮准确地打击法军旗舰伏尔他号，差一点炸死孤拔。这时，一艘法国鱼雷艇突然从旁边窜出，向扬武号发射鱼雷，扬武号被击中下沉。这艘法国鱼雷艇在发射鱼雷后，欲退出火线，却被中国岸防大炮击中，引起锅炉爆炸，失去作战能力。另一艘福建水师军舰振威号在法舰开炮后，立即断锚向法军发炮还击，激战中船舵被打坏，船体击穿。但舰上官兵仍作战有序，不断发炮还击，给法舰以重创，直到被鱼雷击中沉没时，还射出最后一颗炮弹，重伤法舰舰长和两名士兵。福星号在开战时就立即向法舰冲去，盯住旗舰"伏尔他"号猛击，炮弹连续命中。福星号，愈战愈勇，毫无惧色，最后火药仓中弹爆炸，全舰官兵壮烈牺牲。其余军舰如飞云号、福胜号也都奋战不退，直至舰沉。

此次海战，福建水师损失军舰11艘，商船19艘，官兵伤亡700人。当日下午，法舰主力转攻马尾岸炮和船厂，何如璋逃向福州，张佩纶避战马尾北彭团，清军失去指挥，但两岸炮官兵还自行还击。当夜乡民和士兵驾驶炮船和火攻船攻击敌舰。24日上午，法舰又炮击船厂，船厂受到严重破坏。27日法军集中舰艇8艘，由琯头江面向长门，金牌炮台攻击。由长门、金牌炮台的岸炮射向固定，只能外射不能向内还击，兵勇只能用轻武器还击。28日法军舰艇连续攻击，在炮火掩护下，强行登陆，清军士兵和乡民进行了顽强抵抗。次日，法舰炮击一直持续到下午3时，长门、金牌炮台均被毁坏，30日法舰全部驶出闽江口。

马尾海战爆发后，8月22日清政府被迫对法宣战。

临洮大捷

1885 年 3 月 9 日，岑毓英派王永山率部千余人开赴缅旺，沿途有 1600 余越南民众加入滇军行列。由于王永山部突至缅旺，法军猝不及防，滇军奋勇攻击，收复缅旺和清水、青山两县。

法军缅旺失守，即分两路由兴化进攻临洮，一路 4000 人包围山围社的李应珍、韦云青各营；一路 2000 余人进攻珂岭浮桥。当时驻守在临洮的清军有云南苗、瑶、壮族首领竹春、陶美等率领的民族军，为第一梯队，在临洮以东占领阵地；刘永福的黑旗军为第二梯队，驻守临洮；道员汤聘珍、岑毓宝率领的滇军为第三梯队，在黑旗军之后。各队均构筑壕沟，连环相扣，互为策应。3 月 23 日上午 9 时，法军 1000 余人，首先攻击竹春营地。竹春、陶美率领各族战士，英勇地打退了敌人多次进攻。傍晚，由当地越南人民组成的临洮义勇队，在浮桥边高声呐喊，封锁法军退路，滇军和黑旗军乘势从两侧包抄夹击。法军苦战一天，欲攻不入，欲退无路，丢下武器，狼狈逃命。同一天，法军 4000 余人在山围社附近包围了李应珍、韦云青部。李应珍督饬兵勇伏地不动，等法军逼近时，拉响地雷。轰毙法军甚多。过了一会法军又继续逼近，清军突然开火，枪炮齐鸣，给敌人大量杀伤。24 日，覃修纲率 3000 余援军赶到，从法军后面攻击。越南地方官张文擎、陈春耘的部队亦奋力合击，大败法军，毙敌 600 余名，给法军以严重杀伤。

法军临洮大败。凶锋受挫，退守鹤江、越池一带。滇军各营在越南军民的配合下，乘胜反攻。4 月 5 日，滇军韦高魁部进攻黄岗屯法军。与越南阮绘部协同作战，斩敌数十名，敌力竭，退入兴城。同一天越南张文擎、阮廷合、潘文泊的队伍，乘夜由临洮渡河，次日晨进攻广威府，与法军激战，歼敌百余人，收复广威。8 日、9 日，滇军王玉珠所部出其不意，连克燕毛、凌霜、洞山、安德等法军 4 座营寨，又协同汤宗政、黄功泳部进攻梅枝关，法军溃败，遂破关，收复不拔。李应珍会同越南山西副领兵阮文如，进攻鹤江、越池。法军弃营撤退，鹤江、越池光复，越南山西布政使阮文甲也率部收复永祥府。

随着缅旺、广威、不拔等府县的收复，通向山西、宁平、南定的道路已经打开，为了乘胜制敌，岑毓英将原包围宣光的滇军重新作了部署："移提督何秀林一军守道岸、安平府各隘，游击张世荣守河阳一面之寒莽、白木、安隆州各隘，提督杨国发、刘兴仍守浪泊、珂岭各隘，"继续监视宣光之敌。其余各营由丁槐率领，出奇兵直插不拔、广威，沿途广招越南兵民参战。奠边府知府刁文撑及其 3 个儿子，各带义军数百，愿随丁军作战。越南黎秀英、黎英明等，自告奋勇，领兵为丁军打先锋。山西、河内、兴安、宁平、南定各省的义军，共举义旗，共迎清军。岑毓英计划以丁槐部为主力，在越南义军的配合下，分兵渡河，先取宁平、南定、兴安，使山西、河内不攻自破，西线形势十分喜人。

冯子材镇南关大败法军

1885 年 2 月 25 日，冯子材率萃军前九营驰赴距镇南关 23 里的扎板山，又亲踏营地，率部移驻距关 10 里的关前隘。冯子材决心在关前隘地区，依托有利地形，构筑坚固阵地，实行坚守防御，待有利之机，进行反攻，击败敌人。

关前隘据镇南关通往龙州之要冲，地势险要，易守难攻。西面有凤尾山，也叫西岭；东面有大、小青山，也称东岭。两山相峙，中夹一条宽二、三里，长四、五里之盆谷。两岭均南北走向，北高南低，在关前隘南各伸出一个东西相向的横岗遮断盆谷。两岭横岗连接处，形成一个隘口，南北大道均需经隘口穿盆谷而过。冯子材亲督将士在突起的横岗上，用土石修筑了一条长 3 里、高 7 尺、底厚 1 丈的长墙。墙上开有栅门，墙外挖宽 4 尺之深沟，在长墙北 1 里处，又筑立一条平行的土墙，也有栅门通向后方。两墙之间设有帐篷、仓库、工事和指挥台，构成一座坚固的城堡。在东西两岭上，构筑大量大型堡垒，占据主要山头，居高临下，对守者十分有利。小青山向南延伸到长墙之外，是主阵地的依托，长墙的屏障，是我必守、敌必攻的作战要点。冯子材在相连的 5 个山头上，各筑一个大型堡垒，和许多小堡垒，以作拱卫。大青山是关前隘地区的制高点，冯子材在这里修筑有更大的方形堡垒，既可坚守，又可屯兵，是主阵地侧后的屏障。凤尾山的主要山头上，也都筑有堡垒，形成对主阵地右翼的保障。从凤尾山向南延伸，地势渐低，到地平面处，为龙门关，有向西斜出的偏道通往扣坡。关前隘的有利地形，坚固的防御阵地，使清军占天时，得地利，进可攻，退可守，处于主动地位。冯子材在这里同法军展开决战充满胜利信心，他兴奋地说："吾可立于不败矣！"

3 月上旬，清军集中 90 余营，4 万余官兵，在镇南关至龙州地区，组织防御，以阻止法军沿镇南关、凭祥向龙州进攻。第一梯队由冯子材萃军 10 营和总兵王孝祺勤军 8 营编成，配置在关前隘主要防御阵地上，萃军集中守长墙和东岭，勤军守西岭。冯子材的指挥部设在长墙内东岭半坡上。第二梯队由苏元春毅新军 10 营和陈嘉镇南军 8 营编成，配置在关前隘北 5 里之幕府村。总预备队由记名提督蒋宗汉广武军 10 营，记名提督方友升抚标亲军 4 营编成，配置在关前隘北 30 里的凭祥。在关前隘主阵地左翼由王德榜楚军 10 营驻守油隘，右翼有游击杨瑞山、都司麦凤标率领的萃军 5 营固守扣坡，后补道魏刚鄂军 4 营守艽封。潘鼎新 10 营、萃军 3 营留守后方的海村、龙州。唐景崧 4

营、总兵马盛治6营分守高平和牧马。冯子材集中主要兵力于法军进攻的主要方向上，形成多梯队大纵深的防御体系，并握有强大的预备兵力，使防御具有坚韧性。在主要防御方向的两翼，有较强的兵力掩护，既可防敌向凭祥、龙州迂回，又可随时支援主要方向作战。特别是在高平、牧马驻有6营清军，保障了东线清军与西线黑旗军和滇军联系的通道。经过冯子材的精心谋划和前线军民的共同努力，祖国南大门重新建立起来了，给敢于侵犯我国的法国侵略军布下了天罗地网。

企图向我广西龙州进攻的法军第2旅的兵力有：143团第1营，111团第1营，外籍军团第2、3营，23团第1营，萨克雪炮兵队，罗北炮兵队，马丁炮兵队，辎重队等2000余人，大炮10余门。其主力配置在文渊（同登）、谅山地区。法军在武器装备上优于清军，但在兵力上是劣势，且以谅山为后方基地，战线过长，补充供应十分困难。法军第二旅司令尼格里在3月17日给波里也电报中说："我估计有4万至5万人数的中国军驻扎国境上，在龙州与同登之间。谅山与龙州间的距离为100公里。攻取龙州比谅山困难得多。"18日尼格里再次打电报给波里也说："我认为进攻敌人这样的阵地是艰难的事体，""在我们现刻所处的地位，我们不应当取攻势，""如果部长定要威胁龙州，照我的意思，我们是玩一种危险的把戏。"然而，茹费里为了推行其侵略扩张政策，胁迫清朝政府妥协，仍然命令法军进攻龙州。

1885年3月11日，冯子材接到越南人民的密报，法军将出扣波，袭艽封，攻牧马，绕过镇南关，切断唐景崧、马盛治两军归路。冯子材看到了法军这一行动对清军的严重威胁，急调苏元春一部和魏刚军赶赴艽封，又调龙州的萃军五营到扣波迎敌。13日，法军到达艽封，清军有备，法军已失先机而惊走。同日，萃军达扣波，拦击法军，获战象一匹、象兵一名，法军退回文渊。18日，法骑兵进攻扣波，又遭痛击，狼狈逃窜。由于冯子材及时果断地调集兵力，先期占领艽封、扣波，粉碎了法军迂回威胁龙州的企图。

3月19日，冯子材又得到越南人民密报，法军定于22、23日入关攻取龙州。冯子材先发制人，于21日夜率军袭击文渊之敌。冯子材亲率萃军为主攻，从关前隘出发，由北面攻击，王孝祺勤军为后应；王德榜楚军从油隘出发，由东面攻击。驻文渊的法军夜梦中听到枪声，还以为是援军到达，当子弹打到屋顶时，方才明白这是清军的攻击。清军将士奋不顾身地冲进街里，与法军展开激战，立破3座敌堡中的两座。法军拼命抵抗，双方均有伤亡，天黑军疲，各暂收兵。22日天亮后，冯子材又调来扣波之萃军一部，从西面进攻，苏元春派兵应援。自晨至午，毙伤法军多人，午后清军各部撤回原地。此战清军主动出击，重创法军精锐，迫使尼格里不等援军到齐，就向清军坚固筑垒地域发起攻击。

23 日晨，尼格里率法军第 2 旅进攻清军关前隘阵地。第 1 梯队由 143 团第 1 营、111 团第 1 营、外籍军团第 2 营（狄克营）、萨克雪炮兵队编成，共 1100 余人，大炮 10 门。尼格里亲率 143 团第 1 营和狄克营沿东岭向小青山、大青山方向实施主攻；以 111 团第 1 营沿大路向长墙助攻，企图在主力夺占大、小青山后两路夹击，攻占关前隘清军阵地。预备队由外籍军团第 1 营（寿非营）、罗北炮兵队等 1000 余人编成，由寿非少校指挥，配置在镇南关东南高地，并担任向油隘方向警戒。23 团第 1 营、罗北炮队一部，由哥达少校指挥，驻守文渊，担任扣波方向警戒，并保障其后方交通线。18 时 30 分，大雾消散，法军在大炮的掩护下，向小青山清军阵地发起猛烈攻击，清军殊死力战，经过几小时的争夺，法军占领了小青山的 3 座堡垒。冯子材在危急关头，高呼：“法再入关，有何面目见粤民？何以生为！”将士们在冯子材爱国热情的激励下，奋不顾身，英勇抗击，阻止了敌人的前进。下午 4 时，苏元春、陈嘉、蒋宗汉、方友升率部来援，加强东岭的防御。法军集中兵力火力急攻长墙东头的四号堡垒，战斗极为激烈，死伤相当。王德榜楚军由油隘出击法军右翼侧后，牵制了敌预备队的机动。提督张春发率队截击敌人运输队，破坏法军交通线，有力地配合了东岭战斗。入夜，法军暂停进攻，组织运输队紧急抢运弹药。清军乘机调整部署：由苏元春部协助冯军坚守长墙，王孝祺部仍守西岭，陈嘉部守东岭小青山，蒋宗汉、方友升部守大青山顶峰。冯子材派人飞驰扣波调杨瑞山、麦凤标率部抄袭法军左翼，选派 300 名敢死士潜伏在长墙外的沟渠草丛之中，当地群众连夜挑水送饭，赶运弹药；士兵们磨刀擦枪，整修工事，严阵以待。前线的中越军民同仇敌忾，决心与侵略者血战到底。

24 日晨，尼格里派爱尔明加中校率法军一部，利用大雾作隐蔽，迂回偷袭大青山顶峰，企图突然夺取大堡，控制东岭制高点，然后前后夹攻，击溃清军。由于地形复杂，无路可行，爱尔明加费了 5 个多小时，毫无结果。尼格里以为偷袭成功，命令炮队掩护 111 团 1 营，正面攻击长墙守军。冯子材传令各部统领：“有退者，无论何将遇何军，皆诛之。”当法军接近长墙时，冯子材手持倭刀，大呼一声，跃出墙外，其子冯相荣、冯相华紧随。将士们随主帅一齐涌出长墙，冲入敌阵，隐蔽在墙外壕沟草丛中的敢死队，从敌群中杀出，杨瑞山、麦凤标率领援军，冲出龙门关，突然攻击法军侧后。当地人民群众和部分零散兵勇，主动前来助战，在长墙前面的盆谷中，展开了一场激烈的肉搏战。清军以己之长，制敌之短，把法军打得晕头转向。这一战斗中险些丧命的法军第 111 团第 2 连指挥官威底埃上尉惊恐地说道：“在我们的脚下，敌人从地上的一切缝隙出来，手执短戟，开始了可怖的混战。他们的人数比我们多 10 倍、20 倍。他们从我们的四周一齐跃出。所有官军和士兵都被围住、俘虏，敌人由各方面射杀他们。”经过这一场激烈的战斗，

中国通史

清朝

中路法军第 111 团第 1 营 300 余人大部被歼。下午 3 时，清军发起反攻，陈嘉、蒋宗汉率部夺回东岭的 3 座堡垒。王德榜军先击溃敌增援部队，消灭法军运输队，接着从法军右侧后夹击东岭之敌，配合陈嘉、蒋宗汉部全部夺回了被敌占领之堡垒。王孝祺军击退向西岭进攻之敌，由西包抄敌后。冯子材率部从正面出击。法军三面被围，伤亡甚众，后援不及，粮弹将尽，尼格里不得不下令撤退，狼狈逃回文渊，冯子材指挥各军追出镇南关，深夜收军。这一战歼灭了法军精锐近千人，不仅使东线清军反败为胜，而且使整个中法战争的战局，发生了根本性的变化。法军中校爱尔明加惊呼："我从没有想到中国军有这么坚强的组织，打得这么好。"

为了继续扩大战果，不给敌喘息之机，冯子材指挥清军实施反攻，乘胜追击法军。3 月 26 日，亲率萃军和勤军出镇南关，进攻文渊，令王德榜军由小路抄袭敌之右翼。文渊法军倾巢齐出，竭力拒战，清军将士愈战愈勇，法军头目中弹落马，余众溃散，冯子材指挥大队冲入街里，克文渊，又挥军分路追击，27 日到界牌，距谅山仅 15 里。

尼格里企图依靠其 4500 兵力，坚守谅山，等待援兵，再犯镇南关。他以主力扼守驱驴北面的高地，以一部兵力配置在淇江（今奇穷河）南岸，分守通向谷松、屯梅的交通要道。冯子材决心乘胜攻夺谅山，他认为："贼之精锐及枪炮等多聚于谅山省城，其焰尚未衰熄；且谅城为越南距边要省，若不急先攻取，实难成破竹之势。"在战术手段上，"与其明攻多损士卒，不如暗取更易见功"。他与苏元春、王孝祺密商，"以正兵明攻驱驴，出奇兵暗取谅山"。27 日，冯子材派杨瑞山率部绕道而进，乘夜渡河，由小路抄至谅山，散伏城外。28 日，冯子材、苏元春率主力正面进攻，王孝祺部和冯军一部，从西面进攻，王德榜部从东面进攻，三路一齐逼攻驱驴。法军依托有利地形和工事，负隅顽抗，清军正面攻击受阻，尼格里调动兵力向威胁最大的东面楚军反击，王德榜率部抵抗。冯子材乘法军调整部署向东反扑之机，猛攻正面，夺取了驱驴北面的高地，西面王孝祺部也攻占石洞堡。尼格里身负重伤，爱尔明加中校接替指挥，他下令向淇江南岸撤退。清军乘势冲进驱驴。谅山之敌在慌乱中砍断浮桥，未及过河的法军，泅水逃命，溺死者甚多，法军丢弃大批装备物资，于深夜撤出谅山。埋伏在城外的杨瑞山部，乘乱攻入谅山城，法军残部狼狈逃窜。29 日拂晓，清军主力徒涉淇江，胜利入城，谅山宣告克复。28 日晚 11 时 30 分，波里也从河内向法国政府发电报说："我痛苦地报告你，尼格里将军受重伤，我军撤出谅山。中国军人数众多，声势浩大地涌出 3 个纵队，势不可当地攻击我军在驱驴前面的阵地。爱尔明加中校，在这敌军数量的很大优势面前，又以弹药告尽，通知我，他不得不后退至谷松和屯梅。"

法军总司令波里也对爱尔明加丢失谅山极为不满，命令他停止撤退，坚守屯梅、谷松，爱尔明加仓促转入防御。冯子材占领谅山后，继续挥师南下。3月30日，东路陈嘉、王德榜、魏刚军合力猛攻谷松。同日，西路冯子材、王孝祺军在越南抗法武装的配合下，夜袭屯梅，爱尔明加慌忙率部逃到谷松，与寿非部会合后又撤至船头，法军在屯梅、谷松的防线又被粉碎。31日，东路各军尾追敌人到船头，西路大军也攻下观音桥，抵近郎甲。这时，西线滇军和黑旗军已取得临洮大捷，正向兴化推进，唐景崧所部桂军准备出牧马攻太原。广东方面派兵出钦州，沿东海岸进攻广安。会办云南军务鲍超所部30余营，正向龙州前进。越南抗法义军活动频繁，给法军很大牵制。河内、太原、海阳、西贡等地人民也纷纷酝酿起义，盼望清军早日南下，赶走侵略者。法军在镇南关的惨败，使法国茹费理内阁在一片责骂声中垮了台。为了继续发展大好形势，冯子材决定于4月中旬，亲率大军，乘胜攻击北宁、河内。就在这个重要时候，清廷下达了停战撤兵命令，使冯子材进军河内的计划未能实现。

镇南关之役，在我国近代反侵略战争史上，是打得最为漂亮的战役之一。这次战役获胜表现了冯子材高超的指挥艺术。他针对清军兵力占优势、装备是劣势这个基本特点，采取以坚守防御的阵地战，粉碎敌人的进攻，尔后转入反攻的作战方针。他充分调动中越广大军民作战的积极性，激励官兵奋勇杀敌，发动民众支援战争，使这次战役的胜利具备了坚实的群众基础。他严格约束部队，团结各军将领，同心协力，密切配合，效力用命，形成了统一集中的指挥。他集中优势兵力，掌握强大的预备兵力，采取主动出击，夜间袭击，阵前伏击，近战歼敌，包围迂回，连续追击等机动灵活的战术手段，始终掌握着战场的主动权。这是冯子材的意志、胆识、才能和献身精神的集中表现。同样的队伍，同样的武器装备，同是原班将领在原来的地区作战，在徐延旭、潘鼎新指挥下，屡战屡败，丧师辱国，而在冯子材指挥下，则连战皆捷，收复失地，威震四方，这就不难看出战役指挥员对战役的胜利所具有的决定性的意义。

甲午中日战争概况

日本军国主义蓄意发动战争

19世纪90年代，世界资本主义列强先后进入帝国主义阶段。随着垄断资本主义的形成，帝国主义列强极力推行殖民扩张政策，分割世界的斗争日益尖锐。那时的中国，已成为帝国主义国家争夺的焦点。

1868年明治维新后的日本，迅速走上了资本主义道路。但日本资本主义的发展，并没有消灭旧有的封建生产方式。在封建势力和大资产阶级相结合的基础上发展起来的日本帝国主义，对外具有极其疯狂的侵略性。明治维新开始后，日本政府就制定了旨在征服中国和世界的"大陆政策"：第一步侵占我国台湾；第二步征服朝鲜；第三步侵占我国东北（满蒙）；第四步征服全中国，最后达到独占亚洲和称霸全世界的目的。

早在 1874 年，日本就在美国的援助下，派侵略军 3000 多人侵入我国台湾。1879 年并吞了琉球国。1876 年，日本用武力强迫朝鲜订立不平等的《江华条约》，加速了朝鲜的半殖民地化。从 1885 年起，日本进行 7 年扩军计划。这个计划提前于 1892 年完成，建立了一支拥有 6 万名常备军和 23 万名预备军的新式陆军，还建立了排水量为 7 万多吨的新式海军舰队。1890 年，日本资本主义发生了经济危机，工人大批失业，农业歉收，国内阶级矛盾十分尖锐。日本统治集团为摆脱困境，转移人民的斗争视线，更加迫不及待地想从对外扩张中寻找出路，加紧了发动侵华战争的准备。1893 年，日本成立战时大本营。与此同时，日本参谋部不断派遣间谍潜入中国，窃取政治、军事情报，秘密绘制了中国东北和渤海湾的详细地图。

1894 年 5 月，朝鲜爆发了东学党领导的农民起义，朝鲜国王要求清政府派兵协助镇压。日本认为这是发动侵略战争的机会，一面极力劝诱清政府出兵，表示"贵政府何不代戡乱？……我政府必无他意。"日本驻朝代理公使杉村浚亲自去见中国驻韩商务监督袁世凯，催促清政府出兵。一面在国内下达秘密动员令，做了出兵占领朝鲜的充分准备。清政府于 6 月 5 日派直隶提督叶志超、太原总兵聂士成率军 1500 人进入朝鲜牙山，并备文照会日本政府。事实上，早在 6 月 2 日清政府还未决定出兵之前，日本内阁就正式做出了出兵朝鲜的决定。6 月 5 日，日本驻朝公使大鸟圭介以保护使馆和侨民为名，率海军陆战队向朝鲜进发，于 10 日占据汉城。至 6 月底，日本驻朝军队已达 10000 人左右，兵力远在中国驻军之上。日军占领了从仁川到汉城一带的战略要地，并逐渐包围了驻守牙山的清军，中日战争一触即发。

清政府避战求和路线

战争迫在眉睫，中国军民呼吁坚决反对日本侵略，解救牙山被围清军。以年轻的光绪帝和他的老师翁同龢为首的一部分帝党官僚，既为国家的前途忧虑，又希望借机加强自己的权力和地位，与慈禧争衡，不断电谕李鸿章"预筹战备"。握有实权的后党官僚李鸿章，为保全北洋军的实力和北洋地盘，不肯轻易一试，主张"避战自保"，乞求列强出面调停，幻想"联俄制日"，希望依靠英、俄等第三国的"调停"和"干涉"，迫使日本从朝鲜撤军。握有最高统治权的慈禧太后，既害怕日本的武力威胁，又忙于准备自己 60 岁的"万寿"庆典，希望国无战事，图个"吉庆"，力保"和局"，大力支持李鸿章的求和主张，使其奔走俄、英公使之间。各列强为了各自的利益，先后与日本达成"谅解"，有的怂恿支持日本发动战争，"调停"希望破灭，战争已不可避免。

平壤海战和黄海之战

8月1日，中日两国互相宣战。可是，清政府并没有制定出一项作战的具体方针和策略，只是消极应战。由于李鸿章"志存和局，致诸将观望不前"。陆续增援的卫汝贵等4路清军，迟至8月上旬才进驻平壤。8月下旬叶志超部也到达平壤。各路清军共约2万人。叶志超被任命为各路清军的总指挥。他没有利用险要地形认真布防，保卫平壤，甚至连军纪也不能加以约束。卫汝贵所率的盛军，来到朝鲜后纪律极差，使朝鲜人民大失所望。清军2万人在平壤坐以待敌。8月14日，日本大本营组成以山县有朋为司令官的第一军，大举入侵。叶志超等人却没有主动出击迎战，尽失战机。

9月15日晨，分4路包围平壤的日军发起总攻。左宝贵率部在城北山地与敌激战失利，遂入城坚守玄武门。这时，叶志超恐退路被切断，想弃城再逃。左宝贵立即派亲兵监视，反对逃跑，自己登城指挥，身负数伤后仍高呼杀敌。广大将士拼死奋战。左宝贵中炮牺牲，部将数名也阵亡。玄武门陷落。在此紧急关头，叶志超却一面让部将在城头竖起白旗，意求停战；一面下令各部迅速撤退。当晚，他率将士弃城逃跑。

平壤丢失后，叶志超率军仓皇渡鸭绿江，溃退国境。整个朝鲜半岛落入日本侵略者手中。接着，日军就把战火烧到中国境内。平壤战役后第二天，日本联合舰队又在鸭绿江口的大东沟海面袭击清朝北洋舰队，发动了黄海大战。9月17日上午，北洋舰队完成护送任务后，在提督丁汝昌率领下正准备向旅顺基地返航。日本联合舰队在司令官、海军中将伊东祐亨的率领下，以美国旗伪装，驶向北洋舰队。中午时分，日舰突然改挂日本旗，成一字队形鱼贯进袭。丁汝昌立即率舰迎敌。

济远号管带方伯谦临阵逃跑，且于慌乱中撞伤扬威号，致使扬威号被敌炮击沉。提督丁汝昌在开战时即负伤，仍忍痛督战；旗舰定远号官兵一面扑灭军舰中炮引起的烈火，一面操纵重炮轰击敌舰。致远号管带邓世昌沉着机智，果敢巧妙地指挥战斗。该舰被敌舰击中，舰体倾斜，全体官兵仍继续浴血奋战。不久，弹药用尽。这时，恰与日舰吉野号相遇。邓世昌下令全速直冲迎面而来的日舰吉野号，决心撞沉敌舰。不幸途中被鱼雷命中而沉没，官兵250多人壮烈殉难。经远号中炮起火，管带林永升和全舰官兵仍坚持战斗，直至牺牲。镇远号全体官兵在管带林泰曾的率领下，奋力冲击，以重炮击中敌旗舰松岛号，致其弹药库起火爆炸，死伤100多人。来远号中炮起火后，仍配合左翼诸舰向日舰赤城号突进，4次击中该舰，毙其舰长以下多人。

双方激战到傍晚，以日舰首先撤离战场而结束。这场海战的结果，北洋舰队损失致远、经远、超勇、扬威、广甲5艘军舰，死伤管带以下千余官兵；日本舰队的松岛、赤城、吉野、比睿和西京丸受重伤，死伤舰长以下600余官兵。在这场经历5个多小时的海战中，邓世昌等广大爱国官兵，临危不惧，勇猛抗敌，表现了高度的爱国热忱，他们的事迹是可歌可泣的。但是，李鸿章却故意夸大损失，坚持避战，竟下令舰队余部都开进威海卫，不准出海作战。

北洋海军的覆灭

10月24日，陆、海两路日军同时向辽东进攻。陆路方面，由山县有朋指挥第一军渡过鸭绿江。当时，防守沿江的清军有4万人，但诸军自平壤溃退后多丧胆，闻警即逃。仅20多天，东边道几乎全境沦陷。接着，占据东边道的日军，分东、西两路直入辽东腹地，占据海城，直逼辽阳。

海路方面，以陆军大臣大山岩为司令的第二军分乘30多只船，在金州（今金县）东北的花园口登陆，直扑大连北面的重镇金州，南攻辽东半岛。11月初，金州告急，旅顺守将、正定镇总兵徐邦道率所部前往抗敌。大连守将赵怀业却忙于在大连湾督促兵勇搬运行李什物，准备逃跑。徐邦道率部孤军与敌鏖战两天，伤亡过重，率残部退回旅顺。7月，赵怀业毫不抵抗，日军兵不血刃地占据了大连这一重要港口。

21日，日军以大炮猛轰旅顺，分数路发起总攻，徐邦道孤军失利。22日，日军攻陷旅顺。

当旅顺危急时，北洋舰队广大爱国官兵要求全力赴援，李鸿章却下令舰队坐守威海卫，不准出击。1895年1月下旬，日军以舰艇从正面封锁威海卫港口，2万人在东南面的荣成湾登陆，从背面包抄。到2月2日，南北邦炮台相继沦陷，威海卫失守。

港内舰队已处于腹背受敌的绝境，丁汝昌仍积极组织反攻。驻守刘公岛的海陆军叶祖珪、杨用霖、张文宣等爱国将士，也临危不惧，竭力防守，与日军炮战10多天，击沉敌舰艇共7艘。在这10多天的战斗中，日军利用港口炮台猛轰困守港内的北洋舰队，从海面封锁港口的日舰，也不断发起攻击。定远、来远、威远、靖远诸舰先后沉没，鱼雷艇突围时全部被俘。牛昶炳等投降派将领，勾结洋员煽动兵勇、水手哗变，逼丁汝昌降敌。丁汝昌拒不投降，服毒殉职。12日，牛昶炳与洋员浩威等人托名丁汝昌，向敌人投降。日军占据了刘公岛，掠去11艘舰只及其他军械，北洋海军就这样全军覆没了。

《马关条约》的签订

1894年9月底，慈禧太后重新起用中法战争时被罢职的奕䜣为总理衙门大臣，寻求外国调停，对日求和。10月，奕䜣亲自出面，乞求英国联合美、俄、德等国进行调停。11月初，当日军侵入辽东后，清政府又转请美国驻京公使田贝出面调停，要求列强干涉。1895年1月，清政府派户部侍郎张荫桓、湖南巡抚邵友濂为全权大臣，赴日求和。这时，正值日军攻打威海卫，日本政府借口清政府求和代表"全权不足"，拒绝谈判。张、邵二人在广岛住了10天，一事无成，被迫回国。威海卫失守后，清政府任命李鸿章为头等全权大臣，赴日求和。3月14日，李鸿章带着伍廷芳、美国顾问科士达，以及儿子李经方前往日本。20日，李鸿章同日本首相伊藤博文、外务相陆奥宗光在马关春帆楼开始谈判。谈判过程中，日本方面态度极为蛮横，所提各项条款，只准李鸿章说"允，不允两句话而已"。并以战争再起和进攻北京相威胁，科士达也从旁催促李鸿章签字。4月17日，李鸿章终于被迫签订了使中国蒙受奇耻大辱的《马关条约》。5月2日，清政府批准《马关条约》。

《马关条约》的主要内容是：（一）中国承认朝鲜的"独立自主"，实际上就是承认日本对朝鲜的控制。（二）中国割让辽东半岛、台湾及所有附属岛屿和澎湖列岛给日本。（三）赔偿日本军费白银2亿两。（四）增开沙市、重庆、苏州、杭州为商埠，日本轮船可沿内河驶入以上各口。（五）允许日本在中国通商口岸设立工厂，产品运销内地时，只纳进口税，并在内地设栈寄存。

《马关条约》签订后第六天，沙俄因日本侵占辽东半岛危及它的利益，纠集法、德两国进行干涉，强迫日本放弃割让辽东半岛，这就是三国干涉还辽事件。日本无力对抗，被迫接受三国条件。结果，中国以3000万两白银"赎回"辽东半岛。

《马关条约》是《南京条约》签订以来最严重的一个卖国条约。条约承认了日本对朝鲜的控制，从此日本便以朝鲜为跳板，加紧侵略中国。条约使日本割去中国台湾等大片领土，并沦为日本的殖民地，不仅便利了日本对中国东南沿海的侵略，而且刺激了列强掠夺中国领土的欲望。条约签订不久，帝国主义争相在中国划分"势力范围"，中国面临着被瓜分的危机。2.3亿两白银的巨额赔款，是清政府全年总收入的3倍，像一条沉重的锁链套在中国人民身上，加重了中国人民的负担。清政府为了支付赔款，不得不大借外债，出卖更多的民族权利；帝国主义列强通过借款，在政治上加紧控制中国，在经济上更加疯狂地对中国进行掠夺。日本从中国掠得巨额赔款，加速了它的资本主义工业化，增强了它的侵略力量。从此，日本更加野心勃勃地走上侵略中国和亚洲的道路。4个通商口岸的开辟，使中国最富庶的长江流域从江浙到四川全部向帝国主义开放。允许日本人在中国设厂，其他列强援引片面最惠国待遇，也取得同样权利，这就适应了帝国主义资本输出的需要，他们利用中国的廉价原料和劳动力，榨取更多的利润，阻碍中国民族工业的发展。

总之，《马关条约》的订立，标志着外国资本主义对中国的侵略进入了一个新的阶段，中国的半殖民地化程度大大加深，中国被列强瓜分的民族危机空前严重了。

丰岛海战

日军决意开战，使驻牙山的清军处于非常危急的局面。1894年7月16日，光绪帝严谕李鸿章速筹战备，"断不可意存畏葸"，如果顾虑不前，徒事延宕，贻误戎机，唯李鸿章是问。

李鸿章乞求列强调停的希望已经破灭，方知非战不可。7月24日，一面电令牙山叶志超和聂士成速备战守；一面派出四支援军，开赴朝鲜北部平壤一带集结，令记名提督总兵卫汝贵统带盛军6000余人为第一路，从天津小站出发，由塘沽乘船，于8月4日到达平壤；由总兵马玉昆统带毅军2100人为第二路，从旅顺出发经义洲于8月4日抵平壤；由记名提督、总兵左宝贵统带奉军3500人为第三路，从奉天出发，经九连城，于8月6日到达平壤；由侍卫丰升阿统带奉天练军盛字营和吉林练军共2000余人为第四路，从奉天出发，于8月9日抵达平壤。为解救牙山之急，李鸿章又从天津抽调吴育仁部仁字营一部及天津练军两个营，共2500余人，由总兵江自康统带，经海道前往牙山，增援叶志超、聂士成部，"合叶原队共5000人，可挡一面"。清廷调往朝鲜的清军1.7万人，除了由招商局船运输，另雇英轮爱仁、高升和飞鲸应急。为了保护海上运兵安全，李鸿章派北洋舰队副将方伯谦率济远、广乙和威远3舰护航。24日，爱仁和飞鲸两轮共载清军1500人，先后在牙山内岛登陆。

日本大本营通过在天津潜伏多年的日本间谍石川五一，侦知清军从海上赴朝的机密情报。大本营决定在海上袭击清军，破坏清军的增援计划。日本联合舰队司令伊东祐亨接到大本营的作战密令，全舰队于23日，从佐世保起航，24日抵达牙山以南的群山湾。伊东命令第一游击舰队司令坪井航三率吉野、浪速和秋津洲3舰在牙山海面搜索前进，"且赋与内命，谓该湾附近如有优势的清国军舰驻泊，可由我方进行攻击。"

7月24日，清舰威远号奉命到仁川送电报，获知日军袭击汉城、劫持国王的消息，并从英国舰长罗哲士处得知日本军舰要袭击中国军舰的情报，济远号管带方伯谦感到事态严重，立即命令广乙号随同济远回国。25日凌晨4时许，济远和广乙两舰由牙山鱼贯出口。是日晴空万里，波平如镜，能见度良好，7点30分，当两舰驶抵丰岛海面，在前方突然出现3只军舰横海而来，审视之下，乃日本的吉野、浪速和秋津洲 3 艘快速巡洋舰。由于丰岛海面南阔北狭，不便于回旋作战，日舰为了把清军的舰只引诱到丰岛南侧海面宽阔处，再行攻击，故意向右 16 度，转舵东驶。济远号和广乙号以为日舰转向东去，不致寻衅，继续向前航行，当驶至丰岛南侧海面时，日舰突然转轮西下，掉头北向，以 15 节的速度，成单纵阵向济远和广乙两舰迎面扑来。7 时 45 分，日舰吉野号首先开炮攻击济远号，济远发炮还击。日舰秋津洲和浪速号亦炮击济远。霎时间，炮声震天，硝烟蔽海。日舰吉野号的排水量为 4200 多吨，载炮 34 门，速力每小时 23 节；秋津洲号排水量为 3100 多吨，载炮 22 门，速力每小时 19 节；波速号排水量为 3700 余吨，载炮 24 门，速力每小时 19 节。而清军的济远号排水量为 2300 吨，载炮 18 门，速力每小时 15 节；广乙号的排水量只有 1000 吨，载炮 11 门，速力每小时 17 节。中日双方的舰只，不仅日军多一艘，而且，在军舰的技术性能和武器装备上，日军也优于清军。但济远和广乙两舰的爱国官兵并没有被吓倒，他们在优势敌人的面前，临危不惧，沉着应战，进行了英勇的自卫还击。战斗一开始，日军集中火力，攻击济远号。7 时 56 分，敌炮击中济远的瞭望台，大副都司沈昌寿脑裂阵亡，二副守备柯建章洞胸牺牲，水手员弁阵亡 13 人，伤 40 余人。

这时，广乙号乘敌舰猛攻济远之际，开足马力，驶近日舰，正准备用鱼雷实施攻击时，先被秋津洲一弹击中桅楼，日舰浪速号也向广乙号猛射，又击中舰桥，广乙舰的鱼雷发射管被击毁，死伤 20 余人。广乙号不支，向右转舵走避，浪速号尾追不舍，广乙号发炮猛轰，弹穿浪速的左舷，穿透钢甲，炸断了备用锚，击碎锚机。坪井航三以为广乙舰体已毁，不予追击，令吉野等 3 舰合击济远。济远号虽多处中炮，幸非要害，于是采取航路不定、或左或右的策略，寻找突围机会。8 时 10 分，济远号出敌不意，巧妙地击中吉野号的舰首，击折前桁索。10 分钟后，济远再次击中吉野的右舷，炮弹贯其钢甲，坏其发电机，穿入机器间，但未爆炸，吉野号免于沉没。

8 时 30 分，广乙受伤东驶，远离济远，济远号也以全速向西驶避。当日本舰追击济远时，高升轮和操江号由西而来，日舰浪速号鸣炮令其停航，操江号调头西返，坪井航三命浪速号和秋津洲号分别追赶高升轮和操江号，自己乘坐吉野号继续追击济远。济远号管带方伯谦，贪生怕死，一直躲在舱内铁甲最厚的地方，坚匿不出，放弃指挥，竟下令悬旗投降。官兵们对自己长官的这种丧失民族气节的行为，极为愤怒，开动全舰炮火，向敌舰猛烈还击。

战至 11 时许，济远号已离吉野号七浬之远，吉野开足马力全速追赶。吉野追至济远 2000 米左右时，用右舷炮猛击济远号。管带方伯谦更加惊骇，又挂起日本旗，要求投降。水手王国成、李仕茂激于民族义愤，不听方伯谦的命令，协力发尾炮攻击敌舰，连发 4 炮，命中 3 炮，击中吉野号要害，船头立即低俯。受创的吉野号，于12时43分，转舵退走。这时，济远号如能转舵，以舰首主炮轰击吉野号，有可能取得更大胜利，也能解救操江、高升两轮之困。然而方伯谦这个懦夫，逃命犹恐不及，不敢乘胜歼敌，竟丢下操江和高升号，匆匆逃奔旅顺而去。

操江号是一艘900余吨的木质大船，行驶迟缓，时速仅9节，有旧式炮5门，无力与敌舰抗衡。秋津洲紧紧追赶，形势危急。管带王永发自度难以脱身，便将船中重要文件焚毁，正准备将20万两饷银投入大海时，秋津洲已接近操江，操江号被迫停轮。日舰官兵28人，乘舢板登上操江轮，将操江号掳至群山湾。28日，管带王永发等83名官兵，被押送到佐世保，投入监狱，备受虐待。

当操江号被掳时，悬挂英旗的高升轮亦被浪速号截住。高升轮被迫抛锚，浪速号舰长东乡平八郎派军官数人，携带武器，乘舢板登上高升轮。当得知船上载运的是赴朝清军时，东乡平八郎命令高升轮按日军指示起锚，拟全部俘获清军。仁字营营务处帮办高善继，面对严峻考验，异常镇静，鼓励将士说："我辈自请杀敌而来，岂可贪生畏死？今日之事，有死而已！"全船官兵纷纷表示："宁愿死，决不服从日本人的命令。"高升轮船长英人高惠梯向日军转达了清军官兵拒绝当俘虏、坚持退回大沽口的要求，并表示高升轮是英国船只，出发时中日两国并未宣战，应该同意该船官兵意愿，返回出发的海口。但是浪速号舰长东乡平八郎却说，这是"清军有意与我为敌，决定进行炮击，破坏该船"，命令欧洲人立即离船。浪速号迅即驶近高升轮，以右舷前部鱼雷发射管，向高升轮发射鱼雷，未中。东乡平八郎又下令浪速舰以右舷6门大炮一齐开火，猛烈轰击高升轮，高升轮被多炮击中，锅炉爆炸，白雾喷射，船尾下沉半小时后，沉没在丰岛西南。

就在日舰发炮轰击高升轮的紧急关头，船上的清军官兵临危不惧，誓死抵抗。他们用来复枪向日舰射击。高善继和二位营官，视死如归，指挥全船将士，奋力与敌人拼搏，坚持到船身沉没。高升轮沉没时，许多清军落入海中，灭绝人性的日本强盗，出动小船，满载武装士兵，向落入海中已经失去抵抗能力的官兵疯狂射击，清军除被英、法、德舰救起的252人外，其余700余人全部殉难。

在操江号被掳、高升号沉没之前，船舵被击坏的广乙舰，也遭到不幸的结局，在朝鲜西海岸触礁搁浅。管带林国祥等将舰上的大炮全部炸毁，凿坏锅炉，然后率官兵70余人登岸至牙山。时叶志超已从牙山退守公州，他们被日军扣留，后被释放回国。

丰岛海战，清军的广乙号搁浅自毁，操江号被掳，高升轮被击沉，清军死伤800多人，主要原因固然是由于敌强我弱，力量悬殊，参战的日本三舰中的任何一舰，都要远远胜过济远和广乙两艘军舰加在一起的战斗能力。但更重要的原因是李鸿章的妥协退让和消极避战。在日军步步进逼，蓄意发动战争的严重形势下，身负军事、外交重任的李鸿章，不是积极筹备战守，而把希望寄托在列强的"调停"上。明知日军增兵朝鲜，战争一触即发，不可避免，他却不敢以北洋舰队出黄海，制止日军向朝鲜增兵，又未能以海军必要兵力掩护牙山清军。由海上增援牙山时，只派济远、广乙少数舰只护航。丁汝昌考虑济远和广乙号在中途有遭受日舰袭击的危险，要求李鸿章准令舰队继续接应，7月24日，舰队已升火起锚待发，李鸿章突然复电制止，致使运兵船和护航舰惨遭失败。

在作战中，主要将领方伯谦等人临阵退缩，也是这次海战失败的重要原因。方伯谦明知日舰即将来攻，未能当机立断，带领济远、广乙二舰连夜返航，仍在牙山停泊一夜，使济远和广乙舰陷入险境，铸成大错。25日，吉野被济远号命中3炮，济远本应转舵，以船头大炮轰击，"以收奇捷，或可纾高升之急"。但方伯谦只知逃命，放弃指挥，失去了击沉吉野的大好时机。在海战中，贪生怕死者并非只方伯谦一人，济远号鱼雷大副穆晋书也是一个可耻的逃将。在战斗中，他唯恐丧命，先躲进机舱，后又逃进鱼雷舱。当日舰吉野号逼近时，本可一雷击中，但他心慌意乱，"装气不足，放不出口"，使吉野号又一次逃脱了被歼的厄运。当时，济远号如能拼死一战，掩护高升号停泊蔚岛，使船上士兵登岛，也可免去两营将士葬身海底。

丰岛海战的结果，使日本海军完全控制了朝鲜西海岸水域，日军不仅增兵朝鲜畅通无阻，而且海陆两军得以互相策应。清军则断绝了通往牙山、仁川的海道，使驻牙山清军陷于孤立无援、腹背受敌的境地。

平壤保卫战

日本大本营确定了驱逐清军出朝鲜的冬季作战方案后，立即向朝鲜大举增兵。7月31日，大本营训令第五师团长野津道贯中将，率第五师团余部赴朝。8月14日，大本营又命令第三师团的一半兵力组成第五混成旅团，进驻朝鲜，协助第五师团作战。9月1日，又下令把混成第五旅团与第五师团组成一个军，共约1.5万人，由陆军大将山县有朋任司令官。日本政府决定把大本营由东京迁往广岛。15日，睦仁天皇到达广岛，亲自指挥战争。

9月2日，日军第五师团长野津道贯等议定，采取分进合击，兵分4路，进攻平壤。其部署是：由陆军少将大岛义昌率混成第九旅团步骑约5000人，携炮20门，自汉城出发，沿大道从东南进攻平壤；由陆军中将野津道贯率第五师团本部步骑约5000人，携炮12门继后，渡大同江，从西南进攻平壤；由陆军少将立见尚文率第十旅团（又称朔宁支队）率步骑2000人，携炮6门，自朔宁经新溪、遂安、祥原、江东渡大同江，从东北进攻平壤；由陆军大佐佐藤正率步兵第十八联队及骑兵、炮兵、工兵各1部，约步骑3000人，携炮12门（又称元山支队），自朝鲜东北的元山登陆，经文川、阳德、成川、顺安，从北面绕攻平壤。9月12日，混成第九旅团到达大同江南岸诱战，牵制清军，元山支队到达顺安，切断清军向义州的退路，与朔宁支队会合，从北面加入对平壤的攻击。朔宁支队于13日，由麦田店渡大同江，14日至大地境洞，由平壤东北方向发动进攻。第五师团本队自黄州西十二浦，渡大同江，出江西，进攻平壤西南。各部于9月15日前完成对平壤的包围。15日凌晨发起总攻，准备一举攻破平壤，将清军驱逐出朝鲜。

清军是在中日两国宣战后，陆续到达平壤的。清军进驻平壤，准备与驻牙山的叶志超、聂士成部相呼应，南北配合，夹击驻汉城一带的日军大岛混成旅团。7月29日，成欢败后，叶志超部北退，夹击汉城日军的计划无法实现。遂按李鸿章"先定守局，再图进取"的方针，暂扎平壤，俟各营到齐，后路布妥，再图前进。尽管光绪帝多次发上谕，催促李鸿章饬令各军"相机进取""直接汉城"，但李鸿章"坦然不以为意""总以兵力不敷为言"，拒不受命。8月22日，叶志超率牙山败军抵达平壤，矫言沿途累败日军，李鸿章据以入奏，清廷不辨真伪，传令嘉奖，犒赏官兵白银2万两。25日，又命叶志超总统平壤诸军。逃兵受赏，败将升官，消息传出，全军皆惊。

9月5日，叶志超与诸将议定，以一部兵力监视元山方向之敌，以主力南下迎击自黄州北进之日军。部队按计划出发，叶志超得到日军已抵成川的消息，顾虑平壤后路被切断，乃改变决心，急忙将部队调回，防守平壤。

平壤为朝鲜平安道首府，是朝鲜的旧都。北通义州，南达汉城，东临元山，西南扼大同江口，是朝鲜北部水陆交通的重要枢纽。平壤城面江枕山，形势险要，城垣高大坚实，高达10米，基厚7米，南北绵亘10余里。城有6门：南曰朱雀门、北曰玄武门、东曰长庆门、西南曰静海门、西北曰七星门、东南曰大同门。玄武门跨牡丹台修筑，牡丹台紧逼城墙，是守卫平壤的命脉所在。

保卫平壤的清军共有5支：盛军卫汝贵部15营，6300人；毅军马玉崑部6营，3000人；奉军左宝贵部8营，3500人；奉天、吉林练军丰升阿部6营，约2500人；芦榆防军叶志超、聂士成余部，约3000人。总计马、步、炮兵约1.83万余人，野炮4门，山炮28门，速射炮6门，并贮存了足够全军食用一月的军粮。

清军依城划分了各军防区，立即赶修工事，择险分屯。城北牡丹台筑堡垒一处，牡丹台外侧沿丘陵高地自东北向西北修堡垒4处，由左宝贵所部奉军、丰升阿所部奉天练军盛字营及江自康仁字营防守，由左宝贵指挥；城南外廓筑堡垒及兵营15处，其南端由大同江北岸修筑长达2000米胸墙一道，墙下布雷，为南面第一道防线，由卫汝贵所部盛军及马玉崑所部毅军之一部防守，归卫汝贵指挥；城东南大同江上搭浮桥一座，在江南岸构筑堡垒 5 处，由马玉崑所部毅军及卫汝贵所部盛军一部防守，由马玉崑指挥；内城至城西七星门一线，由叶志超所部芦榆防军驻守。

9 月 12 日，日军混成第九旅团抵达大同江左岸，开始与毅军开枪遥击。同日，朔宁支队也到达大同江，正拟由麦田店渡江时，与前来探敌的奉军 3 营 800 人相遇，奉军列阵以拒，枪炮互击。叶志超以前路吃紧，急调 3 个营奉军回平壤，日军遂得以渡江，从北面包围了平壤。13 日，元山支队占领顺安，切断清军归路。14 日，元山支队进占平壤背面坎北山，抢占制高点，并与朔宁支队会合。左宝贵派军攻夺未克，退军入城。至此，日军对平壤完成合围。9 月 15 日，日军对平壤发起总攻，激烈的战斗在 3 个方向同时展开。

摩天岭阻击战

清廷得知鸭绿江防线被突破，决心组织力量，保卫奉天。令东三省各将军，火速率军在奉天、辽阳间集结，以阻止日军占领奉天。其部署为：奉天将军裕禄，率营口新泰军步队五营和铁岭铁字步队十六营开赴辽阳，景字步队五营增援摩天岭、靖边军步队四营、马队一营在奉天福陵集结；吉林将军长顺率靖边军步队十六营、马队二营三哨、炮队四哨向奉天进发，吉字步队八营、马队四营整装待发；黑龙江将军依克唐阿步队军十营、齐字练军步队四营、齐字新军马队三营前来助战。由山海关东进奉天的总兵程之伟率大同军马步八营开赴营口；总兵蒋尚钧率豫军五营开赴旅顺口。另有按察使陈湜之福寿军十营、提督陈文炳乏威靖军步队十营、总兵田在田之靖字军步队六营、提督唐仁廉及吴凤柱之风字军步队四营、道台李光久之老湘军步队二营，共约 70 余营，正集结于天津附近待命。

11 月 1 日，宋庆率军撤至摩天岭，组织新的防线，抗击日军。由聂士成、吕本元、孙显寅等部扼守摩天岭、连山关一线，利用摩天岭之险，阻止日军由东路进攻奉天，并派兵游击于草河口一带，相机袭击凤凰城附近日军；依克唐阿镇边军驻守东起瑷阳，西至赛马集、草河口一线，与聂士成部相为呼应，从侧后牵制凤凰城日军，支援摩天岭、连山关的防御作战。

摩天岭位于奉天东南，是长白山的支脉，为陆路日军由凤凰城进犯奉天的必经之路。连山关为一小村落，有居民 40 余户，在摩天岭东侧，地势险峻，是日军进犯奉天的第一关隘。聂士成派吕本元、孙显寅率盛军驻守。自 1894 年 11 月 12 日，日军进犯连山关开始，到翌年 1 月底，中日两军为争夺这条重要通道，进行了 3 个月的激烈战斗。主要作战地区在奉天东南的草河口、连山关、通远堡和赛马集一带。

日军第一军占领大孤山，完成了掩护第二军在花园口登陆的任务，大本营令其在叆河、大洋河一带冬营。为掩护休整，第五旅团长大迫尚敏率马步3000人，从大孤山进攻岫岩，由少佐三源重雄率一个大队和少量骑兵，从西夹击岫岩；由立见尚文率第十旅团马步4000人，从凤凰城北攻赛马集和连山关。

岫岩西通盖平，北接海城、辽阳，东连凤凰城，南达大孤山，是奉天南部的要地。驻守岫岩的清军有丰升阿盛字练军四营，聂桂林奉军步兵八营、马队四营、炮队一营，分兵北扼黄岭子，以御北路日军，南扼土门子岭、洪家堡子，以御南路之敌。17日11时，三原重雄部向黄岭子清军发起攻击，战斗约半小时，清军不支，弃险而走，退守兴隆沟。清军从岫岩城内派出援军千余人，与日军战至午后1时，兴隆沟继失。由南路进犯岫岩的大迫尚敏部进至岫岩南5公里处的洪家堡子，守军退入岫岩，岫岩被日军南北包围。当夜丰升阿放弃岫岩，退往析木城。18日上午，日军占领岫岩。

赛马集东近叆阳，西接连山关，由依克唐阿部镇边军驻守。11月9日，立见尚文派出两支部队，分别向赛马集和连山关进犯。20日，偷袭赛马集的日军一个小队，在南邢家沟附近受到依克唐阿镇边军的截击，击毙日军14人。12日，向连山关进攻的今田唯一大队，攻占连山关。守军吕本元、孙显寅率盛军溃退，日军直趋摩天岭下，聂士成召集部将，晓以大义，动员固守，诸将皆感激奋发。聂士成率部反击，扼隘路，以巨炮当其冲，张旗帜丛林间，鸣鼓角为疑兵，时出截杀，进攻摩天岭的日军受挫，当夜撤回连山关。16日，立见尚文派少佐安满伸爱率一个大队前来增援，命22联队长富冈三造中佐为今田唯一大队和安满伸爱大队的司令。24日午夜，富冈三造为切断赛马集和摩天岭清军间的联系，率部至草河口设阵。25日，聂士成收复连山关，依克唐阿率10余营，由赛马集分两路进攻草河口，聂士成和依克唐阿两军东西呼应，夹击日军。青年爱国将领镇边军统领、侍卫永山，表现十分英勇，亲自率部，冲锋陷阵，打死打伤日军多人。这次战斗非常激烈，枪炮互击，声震山谷，终日不止。在清军优势兵力的夹击之下，日军不得不放弃草河口，于12月5日退回凤凰城，清军大胜。

9日，聂士成和依克唐阿两军在通远堡集合20营，分两路袭取凤凰城。一路由依克唐阿、夏青云率领，由通远堡前进；另一路由镇边军分统寿山和马队统领永山率领，向东北迂回，从叆阳边门绕道凤凰城东北合击日军。这时，立见尚文接到命令，要他向摩天岭进击，配合第三师团进攻海城，12月10日，日军行至樊家台与清军相遇，激战3时许，清军后撤，日军占领樊家台。

12日，寿山、永山兄弟两人率领的清军到达凤凰城东北的长岭子，在夏家堡子一带宿营。14日凌晨,日军分两路潜渡草河来攻,清军疏于戒备,被日军攻入营地,纵火焚房,清军由睡梦中惊起,不知虚实,仓皇应战,死伤甚多。天明,日军分3路猛扑,战至下午,清军北退长岭子,15日,在葱岭又遭日军伏击,永山身先士卒,督军力战,左臂和额颅受伤,犹复亲持枪械,击毙日军数名,督队前进时,洞胸一弹,倒地晕绝,牺牲时年仅27岁,寿山等率部撤回赛马集。

聂士成部以摩天岭阵地为中坚,与敌对峙3个月,经历大小10余次苦战,使日军未能越岭西进,粉碎了日军由东路进犯奉天的图谋。但日军第三师团攻占了海城,辽阳告急。依克唐阿奉命西援辽阳,宋庆会同长顺,率部以固奉天门户。聂士成部担任辽阳以东防务。

金州旅顺之战

辽东半岛自金州斜伸入海,为旅顺后路要险,天然形胜。旅顺口位于辽东半岛的顶端,与山东半岛的威海卫隔海相望,互守京畿,系北洋海军重镇。旅顺北面群山环绕,旅顺港位于黄金山与馒头山之间。旅顺口门宽300米,水深11至13米,内澳周约40里,可容铁甲巨舰。澳之东岸建有大船坞,为北洋海军的基地。清政府于1880年开始经营旅顺港,耗资巨万,设港建坞,在周围山上营造炮台。旅顺口东西海岸有炮台9座,在北面山上另有陆路炮台9座。在各炮台之间筑有2米高、1米厚的胸墙,将各炮台连接起来,形成一个大堡垒团。在各堡垒团内,设有弹药库和哨所。甲午战争爆发后,又在海岸及后路增设炮台多座。当时,旅顺口共有海岸炮台20余座,架设各式大小火炮100多门,大都是最新式的克虏伯海岸巨炮。

旅顺后路的大连湾是天然良港,1886年,清廷开始修筑大连湾炮台,至战争爆发尚未完工。

在甲午战争爆发前后,清廷先后从旅大地区抽调宋庆部和刘盛休部增援平壤,旅大防务空虚。李鸿章令毅军分统姜桂题募4营、总兵程允和募3个营,充实旅大地区的防务。后又令总兵卫汝成募6营及所部马队2个营,总兵徐邦道募拱卫军3个营并所部马队2个营、炮队一个营,由天津调赴旅顺;以铭军分统赵怀业新募6营接替铭军防守大连湾。在日军进攻旅大前,旅大地区共有姜桂题、张光前、程允和、黄仕林、卫汝成、徐邦道、赵怀业等各军30余营。

黄海海战后日本政府便认为,他们的海军已经控制黄海,为了在来年同清军进行直隶平原决战,必须攻占旅顺,在渤海湾建立根据地。日本于9月21日编成第二军,任命陆军大将大山岩为司令官。10月8日,大本营训令第二军同联合舰队协力占领旅顺。第二军于 15 日至 22 日，将第一师团从广岛运至朝鲜大同江口渔隐洞集结待命，准备在第一军发起鸭绿江战役的同时，实施对辽东半岛的登陆作战。

日军在辽东半岛的登陆地点选择在半岛东侧黄海海岸的小港花园口（今辽宁庄河市高阳乡），此地西南距大连湾约 100 公里，距金州约 80 公里，地位重要，但清军疏于防范，未曾设防。10 月 23 日 9 时，日第二军第一师团分乘运输船 16 只，由渔隐洞出发，于次日抵达花园口外。时天未明，在朝雾朦胧中，日军用汽船数十艘牵引舢板，驶向花园口登陆。次日上午，驻扎在貔子窝的捷胜营营官荣安，从捕获的日本间谍钟奇三郎口中得知日军官兵 1 万余人，已在花园口登陆。荣安立即报告金州副都统连顺，并将日间谍押送金州。26 日，连顺急电李鸿章、水陆营务处候补道龚照玙及奉天将军裕禄，要求火速派兵来援，可是，在日军登陆花园口的紧急情况下，清政府没有及时采取有效的应急措施。27 日，裕禄电告连顺，说东路日军已过鸭绿江，军情吃紧，不能派兵支援金旅。29 日，李鸿章电令程之伟部大同军 2000 人，从营口兼程前往金州。程之伟部到复州，距金州仅 80 公里，停兵不前。连顺七次催促，程之伟仍按兵不动。11 月 1 日，金州指挥官连顺、赵怀业又电告盛宣怀和李鸿章，请拨十数营，火速驰援，分路扼抵。盛宣怀复电"无人可调"。就这样，听任 2 万余名日军和大量军用物资，顺利地在花园口登陆。在 14 天中，"我海陆军无过问者"。

早在 10 月 31 日，登陆日军占领貔子窝后不久，总兵徐邦道主张乘日军立脚未稳，主动出击，因赵怀业反对，未能实行。徐邦道以金州为旅大后路咽喉，金州失守，旅顺难保，又提议分兵援金州，以固旅顺后路。但清军"驻旅顺凡六统领，新旧三十余营，莫之应"。徐邦道只得自率拱卫军从旅顺赶赴金州御敌。

金州城位于金州湾东侧辽东半岛蜂腰部，东有大和尚山为之屏障。金州城呈长方形，东西长 600 米，南北宽 760 米。城垣牢固，高 6 米，顶宽 4 米，城外 10 米处有外壕环绕，系辽东半岛重镇。当时驻守金州的清军有：徐邦道拱卫军步队三营、马队二营、炮队一营，约 2000 人；连顺所辖捷胜营步队一营、马队二哨，约 700 余人；周鼎臣怀字营二哨，约 300 人，守军合计有 3000 余人。徐邦道部及周鼎臣二哨在金州东路防守，紧急修筑工事。连顺率部守城，在城墙上安置大炮 10 余尊，并在北门外埋设地雷。

11 月 4 日，日军先行破坏了金州、复州间清军的电线，切断金州守军与外界的联系。5 日，日军第一师团分兵 3 路进攻金州。第一路由步兵第十五联队长河野通好大佐率本队及先遣大队牵制金州东路的清军；第二路由第一旅团长乃木希典少将指挥第一联队进攻清军东路阵地；第三路由第二、三联队组成的师团本队，由师团长山地元治中将率领，向东北迂回，绕至金州北30里堡，再沿金复大道南下，从背面进攻金州。

5 日 11 时，乃木希典派两个大队，向徐邦道拱卫军阵地发起攻击。清军凭垒据守，进行反击，激战 3 小时，将日军击退。下午 4 时，日军再次进攻，又被击退。

6 日拂晓，日军在炮兵的掩护下，第三次进攻拱卫军。清军伤亡较大，阵地仍在。这时，迂回到金州背后的日本师团本队攻破清军的左翼防线，抄袭徐邦道军后路，拱卫军退回城内，据城固守。日军列炮于城外高地，猛轰金州守军。清军殊死抵抗，用架设在城墙上的克虏伯野炮应战。此时，炮声如雷，天地震动，经过半小时的炮战，清军炮火被压制下去，日军乘势攻城，派工兵用炸药连续爆破城门，日军攻入城内，转趋东门，东门被攻破。清军与敌人展开激烈的巷战，许多官兵壮烈牺牲，连顺部退往大连、旅顺，金州失陷。

日军占领金州的当晚，第一师团长山地元治制定了进攻大连湾的作战计划。由西宽二郎少将率第三联队，向旅顺进击；由乃木希典少将率第一联队进攻和尚岛炮台；由河野通好大佐率步兵第十五联队攻击徐家山及老龙头炮台，其余部队作为预备队，在金州集结待命。

7 日凌晨，日军由金州出发进攻大连湾。当日军到达清军阵地时，只有少数清军略做抵抗即行退走，大部清军已于前一天黑夜撤回旅顺，日军轻取大连湾。由于清军匆忙逃跑，许多机密文件也未能处理。日军占领清军水师营后，得到了大连湾水雷敷设图，日本军舰得以顺利驶入港内。3 日之内，清军连失金州、大连两处战略要地，旅顺口后路直接暴露，形势岌岌可危。

17 日，日军向旅顺发动进攻：由秋山好古少佐率骑兵一个大队为搜索队；以第一师团本队和第十二旅团组成右翼纵队，与骑兵搜索队经 30 里堡进攻旅顺西北椅子山、案子山一线清军的左翼堡垒团；由第十四联队长益满德次中佐率步兵及部分骑兵、工兵、炮兵为左翼纵队，经苏家屯等地，进攻旅顺东北鸡冠山一线清军的右翼堡垒团。当时，驻守旅顺口的清军共有马、步、炮兵 33 营，12700 余人，其中约 9000 人为新募之伍，未经战阵，仓促成军。

在金州失守后，旅大前敌总指挥龚照玙，即乘鱼雷艇逃往烟台，许多官员抢掠财物，纷纷逃走，旅顺军心涣散，人心惶惶，危在旦夕。旅顺诸将共推姜桂题为临时指挥。然而姜桂题拿不出任何对敌良策。当日军攻击时，爱国将领徐邦道率军迎战，于 15 日拂晓，率拱卫军在旅顺北土城子一带设伏。11 时，日军骑兵搜索队进至土城子以南，徐邦道出敌不意，英勇出击，打退日军，首战告捷。18 日晨，徐邦道会同姜桂题、程允和等部骑兵 5000 余人，在土城子附近，将日军骑兵搜索队打退。日军第三联队第一大队在丸井正亚少佐的率领下到达双台沟附近，被清军团团围住，战斗十分激烈。清军在长岭子南的高地上架起大炮，猛轰日军，步骑兵同时攻击，日军狼狈溃退，尸体也来不及收拾。清军在土城子反击战中获胜，证明了只要清军指挥员指挥得当，各部互相配合，广大爱国官兵是能够击败敌人的。

20日，天山岩在水师营北李家屯召开会议，部署再次进攻旅顺。以第一师团本队及混成第十二旅团组成右翼纵队，攻击松树山、二龙山炮台；以第十四步兵联队为左翼纵队，攻击鸡冠山一带堡垒；骑兵搜索队以一部担任第一师团右翼警戒，另一部担任混成第十二旅团与左翼纵队之间的联络和搜索活动。

21日，日军攻击旅顺。凌晨7时，日军第二旅团集中40门火炮对清军阵地狂轰滥炸，在炮火的掩护下，向案子山堡垒发起攻击。当日军进至清军阵地前沿时，清军先用各种火器猛烈射击，然后冲出炮台，与日军展开了激烈的白刃格斗。日军以重大代价，换取了案子山低炮台阵地，清军的许多爱国官兵为保卫祖国的神圣土地献出了宝贵的生命。清军余部在程允和率领下，退守黄金山炮台。接着日军第一联队用大炮轰击松树山炮台，战斗开始不久，炮台附近的火药库被击中引起爆炸，烈火熊熊，弹片四射，清军被迫退守二龙山炮台。日军混成第十二旅团即向二龙山炮台发起进攻。日军两个中队的兵力，由山下蚁附而登，遭到姜桂题所部清军的猛烈射击，伤亡颇重，日军军官督队死攻，日军踏尸前进，当进至清军堡垒前，蹴响地雷，炸死日军多人。清军坚守二龙山炮台4个多小时，在日军的反复攻击下，守台清军伤亡较大，撤离阵地，二龙山炮台也被日军占领。

日军左翼纵队于21日9时攻击鸡冠山清军。守卫鸡冠山炮台的是徐邦道的拱卫军。徐邦道英勇沉着，指挥部队顽强奋战。黄金山海岸炮台用24公分重炮猛烈轰击日军侧翼，日军步兵第十四联队第一大队长花冈正贞少佐被击毙。11时许，日军一个大队前来增援。11时45分，日军攻占东鸡冠山炮台、大小坡山炮台和蟠桃山炮台，徐邦道率部退入市区。守卫在白玉山北侧的卫汝成临阵脱逃，部队无人指挥，向海岸炮台溃走，至此，旅顺后路炮台，全部被日军攻占。

当天中午大山岩以少数兵力守卫旅顺后路各炮台，主力继续向市区及海岸炮台推进。当时对日军威胁最大的是黄金山炮台。该炮台位于市区东南，居高临下，俯瞰全城，配有大小火炮20余门，其中有24公分远距离新式克虏伯重炮3门，能作全方位射击。日军派出两个步兵联队攻击该台，守将黄仕林弃台逃走，官兵无人指挥，军心涣散，坚持到下午5时许放弃炮台，日军占领黄金山、东人字墙等旅顺东海岸各炮台。这时，守卫在旅顺西海岸炮台的清军仍坚持战斗，顽强抵抗。当夜，守卫旅顺口的各路清军乘黑夜循西南海边向金州退走，与援军宋庆军会合。次日上午，日军又占领了西海岸各炮台，清政府经营多年耗资百万的旅顺口，沦入敌手。

就在日军进占旅顺的当天，宋庆和刘盛休组织 7000 余人，反击占领金州的日军。11 月初，宋庆、刘盛休奉令驰援金州、旅顺，昼夜兼程，20 日抵达金州以北的四十里堡。当时留守金州的是日军第十五联队长河野通好大佐率领的两个步兵大队，约 1000 人。21 日 11 时，清军分两路包抄日军。午后 1 时，左翼清军奋勇攀上萧金山北面高地，居高临下，射击日军。河野通好从金州城内派出一个中队赶来支援，用大炮轰击清军。右翼清军也在金州城西北与日军展开了激战，但由于清军在鸭绿江战役中屡次败阵，重武器全部遗弃，在进攻作战中，没有炮火支援，仅凭手中步枪拼死一搏，终难克敌，战至下午 3 时许，宋庆下令退军。徐邦道建议再攻金州，遭宋庆拒绝。27 日到达盖平，金州反击战没有成功。

日寇进入旅顺，兽性大发，对旅顺居民进行了血腥屠杀，制造了骇人听闻的大惨案。大屠杀连续进行了 4 天，2 万余人死在日军屠刀之下。当时目击这一惨案的英国海员阿伦在他的回忆录中说，在一个钱铺里，日军抢掠之后，把铺内所有的人全都杀死，但见满地死尸，有男的，女的，也有小孩子，死尸中"有没头的，亦有开膛破肚的，有的没了手，有的没了脚，亦有手脚都斩去的，亦有斩做两段的……再看那柜台边上，还有一个大钉，钉着一个几月的小孩。""在这次屠杀中，能够幸免于难的中国人，全市中只剩三十六人，这三十六个中国人，完全是为驱使他们掩埋其同胞的尸体而被留下的。"连日本外相陆奥宗光也不能不承认："把俘虏绑上屠杀，杀害平民，甚至妇女也不例外，这些似乎都是事实。"今天，埋葬在旅顺万忠墓中 2 万多殉难同胞的尸骨，便是历史的见证。

中日《马关条约》

1894 年 8 月 1 日，中日两国同时宣战，中日战争正式开始。9 月下旬以后，随着清军的不断失利，清朝廷中的主和派便开始乞求外国调停，由于列强各国或认为时机未到，或态度冷漠，也由于日本确定的媾和条件太苛刻，同时清朝廷中的主战派还拥有一定实力，因此，主和派的几次乞求外国调停活动都未成功。转年 2 月，北洋海军的全军覆灭，湘、淮等军在辽东战场相继失败，这使朝廷中的主战派大为泄气，一时间感到束手无策。2 月 18 日，清政府通知日本，将按照日本的要求派出全权代表，准备接受包括割地在内的屈辱条件。几天后，清政府又进一步明确向日本宣布，任命李鸿章为头等全权大臣，日方提出的割地、赔款、订约等谈判内容，李均能全权处理。至此，日本同意议和。20日，李鸿章应召到京，他考虑到日本提出的条件，深感此次议和责任重大，于是就先同军机处商议。翁同龢希望能做到不割地，而其余大臣则担心不割地就不能议和。李鸿章又先后同美英公使进行商量，但都不得要领。3月2日，恭亲王奕䜣向李鸿章传达光绪帝面谕，授予李以商让土地之权。同日，李鸿章上折陈述其对议和的看法，认为割地之事，古今中外皆有，"但能力图自强之计，原不嫌暂屈以求伸"，只是地有多寡要次之分，须力与争辩，谈判定有一番周折，朝廷必须密为筹备，防止日军直犯近畿等等。

3月14日，李鸿章率参议李经方，参赞马建忠、伍廷芳、罗丰禄、美国顾问科士达等随员100多人，前往日本马关议和。20日，李鸿章与日本首相伊藤博文、外相陆奥宗光在马关春帆楼开始谈判，双方交换全权证书，李鸿章劝日本不要"寻仇不已"，要求先议停战协定。第二天，双方举行第二次谈判，商议停战之事。伊藤提出停战条件：日军占领大沽、天津、山海关，解除上述各地清军武装，日军管理天津至三海关铁路，清政府负担停战期内日本军费。在这种情况下，李鸿章被迫要求先不谈停战，只议议和条款。对此伊藤限定李鸿章于3日内答复停战要求。24日，李鸿章正式备文拒绝日本提出的停战条件，要求先谈议和条款。伊藤允许第二天提出议和条件。当李鸿章在返回寓所的途中，被一早已隐伏的日本浪人小山丰太郎用枪击中左颧、血流不止，顿时晕倒。小山是日本自由党方面的打手，他们认为议和时机未到，不占领北京是日本的耻辱，所以有意来破坏议和，以此扩大对华战争。李鸿章被刺后，伊藤、陆奥感到人心已变，不能再战，如果此时谈判破裂，对日极为不利，同时，也担心因此招致列强干涉。于是在28日，陆奥与李鸿章在病榻前议定无条件停战。30日，中日签订为期21天的停战条约，但范围不包括澎湖和台湾。但是，两天后日本首次公布议和条件，提出和约底稿，条件苛刻，并限4日内答复。李鸿章为此进行了多次争辩。先后两次向日本送说帖，逐条请求减让。4月9日，李鸿章提出体面修正案，允割辽南、安东、宽甸、凤凰、岫岩四地与澎湖列岛，赔款一亿两，新订商约"以中国与泰西各国现行约章为本"。次日，李鸿章与伊藤举行第四次谈判，日本提出修改稿，将辽东割地由北纬41°以南缩至营口、海城、凤凰城、安平河以南，将赔款由3万万两减为2万万两，商埠由7处减为4处，声称此为尽头条款，中国只有答应或不答应而已，不能减少。同时又威吓：如果谈判破裂，中国全权大臣一旦离去此地，是否再能安然出入北京城门，亦以不保证。李鸿章急忙请旨应付。清廷闻讯后，答应割台湾一半，但是，一定要争回牛庄、营口。日方得到李鸿章的答复后，继续进行恫吓，并运兵至大连湾加以威胁。4月20日，清政府致电李鸿章：倘无可再商，即与订约。李鸿章连续发回3封电文，催促清政府照日方改款定约。14日，清廷批准李鸿章"遵前旨与之下约"。

第二天，中日双方举行最后一次谈判，李鸿章与伊藤博文议定《中日马关新约》（即中日《马关条约》），共11款，附有《另约》《议订专条》。

《马关条约》主要内容是：（一）中国承认朝鲜完全独立自主。（二）割让辽东半岛、台湾全岛及所有附属各岛屿和澎湖列岛。（三）中国赔偿日本军费2万万两白银，分8次交完，3年之内全数清还。（四）开放沙市、重庆、苏州、杭州为商埠，"以中国与泰西各国现行约章为本，订立两国通商行船条约及陆路通商章程。新订约章未经实行之前，所有日本政府官吏、臣民及商业、工艺、行船船只、陆路通商等，与中国最为优待之国礼遇护视一律无异"。（五）允许日本在中国通商口岸设立工厂，任便从事各项工艺制造；产品远销中国内地时，只按进口货纳税，并准在内地设栈寄存。条约还规定日本于条约批准后3个月内撤退，但为保证中国履行条款，日军暂时占领威海卫。在另约中又规定：第一，所有暂行驻守威海卫的日本军队驻守需费，"中国自本约批准互换之日起，每一周年届满，贴交四分之一——库平银五十万两"。第二，在威海卫，应将刘公岛及威海卫口湾沿岸40里以内地方，为日本国军队伍驻守之区。无论其为何处中国军队不宜逼近或驻扎，以杜生衅之端。第三，日本军队所驻地方，"治理之务仍归中国官员管理；但遇有日本国军队司令官为军队卫养安宁军纪及分布管理等事必须施行之处，一经出示颁行，则于中国官员亦当责守"。

4月22日，光绪皇帝看到李鸿章派专人送来的条约之本，签于割地一事太苛刻，曾拒绝批准，但他毫无实力，顶不住内外压力，延至5月2日，不得不批准《马关条约》。第二天任命伍廷芳、联芳为换约大臣。5月8日，伍廷芳、联芳与日本伊东美久治在烟台换约，《马关条约》开始生效。

反割让台湾的斗争

甲午战争后，清政府于1895年（光绪二十一年）4月17日与日本签订了《马关条约》，将台湾割让给日本。消息传出后，举国哗然，民众义愤填膺，进而掀起了一场声势浩大的反割让斗争浪潮。在京赶考的台湾举人上书都察院，强烈抗议清政府割让台湾，表示台湾人民"如其生为降虏，不如死为义民""台地军民必能舍生忘死"，为反抗日本侵占台湾奋战到底。台湾各界人士也以罢市、发表檄文、通电、上书等形式表示强烈抗议，表示要誓死守御，与山河共存亡。诸多民众拥到台湾巡抚衙门，抗议示威。台湾一带人民出发"桑梓之地，义与存亡"的誓言，每天都有数以千百计的群众参加抗日义军。

6月2日，清政府与日本签订了交割台湾证书。实际上日军却早已于5月29日由近卫师团从冲绳中城湾出发，分两路进攻台湾。台湾巡抚唐景崧及大小官吏和当地一些地主豪绅，仓皇内渡逃命，使日军不战而胜，于6月7日入侵台北。

唐景崧逃跑后，台湾人民纷纷组织义军，共同推举当时驻防台湾的刘永福为首领，领导抗战。

6月中旬，日军近卫师团由台北南犯，先后在新竹、台中、彰化、云林一带遭到台湾军民的激烈抵抗。当日军分3路进攻新竹时，刘永福派分统杨紫云为新竹守将，吴汤兴、姜绍祖率义军协同防御，与日军相持一个多月，多次打退日军进攻。在激战中，杨紫云苦战阵亡，姜绍祖力战不屈，最后壮烈牺牲，新竹沦陷。7月下旬，徐骧和刘永福联合反攻新竹，在城外3里的十八尖山上激战终日，大小战役20余次，但因武器不良，只好退守大甲溪、台中、彰化一带。8月下旬，日军南犯大甲溪，徐骧和刘永福部将吴彭年同守大甲溪。吴彭年伏兵于大甲溪旁，突然出击，日军大败，溃退北渡，徐骧的伏兵又大呼横截，日军纷纷落水，死亡无数。激战数日后，因日军收买汉奸土匪袭击，日军才强取大甲溪。8月底，日军进犯彰化，抗日军民奋勇抵抗，双方在彰化东门外八卦山展开激战，击败日军主力师，日军少将山根信成毙命。后日军收买汉奸，由小路抄袭义军。义军拼死抵抗，吴汤兴率30人冲向敌阵，中炮牺牲，吴彭年率300勇士死守八卦山，全部英勇战死。徐骧率众冲锋肉搏，突出重围，退往台南。台中、彰化失陷后，刘永福急派王德林率军守嘉义城，派杨泗洪率军反攻彰化，高山族人民纷纷起来抗战，派遣700健儿参加徐骧的义军。义军虽多次反攻彰化，终因补充极度困难，无力克复。

10月上旬，日军近卫师团在不断增援的情况下，倾巢出动海、陆、步、马、炮兵，全力进攻，台湾军民英勇奋战，日军用很大力气才侵占了云林、大莆村。接着大举进犯嘉义。嘉义志士林昆岗号召人民武装起来和守军王德标部合力抗击日军。王德标在城外设地雷诱敌，一举杀死敌人700余。后来日军用大炮轰塌城墙，窜进城中，义军浴血巷战，逐街逐屋地争夺，杀伤日军无数，日军近卫师团团长、中将北白川能久亲王也受重伤而毙命。日军死伤甚众，气急败坏，疯狂进攻。而台湾军民死命苦战，林昆岗发誓说："如果天命绝我台湾，今天一战当先把我打死！"闻者奋战。此时军民已饥困，寡不敌众，林昆岗英勇战死，嘉义城破，王德标奋战阵亡。日军用了重大代价夺取了嘉义，接着包围了台南。

刘永福黑旗军和徐骧等路义军在嘉义失陷后仍坚持抗战。日军第二师团在台湾南部枋寮和台南以北的布袋口登陆，配合近卫师团夹攻台南。布袋口登陆日军与义军大战于曾文溪，徐骧率义军和高山族勇士死守曾文溪，战至枪弹断绝，仍持短刀迎击敌人。徐骧持刀督战，大呼"此地失守，台湾就完了，我是不愿偷生还大陆的"。于是与从者50余人皆战死。10月中旬，日军夹攻台南府城，刘永福率军驻守安平炮台，城中绝食，守军溃散。19日刘永福兵败返回大陆。21日台南沦陷。

台湾人民经过5个多月的激烈战斗，抗击了日本3个近代化师团和一支海军舰队，打死打伤日军32000多人。台湾军民为保卫祖国的神圣领土，写下了悲壮的一页。在此后日本统治台湾的50年时间里，台湾各族人民坚持反抗侵略，要求返回祖国的斗争从未止息。

台中保卫战

从8月初到9月下旬，台湾义军的抗日斗争进入了更加艰苦的阶段——保卫台中。这一时期的主要战斗有：尖笔山、苗栗、大甲溪、八卦山、彰化等地的争夺战。

1. 尖笔山之战

日军南犯台中，行动的第一步就是要夺取尖笔山。尖笔山位于苗栗镇以北，是义军防线的前哨据点。集结在这一地区的义军有吴汤兴、徐骧、李惟义、杨载云、陈澄波等部7000余人。当时日军在前线的兵力约1万余人，并有海军配合作战。

8月7日，日军出动两个支队，扫荡活动在新竹和尖笔山之间的义军，在水仙岭与陈澄波所部义军遭遇，经过激战，义军败退。次日黎明，日军分左右两翼，向尖笔山前的枕头山和鸡卵面义军阵地发动进攻。吴汤兴、徐骧所部义军，奋勇抗击，又败退。9日，日军以3个联队的兵力在军舰的配合下，向尖笔山和头份庄发起攻击。日军一个联队在凌晨5时进攻头份庄，杨载云率部抵御，大挫敌军，日军正面进攻不能得逞，便抄袭杨部后路，切断杨载云部与其他义军的联系。杨载云部孤军作战，不稍退避。最后，这支新楚军将士大部战死，杨载云也中弹牺牲。

向尖笔山进攻的日军另两个联队，在军舰的协同下，以猛烈炮火轰击义军，坚守尖笔山的徐骧部，巧妙地利用地形，抄袭日军，给进攻之敌以较大杀伤。但终因力量悬殊，义军被迫转移，尖笔山又陷敌手。

日军于8月13日进攻苗栗。守军吴彭年部不畏强敌，与日军一个联队展开激战，损失较重，被迫撤退，14日，苗栗沦陷。

2. 大甲溪伏击战

大甲溪为台湾的一条大河，成东西向奔泻于苗栗、台中、彰化间。河两边竹林丛生，山谷险峻，是一道天然屏障。徐骧退守大甲溪后，与吴彭年计议，决定在这里伏击日军。

22日，日军两个中队南犯大甲溪，埋伏于南岸的吴彭年部，乘日军刚过溪岸不备，发起猛攻，日军猝不及防，急忙回渡。待日军回渡到中流时，伏于北岸竹林中的徐骧率众杀出，给日军以重创，日军大败溃退。

次日，日军集中主力，再度进犯。当时，吴彭年已率部回守彰化，大甲溪一带由黑旗军管带袁锦清与徐骧部民团共同防守。袁锦清与徐骧谋划，分兵包抄日军，由新楚军统领李惟义为后援。日军收买土匪，伪装义军，由后面袭击新楚军，李惟义部溃逃。在前方作战的义军闻讯被迫后退，袁锦清率兵 5000 余人断后，扼守大甲溪阻击日军，敌军迫近时，袁锦清率队出击，全队壮烈牺牲。徐骧率民团与敌死战，冲出重围，退往彰化，日军渡过大甲溪。

日军越溪后，以全力扑犯台中。义军统领陈尚志等部千余人，与日军激战一昼夜，台中又陷入敌手。

3. 争夺八卦山

日军占领台中，进攻彰化。义军在彰化城东八卦山与敌人展开激战，这是台湾人民抗日斗争史上最激烈的一次战斗。

八卦山位于彰化城东一公里处，是彰化城的制高点和天然屏障，形势险要。当时防守彰化的部队，除了从各战场聚集来的各路义军外，还有许多地方武装，共约 3600 余人。在日军进攻前，义军的防御部署：王德标、刘得胜各率部守中寮庄；徐骧、吴汤兴、汤人贵、罗树勋等率部守八卦山；李惟义守彰化城。

8 月 27 日，日军近卫师团主力分 3 路向义军进犯。右路两个大队由陆军少将川村率领；左路两个联队由陆军少将山根率领；中路 3 个大队由北白川宫能久亲王率领。战斗发起后，守卫八卦山的义军奋勇抵抗，激战一天，日军不得进。入夜，日军左路从大竹庄附近山谷僻径，悄悄爬上八卦山，匍匐到山顶。28 日晨，当义军发现时，敌军已布满山谷，并接近八卦山东侧高地。义军汤人贵、李士炳、沈福山等立即率部扑向这股日军，与敌人展开了白刃格斗。八卦山上炮火连天，硝烟弥漫，杀声震野，双方为争夺八卦山阵地展开了殊死战斗。义军首领吴汤兴、汤人贵、李士炳、沈福山等壮烈殉国。只有徐骧率部杀出重围，退往台南。

徐骧率部且战且退，突出重围时，吴彭年正率部在大肚溪南岸同日军右翼队激战，遥望八卦山危急，急忙率众回救八卦山。吴彭年身先士卒，率义军奋勇登上山头，与日军白刃相搏，大创日军。吴彭年壮烈牺牲，义军大部战死，八卦山失守。

日军占领八卦山，居高临下，向彰化城实施炮击。城内秩序大乱，日军乘势进攻。城内老弱妇幼奔出西门避难，正与敌军相遇，尽被杀戮。日军入城后，义军与敌人巷战半日，守将李仕高、沈仲安、杨春发战死，义军全部殉难，彰化陷敌。

就在彰化失守的当天，日军乘义军败退之机，迅速抢占了鹿港。此后，日本近卫师团按照桦山资纪的命令,除向台南方向进行搜索、警戒外,暂停向南进军,避免孤军深入,遭受损失。

4.反攻彰化

彰化失守,嘉义吃紧,台南震动。刘永福"亲赴嘉义前敌诸营,指授兵机"。命令王德标率七星队坚守嘉义,令副将杨泗洪率军5营奔赴前敌,发动当地民众,组织武装,抗日自卫。同时派人联络附近的简精华、黄荣邦、林义成等义军,共同抗敌。

8月30日夜,杨泗洪率部进攻大莆林,简精华、林义成等率义民数千人助战。当时,日军占领大莆林,散居民家,警戒疏忽,给义军以可乘之机。杨泗洪率百余人连夜摸至敌营附近,四处纵火,向敌人发起突然袭击。经过一场激战,日军大溃,仓皇逃窜,义军乘胜追击。退路中的一座桥梁被义军拆毁,日军走投无路,只好拼死抵抗,激战持续到深夜。正当日军筋疲力尽之时,义军黄荣邦、林义成等又率众从敌后抄袭过来,前后夹击,日军四散奔逃,义军一举收复大莆林。这场战斗义军歼敌数百,战果显著。副将杨泗洪和管带朱乃昌,在战斗中不幸中炮身亡。

杨泗洪,早年参加抗法斗争,屡立战功,后被台湾巡抚刘铭传聘任到台湾负责教练军队,以副将署台南镇总兵。日军入侵台湾时,杨任刘永福黑旗军协统。在战斗中,他身先士卒,冲杀在前,被誉为"黑虎将军",最后,为保卫台湾献出了宝贵的生命。

杨泗洪牺牲后,刘永福令萧三发统率其众,令简精华、简成功父子统领民团,令黄荣邦率义民2500人、林义成率义民3000人,随简精华大队前进,准备收复失地。

9月1日,王德标率七星营与简精华等义军,合攻云林县城,日军弃城溃逃。王德标会合义军追击,将日军冲为两股:一股窜入山林,被林义成部切断退路,予以全歼;另一股逃回彰化。2日,义军又乘胜收复苗栗,日军也退入彰化。黑旗军和义军反攻云林等地获胜,极大地鼓舞了台湾军民的抗战热情,参军者日众,义军队伍发展很快,准备乘胜收复彰化。

4日,萧三发督率各军包围彰化城。彰化地势险要,日军拼死抵抗,炮火猛烈,义军几次攻击均未得手。只好在彰化城外,择地屯驻,包围封锁。彰化日军连遭打击,士气消沉,无力反击,只有等待增援部队的到来。在包围彰化城期间,义军组织了多次围攻,紧缩了对彰化的包围,打得日军龟缩在城内,胆战心惊。台中附近居民也纷纷组织"联庄",协同抗敌。一时之间,台中抗日形势甚好。

但是,黑旗军、义军经过长时间战斗,人力、物力消耗太大,又得不到外援,弹药将尽。而日本大本营为支援近卫师团,已从辽东半岛抽调了第二师团以及国内的后备部队、要塞炮兵及宪兵队等共 2 万多人，于 11 日到达台北。在这种严重的形势下，义军决定攻城，希望夺回彰化，以扭转战局。

23 日，各路义军向彰化发动总攻。日军负隅顽抗，终不能克。24 日，黄荣邦率部猛攻炮台，不幸中弹牺牲。25 日，林义成率部再战，亦受重伤。其后，日军大队反攻，萧三发指挥部队力战，受重创。徐骧、简精化率义民往援，由于损失惨重，弹药告竭，实力大减，已无力再攻彰化。从此，义军只得采取守势。

台南之战

日军得彰化，大规模南进，谋取台南。日军在海上集结兵力，配合陆军进攻，水陆并进，夹击台南。

1. 日军南犯

9 月 16 日，日军在台北东瀛书院成立了南进军司令部，统一筹划进攻台南事宜。日军南进军的总兵力约 4 万人，其作战部署是：以北白川宫能久亲王率近卫师团主力约 15000 人，从彰化南下，经嘉义，由陆路直扑台南。由辽东半岛调来的第二师团主力约 25000 千余人，在师团长乃木中将的率领下，由海路进攻台南。第二师团主力兵分两路：其第四混成旅团主力约 13000 余人，在旅团长伏见的率领下，于嘉义西部布袋嘴港登陆，沿海边直扑台南前侧；其第三旅团主力约 13000 人，由山口少将率领，在枋寮登陆，经凤山（今高雄县）向台南后背进击。海军配合陆军攻击安平、打狗等要港。

10 月 1 日，日军近卫师团攻击萧三发的队伍。萧三发率众力战，身负重伤。徐骧和简精华率义军鼎力相助，相持数日，最后义军弹尽粮绝，被迫后退。日军遂兵分 3 路南进。

5 日，王德标所部义军在西螺溪、中浮州等处迎击日军，接战不久，即经尧平退至斗六镇。6 日晨，日军进犯西螺镇，义军廖三聘在镇内坚持抵抗，与日军展开巷战。日军纵火围攻，义军败退，西螺镇失陷。7 日，日军相继占领斗南镇、土库庄，并向斗六镇发起攻击。义军兵单，主动撤退，斗六镇也于当日失陷，义军各部撤至大莆林。8 日，日军乘胜攻击大莆林。义军分路御敌，日军付出了很大代价，近卫师团第二旅团长山根少将身负重伤，不久死去。义军力量单薄，日军再次攻陷大莆林，直指嘉义。

2. 嘉义地雷战

8 日，日军兵临嘉义城下。早在日军到来之前，守将王德标与徐骧、林义成等商议，日军来势凶猛，无法硬拼，决定巧设地雷阵，以消耗敌人有生力量。他们事先在城外义军营地中埋设众多地雷，并进行伪装。布置停当，义军撤入城内，徐骧、林义成率部分义军埋伏营地两侧。当晚日军到来之时，义军放了一阵枪，佯装败退入城。日军以为义军退走，即占据义军营地宿营。

半夜，王德标派人潜至营地，点燃地雷药线，各处地雷连续爆炸，炸死炸伤日军700余人，能久亲王身受重伤，不久也死去，义军大胜。

9日，被激怒的日军集中炮火猛轰嘉义城，集中兵力向嘉义城发动总攻。徐骧登上城楼，持刀指挥作战。总兵柏正才、守备王德标以及义民领袖简精华父子均率部力战，双方伤亡惨重。义军首领柏正才、刘步升、杨文豹等人壮烈牺牲。午后，日军破西门，涌入城内。城内义军一面奋力抗击，一面夺路冲杀，冒着猛烈的炮火冲出重围，退至城外。嘉义县城失守，王德标和徐骧等退守曾文溪。

3. 保卫台南

正当嘉义保卫战激烈进行时，日本南进军司令官高岛鞆之助由基隆到达澎湖，部署近卫师团和第二师团水陆合攻台南。

10月10日，近卫师团由嘉义向台南进犯，第四旅团在布袋嘴登陆。11日，第三旅团在枋寮登陆，海军同时出动6艘军舰进攻打狗港。

在日军的三面围攻之下，形势对义军越发不利。义军经过4个多月的浴血奋战，伤亡严重，饷弹缺乏，孤军奋战，反割台斗争已处于十分危急的时刻。这时，曾严拒日军诱降的刘永福，也感到大势已去，开始动摇，通过英国驻台领事欧思讷向日军求和。日军认为胜利在握，拒绝了刘永福的要求。但是，广大爱国军民决心抗战到底，誓死不向侵略者低头。10月11日，日军近卫师团前锋抵近盐水港附近村落时，遭到义军袭击，伤亡10余人。18日，义军4000余人在李翊安的指挥下，与日军第四混成旅团的一个联队，在王爷头附近展开激战。义军以村落、民房和大堤为掩护，坚守阵地毫不退让。许多义军士兵，英勇战死在阵地前沿，就连日军也不得不称赞这些士兵，"其勇敢真值得赏叹，可称为中日战争以来未曾有的勇兵！"

15日，2000多名日军在吉野、秋津洲等6舰的掩护下，占领打狗港，立即进犯台南，沿途不断遭到义军的伏击。16日，日军一个骑兵队行至二层溪时，遭到义士郑清部700余人的袭击，被击毙骑兵10余人。20日，由布袋嘴登陆的日军一个联队，渡曾文溪犯东势寮庄。徐骧等率义军及高山族同胞700余人，在溪尾庄附近迎敌。这里距台南府城仅20公里，是府城外围的要地。日军集结大量兵力，义军与敌人展开了最后决战。日军依仗其精良装备和优势兵力，马步并进，义军官兵凭着爱国热情和民族义愤，毫不畏惧，在激烈的炮火中奋勇冲杀，终因力量悬殊而失败。徐骧中弹身亡，王德标、简精华下落不明。

徐骧，苗栗县庠生。甲午战前执教于头份庄。日军入侵台北，徐骧组织义军杀敌报国。先后驰骋在台北、台中、台南各战场。几乎每次重大战斗都有徐骧率领的义军参加，他在反对割让台湾的斗争中，立下不朽功勋，至今仍为人们所怀念。

当义军在曾文溪与日军决战之前，另外两路日军已进逼台南城下。刘永福部柯壬贵率部坚守，与敌血战。18日，刘永福集众会议，商战守计，未得结果。19日，日军大举进攻安平炮台，守军顽强抗击，毙伤敌数十人。入夜，日军攻城益急。刘永福违背自己的誓言，抛下正在与日军殊死搏斗的抗日军民，与随从10人，从安平乘英国商轮多利士号逃回厦门。

刘永福去后，台南城抗日武装失去指挥，顿时大乱。21日，日军攻入台南城。11月，日军占领台湾所有重要城镇，但是，台湾人民继续坚持游击战争达7年之久。

台湾军民抗击日寇入侵的作战，是甲午战争的继续。边场斗争虽然失败了，但其影响是深远的，意义是重大的。在整个抗战过程中，台湾人民空前广泛地动员起来，踊跃地参加抗日斗争，用鲜血写下了许多可歌可泣的英勇事迹。他们虽然缺少武器，没有外援。但有着宁死不屈的决心，充分利用有利条件，巧妙地打击敌人，将入侵台湾的两个师团日军困于有全台皆兵之势的猛烈的游击活动和疟疾之中。在4个多月的战斗中，日军付出了近卫师团长北白川宫能久亲王以下4800名死亡和27000名负伤的巨大代价，比日军在甲午战争中死伤的人数多了将近一倍。台湾军民用自己浴血奋战的事实，向全世界表明：台湾人民不可欺，中华民族不可侮。

帝国主义瓜分中国的狂潮

列强在华强占租借地和划分势力范围

1895年4月23日，俄、法、德三国干涉还辽成功，为帝国主义列强瓜分中国开了先河。甲午战争后，帝国主义列强在中国掀起了以强占租借地、划分势力范围为最高形式的瓜分狂潮。

最先起浪的就是德国和俄国。

中日战争结束后，德国以"干涉还辽有功"，向清政府提出租借胶州湾的要求，清政府深恐他国援例要索，没有同意。1897年11月1日，德国有2名传教士在山东曹州巨野被杀。德国以此为借口，派兵强占了胶州湾，清政府不敢下令反抗，便成了既成事实。1898年3月6日，李鸿章代表清政府与德国公使海靖签订了《胶澳租界条约》，内容为：德国租借胶州湾，租期99年，胶州湾沿岸100里内为"中立区"，德军可以自由出入等。通过这个条约，山东成了德国的势力范围。

俄国先是默认德国强占它原先驻过的胶州湾，然后武装占领了旅顺和大连，也向清政府提出"租借"等要求。清政府在沙俄的威胁利诱下，被迫于1898年3月27日派李鸿章、张荫桓与俄国公使巴希罗夫签订了《旅大租地条约》，内容为：俄国租借旅顺口和大连湾，租期25年，租借地及其海面附近的行政权完全由俄国管理，中国军队不得入内；租借地以北设立"中立区"，中国军队非经俄国允许也不得入内；俄国得在中东路某站修一铁路支线通往旅大（后定为哈尔滨至旅大）。这样，整个东北地区成了沙俄的势力范围。1899年俄国还把租界地改为了关东省。

法国更是趁火打劫。

早在1895年，法国就以"还辽有功"为借口，强占我国云南边境上的勐乌、乌得等地，并迫使清政府增开河口、思茅为商埠，攫得云南、两广优先开矿的权益。1897年，法国又迫使清政府声明不割让海南岛及对岸陆地于他国。德占胶州湾、俄占旅大后，1898年4月，法驻华使馆照会总理衙门，逼清政府承认不得将滇、桂、粤3省让与他国，中国邮政管理由法人充当，法国修筑滇越（昆明至越南）铁路，并要求租借广州湾。1899年11月10日，中法订立《广州湾租界条约》。法国借租广州湾的期限为99年，界内一切全归法国管理，并可修筑炮台，驻扎军队；法国可修筑广州湾赤坎至安铺的铁路。从此，云南及两广的大部分地区成了法国的势力范围。

英、日、美3国也不甘落后。

1898年2月，英国为保证它在长江流域的利益，硬逼清政府承认长江流域为英国的势力范围。同年4月，英国公使窦纳乐又借口北抗沙俄、南拒法国，向清政府提出租借威海卫和展拓九龙界址的要求。1898年6月9日和7月1日，清政府先后同英国签订《展拓香港界址条约》和《订租威海卫专条》。通过这两个条约，英国在广东取得九龙半岛及其附近岛屿包括大鹏湾和深圳湾在内的租借权，为期99年；在山东取得威海卫包括刘公岛及威海卫海湾中之群岛和沿海10英里陆地的租借权，为期25年。

日本虽已在中日海战中从中国攫取了大量利权，但仍不满足。1898年4月22日，日本驻华公使矢野向清政府发出照会，逼迫清政府声明不得将福建省内之地让与或租与别国，清政府随即同意。福建便成了日本的势力范围。

美国"门户开放"政策

当德、俄、法、英、日等国在中国以强占租借地为依托，划分势力范围时，美国正与西班牙交战，争夺古巴和菲律宾，一时无力插手中国事务，但仍关注着中国的动态。1898年3月，美驻华公使康格建议美国占领大沽口，以直隶作为本国的势力范围。美国海军部也企图租借三沙湾或舟山群岛，但均未得逞。1898年秋，美国取得美西战争的胜利后，为了在分割中国的争夺中保证美国也享有均等的权利，先后向各国提出所谓"门户开放"宣言。宣言内称各国在其势力范围内应承认下列原则：

第一，各国在中国的任何所谓"势力范围"或租借地内的任何既得利益，其他国家不得加以干涉。

第二，各国运往"势力范围"内各口岸的货物，均由中国政府按中国现行约定关税率征收税款。

第三，各国在"势力范围"内征收港口税和铁路运费时，不论何国应一律平等。

美国的"门户开放"政策是美国在承认各帝国主义列强在中国划定势力范围和既得利益的前提下，要求中国市场向全世界开放，美国要分享列强在华的一切侵略特权。俄、德、英、法、日6国为了消除彼此间的摩擦，基本上同意了美国的宣言。这样，帝国主义列强便在政治上达成共同侵略中国的协议，而且一直影响到新中国成立。

美国的"门户开放"宣言是以列强"均沾"中国权利为前提的，但美国在向6国发出照会的时候，根本就没有想到要征求清政府的同意，甚至连通知也没有。直到1899年11月，在清政府的询问下，美国国务卿海约翰才交了一封"私人函件"给中国驻美公使伍廷芳，而且警告清政府不得签订任何妨碍美国在华利益的条约。美国无视中国的主权达到了极其蛮横的地步。美国以一个"门户开放"宣言，获得对中国的全面渗透，成为一个大赢家，以致后来的在华势力和影响不断扩大，超过了其他列强。

甲午战后的三四年间，由于帝国主义的疯狂侵略，中国被分割成了一个个国中之国、一块块势力范围，主权遭到肆无忌惮的践踏，清政府仅在外国人的鼻息下苟延残喘，中国人民遭受的剥削和奴役深重，民族危机空前深重了。

列强对华资本输出

帝国主义列强争相在中国划分势力范围的同时，还激烈争夺向清政府进行政治贷款。《马关条约》规定中国对日赔款白银2亿两，以后为赎回辽东又追加3000万两。当时清政府每年财政收入仅8000万两，无力偿还如此巨额赔款，只能采取向外国借款的办法。列强就利用这一机会，争当中国的债主，以攫取更大的政治、经济特权。俄国首先承揽，它与法国合作，挤掉了英国和德国，争得了第一次借款权。1895年7月，《俄法洋款合同》签字，总额为4亿法郎，折银9800余万两，年息4厘，以海关收入为担保，分36年还清。俄、法通过这笔借款，得以插手中国的海关管理。英国见俄、法争先，也急于向清政府贷款，便和德国联合，与俄、法抗衡。经过一场激烈争夺，英、德集团取得第二次贷款权。1896年3月，《英德洋款合同》签字，总额为 1600 万英镑，折银 9700 余万两，年息 5 厘，以海关收入为担保，分 36 年还清。1898 年 3 月，英、德集团再次压倒俄、法集团，与清政府订立《续借英德洋款合同》，取得第三次贷款权。这次借款总额也是 1600 万英镑，折银 11200 余万两，年息 4.5 厘，分 45 年还清，以苏州、淞沪、九江、浙东等处货厘及宜昌、鄂岸盐厘为担保。

清政府这三次大借款，债额共计达白银 3 亿两，加上利息高达 7 亿两以上。而由于折扣，清政府实收不过 2.6 亿两，除偿付赔款外，所余 3000 万两均被贪污、中饱和滥用。这种高利贷剥削，大大加深了清政府对帝国主义的财政依赖。列强不但在经济上剥削中国人民，而且进一步在政治上控制了中国政权。

列强对华输出资本，除政治性贷款外，还争夺铁路投资权。甲午战后几年间，列强在中国夺取了长达 9000 多公里的铁路投资权和修筑权。

1897 年 7 月至 1898 年 6 月，俄、法集团以比利时银行团出面，取得芦汉铁路的投资、修筑和经营权，使俄国势力得以南下伸展到长江流域。英国为阻止俄、法侵入自己的势力范围，向清政府提出了修筑天津至镇江、山西经河南至长江沿岸、九龙至广州、浦口至信阳、苏州经杭州至宁波 5 条铁路的要求。由于德国的阻挠，清政府将津镇路问题搁下，其他完全接受。英国与德国在修筑津镇路的问题上经过了争夺和交易，最后达成协议：天津到山东南境的一段由德国修建，山东南境至镇江一段由英国修建，全线竣工后由两国共同经营。1899 年 5 月，英、德两国与清政府签订了《津镇铁路借款草合同》。美国也积极争夺铁路的投资权。1898 年 4 月，它获得了粤汉铁路的借款权和承筑权。

甲午战争后，帝国主义对华输出资本，还表现为在中国投资矿山和开办工厂。《马关条约》规定日本可在通商口岸投资设厂，列强按照"利益均沾"的原则，也都获得这一特权。从此，外国在华开办的工厂数量猛增，到 1900 年已从战前的 80 余家激增到 933 家。由于外资企业得以利用中国廉价的原料和劳动力，并免纳各种苛捐杂税，从而获得巨额利润。这一时期，帝国主义还加紧掠夺中国矿产。1896 年，美国首先与中国"合办"门头沟煤矿。以后，帝国主义在其修筑铁路的沿线也攫取了开矿权。至 1899 年，英国先后夺取了四川全省，山西盂县、平定、泽州、潞安，河南怀庆附近和黄河以北地区的矿产开采权，以及热河朝阳煤矿的开采权；沙俄获得中东铁路及其支路沿线的矿产开采权，还有新疆全省金矿的开采权；德国先后取得山东胶济铁路沿线和沂水、沂州、诸城、潍县、烟台等地的矿产开采权；法国先后取得四川灌县、犍为、威远、綦江、合州、巴县煤矿的开采权和四川金矿的开采权；美国先后夺取山西平定、盂县煤矿的开采权和四川麻哈金矿的开采权。这样，中国的矿产资源逐渐落入帝国主义列强之手。

与此同时，列强对华商品输出也在增长。中国对外贸易的入超日益严重。1890 年至 1894 年间，每年平均进口总值为 1.4 亿海关两，出口总值为 1 亿多海关两，入超额为 3000 多万海关两。1895 年至 1900 年间，每年平均进口总值为 2.1 亿海关两，出口总值为 1.5 亿海关两，入超额达 6000 多万海关两。在中国的出口货物中，几乎全是农产品和原料，除原来的茶、丝外，毛类、豆类等原料作物大量增加。在进口货物中，以棉布、棉纱、煤油、面粉、钢铁、杂货等日用工业品居多，很少有发展工矿企业生产用的机器设备。从进出口货物的种类上可以看出，帝国主义扩大对华贸易，是在掠夺中国，而不是让中国经济实现工业化。

戊戌变法运动的社会背景

民族资本主义的初步发展

中国民族资本主义工业产生于 19 世纪 70 年代，到了 19 世纪末年和 20 世纪初年，"中国民族资本主义便开始了初步的发展"。

商品市场和劳动力市场的进一步扩大，投资设厂有利可图，是民族资本主义工业初步发展的重要条件。中法、中日两次战争的失败，民族危机严重加深，刺激一些爱国人士把发展民族工业、采行"西法"作为挽救民族危亡的一种手段。同时在帝国主义对华大量输出资本的形势下，要求准许民间设厂的呼声日益强烈。1895 年 6 月，顺天府尹胡燏棻在《变法自强疏》里说："中国欲借官厂制器，虽百年亦终无起色。必须准各省广开民厂，令民间自为讲求。"康有为在《公车上书》和其后几次《上皇帝书》里，都提出奖励、保护民间兴办企业的要求。此外，清政府面对外国资本大量倾入的压力，也不能不考虑对民族资本作一定的让步。1895 年 6 月 5 日，清政府以"电旨"方式"饬令招商，多设织布、纺绸等局，广为制造"。这项被迫而采取的新措施，为民族资本主义工业的发展提供了某些条件。

根据不完全统计，1895—1900 年间创办的资本万元以上的企业共有 104 家，资本总额估计为 2300 多万元。这 6 年兴办的厂矿家数略等于甲午战前 20 多年的总和，从资本总计来看，则超过了甲午战前的累计。其中 1896—1898 年 3 年间投资家数较多，似乎出现了一个兴办企业的小小浪潮。

1895 年，在上海设立的私营企业有：裕晋纱厂、大纯纱厂；1895—1896 年在上海出现信昌、祥兴、永泰等缫丝厂；在广东顺德陆续出现 11 个丝厂。1896 年宁波有通久源纱厂（由李鸿章幕僚严信厚创办，主要投资者为上海、宁波两地绅商），1897 年无锡有业勤纱厂（由杨氏兄弟——杨宗濂、杨宗瀚创办，内有江苏省积谷公款 10 万两），苏州有苏纶纱厂，杭州有通益公纱厂，汉口有燮昌火柴厂，上海有商务印书馆。1898 年上海有源昌碾米厂、上海自来火厂，天津有北洋硝皮厂。此外，1896 年广州机粉厂、1897 年芜湖益新面粉厂、1898 年广东北海煤矿、1899 年南通大生纱厂等也投入生产。大生纱厂创办人张謇，42 考取状元后，转向实业。大生纱厂压价收棉，抬价销纱，又用压低工资等办法剥削来自四乡的工人，发家很快。20 世纪初年，张謇为了使大生企业自成系统，互为支持，他陆续办起崇明久隆镇大生二厂，以及其他南通广生油厂、南通复新面粉厂、通海垦牧公司、南通资生铁冶厂、大达轮埠公司、南通大隆蜡皂厂等18 个厂、栈、公司。20 世纪初年，大生企业在"沪上纺纱各厂无不亏本"的情形下，每年可赚净利 30、40 万两左右。

　　这一时期，各地兴办工业的情况，张之洞 1897 年 4 月的奏折有所反映："数年以来，江浙、湖北等省陆续添设纺纱、缲丝、烘茧各厂 30 家。此外机造之货，苏沪江宁等处，有购机制造洋酒、洋蜡、火柴、碾米、自来火者。江西亦有用西法养蚕缲丝之请，陕西现已集股开设机器纺织局，已遣人来鄂考求工作之法。四川已购机创设煤油，并议立洋蜡公司。山西亦集股兴办煤矿，开设商务公司。至于广东海邦，十年前即有土丝洋纸等机器制造之货，近年新增必更不少。天津、烟台更可类推。湖南、湖北两省，已均有购机造火柴及榨油者，湖北现已学得机器造塞门德士之法，正在督饬税务司劝谕华商兴办。湖南诸绅，现已设立宝善公司，集有多股，筹议各种机器制造工货之法，规模颇盛。"民族工业的发展，主要是在轻工业方面，而它的主流是纺织业。民族工业主要集中在沿海沿江附近，资力薄弱，规模不大，受帝国主义种种压迫和封建势力严重束缚，发展极为困难。进口的洋货照缴 7.5% 的正税和子口税，就可以到处畅行无阻，而国货则要逢关纳税，过卡抽厘。不少企业开办不久，"有歇业者，有推押与洋商者"，无法摆脱倒闭的命运！

　　随着民族资本主义的初步发展，民族资产阶级也发展起来了。由官僚、地主、富商转化而来的资本家是民族资产阶级的上层；由普通商人及手工业场主转化而来的资本家是民族资产阶级的下层。民族资产阶级的上层这时发展较快，他们拥有雄厚的资本，社会影响也大，其两面性特点比较显著。但在中国处于被瓜分危机的情况下，他们也感受到帝国主义、封建主义的很大压力。他们在经济上要求发展资本主义工商业，在政治上要求掌握一定的权力，因此迫切希望进行一些有利于他们的社会改革。

　　甲午战争后，改良主义思想家们受瓜分危机的刺激，要求变法图强，挽救国家危亡的呼声很高。他们在实际活动中逐步形成了一个政治派别。这个政治派别反映了民族资产阶级上层的利益和愿望。他们企图在不推翻封建统治的前提下，自上而下地实行有利于国家独立富强和发展资本主义的措施，所以被称为资产阶级改良派，他们的变法维新活动被称为改良主义政治运动。

民族资本主义初步发展的局限性

从商品市场的状况来看，容易使人了解这时民族工业发展的局限性。以棉纱为例：1894—1898 年长江中上游 7 个口岸（重庆、宜昌、沙市、长沙、岳州、九江、芜湖），洋纱输入量每年平均 21 万担，而国产纱每年平均 3 万余担，占输入净量的 13.6%。同一时期，华北 4 个口岸（天津、芝罘、胶州、秦皇岛），洋纱输入量每年平均 31 万多担，而国产纱每年平均为 2 万担，只占输入净量的 6.3%。这个统计虽不十分准确，但它可以说明华中华北两个市场洋纱占据绝对优势，国产纱的销量较小。

中国民族工业初步发展是艰辛而缓慢的。19 世纪末年，中国民族工业还只是封建经济汪洋大海中的一些小岛。当时，民族资产阶级中较有力量的是刚从商人、地主和官僚转化而来的那部分，他们属于民族资产阶级的上层。民族资产阶级上层同帝国主义和封建主义保持着较多的联系，比起从手工业作坊主、中小商人上升的资产阶级中下层带有更大的软弱性和妥协性，资产阶级维新派就是这部分人在政治上的代表。他们企图采取不流血的和平手段，自上而下改革，通过君主立宪的道路，刷新内政，抵制外侮，把古老中国逐步变成一个资本主义国家。20 世纪初年，原来普通工商业者力量壮大起来，形成民族资产阶级的中下层。他们同帝国主义和封建势力的关系比较淡薄，挽救民族危亡和要求推翻清政府的主张比较迫切，建立资产阶级民主共和国成为理想目标。由于民族资产阶级内部阶层的区分，构成君主立宪和民主立宪、维新和革命两个派别的分野。19 世纪末年，民族资产阶级上层比起形成过程中的中下层较有力量，戊戌维新是它在政治上能动作用的明显反映。

早期的维新思想

马建忠对洋务运动的批评

19 世纪 70 年代，在一些官僚和地主阶级知识分子当中，出现一种思想动向。这种思想带有资产阶级维新的性质。到 80 年代，这种思想逐渐引起人们的注意，在社会生活中发生了显著的影响。

这种维新思想是在外国侵略越来越深入的情况下产生和发展起来的。70年代，具有维新思想的人，多半与洋务派官僚有联系，但是他们认为洋务活动不能使中国富强，要求发展资本主义工商业。

王韬（著有《弢园文录外编》）、薛福成（著有《筹洋刍议》）、马建忠（著有《适可斋记言记行》）是这个时期维新派的代表人物。他们看到洋务派搞的洋务活动不能挽救清朝统治，也不能使中国富强起来，对洋务活动进行批评，要求发展民族工商业。他们的思想变化以马建忠最典型。

马建忠（1845—1900年）江苏丹徒县人，"初学举业，后改习洋务"，在上海学会英文和法文，1876年随郭嵩焘出使英国充翻译，后来入法国巴黎大学读书，学习勤奋，考得文科、理科、法律、政治、外文各科学位，回国后清廷授予道员虚衔，入李鸿章幕府充幕僚，协助李鸿章办理外交。

马建忠在巴黎学习期间，基于他对英、法等资本主义国家的了解，深感洋务活动不能使中国富强，认为必须改弦更张。1877年，马建忠写信给李鸿章说："窃念忠此次来欧一载有余，初到之时，以为欧洲各国富强专在制造之精，兵纪之严；及披其律例，考其文事，而知其讲富者以护商会为本，求强者以得民心为要。护商会而赋税可加，则盖藏自足；得民心则忠爱倍切，而敌忾可期。他如学校建而智士日多，议院立而下情可达，其制造、军旅、水师诸大端，皆其末焉者也。"马建忠不敢对洋务活动明目张胆地批评，只是以汇报思想变化的形式曲折地谈了自己对洋务活动的看法。富强之本在于"护商会""得民心"，单讲洋枪、洋炮、新式军队，是本末倒置。这种思想反映了他与洋务派产生了根本分歧。

马建忠还指出不平等条约对中国主权的危害，"查中外交涉以来，西人两次构衅，藉势凭陵，乘我仓猝之时，要我立约，篇帙数十页，条议数十款，无非藉此取益。故领事则优如公使，税则则轻于各国"。更进一步指出不平等条约中有关税则影响国内民族工商业发展，"当时（1860年）英、法与中国立约，岂非欺我不知，以与我争利！且又续许各口运行土货，止纳半税，并无旗号、口岸各捐各目，是利源尽为所夺矣，数十年吸中国之膏血，官商贫富无不仰屋而嗟。"他针对当时英、法、德国要求清朝督抚对领事行文不得用札文及洋货入"内地科征"（即免内地厘金），提出领事至华得清朝皇帝"批准方可任事"，则督抚行文改用"照会"，领事对督抚仍用"申陈"，而"更定中国增税之章，以与厘金相抵"的对策，并建议清廷"乘其欲免厘金，许我加税之机，仿照各国通商章程，择其可加者加之，以与厘捐相抵，然后将厘卡尽行裁撤，省国家之经费，裕我库储，便商贾之往来，苏其隐困"。加关税，撤厘卡，"便商贾之往来"，反映了发生时期幼弱的民族资产阶级的要求。

1890年马建忠写出《富民说》，标志着他的维新思想正式进入形成时期。他在《富民说》中进一步批评了洋务派的洋务活动，系统地阐述了他的维新思想，及发展民族工商业的主张。他说："治国以富强为本，而求强以致富为先。……欲中国之富，莫若使出口货多，进口货少。出口货多，则已散之财可复聚；进口货少，则未散之财不复散。其或散而未易聚也，莫若采取矿山自有之财。采取矿山自有之财，则工役之散不出中国，宝藏之聚无待外求，而以权百货进出之盈虚，自无不足矣！"他在进一步阐述他的观点时说，如何使中国货出口多呢？"则在精求中国固有之货，令其畅销也。"主张奖励发展丝茶生产，并采取轻税政策；如何使外国货进口少呢？"则在仿造外洋之货敌其销路也。"主张发展机器织布局。他批评李鸿章于1879年筹设织布局，"乃事隔十年，仍未奏效……今则重为整顿，十年之内不许他人再设织局，而所设织机不过二三百张，每日开织祇五六百匹，岁得十八万匹，仅当进口洋布八十分之一耳。则十年之间所夺洋人之利，奚啻九牛之一毛哉！又况织布机器费用浩大，少织则费重而本有所亏，多织则费减而利可稳获。拟请将原设织局扩充资本，或再立新局，务使每年所织之布匹足敌进口十分之一，方足为收回利权之善策。……要使中国多出一分之货，外洋即少获一分之利，而中国工商转多得一分之生计"。如何能使财常聚而不虞其散呢？"则在开矿山自有之财也"。主张发展矿冶业，开采煤铁金银各矿。为了使中国富强，发展民族工商业，他建议清廷略仿西方各国设立商务衙门统筹工商业，"若金矿，若织布，若丝茶，先易后难，次第分办。其办理之法，总以商人纠股设立公司为根本"。最后，他说："如是数年之间，即可转贫民为富民，民富而国自强。"《富民说》无疑是反映了发展中的民族资产阶级的经济要求。

马建忠的维新思想仅仅谈到发展资本主义工商业问题，未涉及政治改革。另外他虽主张修改不平等条约，但并不坚决，"即所议不洽，亦不过仍守旧章"。

1894年后马建忠离开北洋，回上海从事著述工作。他参照英、法文文法，用周、秦以后至唐代韩愈以前的诸家文字为例，分析词类，编辑了一本汉文文法——《马氏文通》，是为汉文文法第一本著作，于1898年出版。

郑观应等主张君主立宪

中法战争以后，洋务活动初步破产，人们对洋务活动产生怀疑，要寻找新的出路。这时具有这种维新思想的人增多了，这些人不少是中小官僚和地主阶级知识分子，还有投资新式企业的资产阶级分子。他们批评洋务活动，不满意清政府妨碍资本主义发展的政策，并提出政治改革的要求。

这个时期维新派代表人物有郑观应（著有《盛世危言》）、陈虬（著有《救时要议》《经世博议》）、陈炽（著有《庸书》）、何启、胡礼垣（合著《新政真诠》），他们的思想倾向是一致的，限于篇幅不能一一叙述，这里仅介绍比较完整的郑观应思想，以见一斑。

郑观应（1842—1921年），广东香山县人，"庚申（1860年）之变，目击时艰，遂弃举业，学西人语言文学，隐于商"。任过英人宝顺及太古轮船公司买办，后来又与洋人创办公正轮船公司及各口揽载行，还协助过李鸿章办理轮船招商局事务，所以他对西方政教和洋务活动得失有自己的看法。郑观应"涉重洋，日与彼都人士交接，察其习尚，访其政教，考其风俗利病得失盛衰之由，乃知其治乱之源，富强之本，不尽在船坚炮利。而在议院上下同心，教养得法，兴学校，广书院，重技艺，别考课，使人尽其才。讲农学，利水道，化瘠土为良田，使地尽其利。造铁路，设电线，薄税敛，保商务，使货畅其流"。随后他又引用张树声对洋务活动的批评，进一步表达自己对洋务的看法和自己的政治见解。"善夫张靖达公云：西人立国，具有本末，虽礼乐教化，远逊中华，然驯致富强，亦具有体用，育才于学堂，论政于议院，君民一体，上下同心，移实而戒虚，谋定而后动，此其体也。轮船火炮，洋枪水雷，铁路铁线，此其用也。中国遗其体而求其用，无论竭蹶步趋，常不相及，就令铁舰成行，铁路四达，果足恃欤"！他批评洋务派对西方学习"遗其体而求其用"，主张在中国实行议院政治。

郑观应还进一步谈到实行议院政治的必要性，"苟欲安内攘外，君国子民，持公法以保太平之局，其必自设立议院始矣。"

郑观应批评美法等资产阶级民主国家的议院，"或民权过重""或不免有叫嚣之风"，而"适中经久者，则莫如英、德两国议院之制"；他认为"君主者权偏于上，民主者权偏于下，君民共主者权得其平"。他热衷于英、德两国那样的君主立宪政治，想在封建地主阶级政权的基础上，来谋求地主阶级与资产阶级的妥协，企图不经过革命流血的斗争，使绅商们获得一定的政治权利。这种主张却不自觉地反映资产阶级要求有限度的自由民主的思想，在融解封建专制主义的冰层这一点上自有它的进步意义。但是，君主立宪政体主张，还是要维护清朝的统治。

在经济上，郑观应提出"欲制西人以自强，莫如振兴商务"的主张，建议清廷设立商部，南北洋分设商务局，各地设立商会，习商战，奖励出口，实行保护本国工商业的关税政策；他后来反对"官督商办"，"名为保商实剥商，官督商办势如虎"，要求清廷准许民间或自办，或集股兴办铁路、轮舟、开矿、种植、纺织等企业；他还建议清廷派人出国考察树艺、农桑、养蚕、牧畜、机器耕种等，回国后改进农副业生产。这些无疑是有利于发展民族工商业的。

在外交上，郑观应主张依照国际公法，将中国与帝国主义所签订的不平等条约有关协定关税、领事裁判权、片面最惠国待遇等规定进行修改，或废除，以达到民族独立、国家富强，使中国资本主义获得自由发展的目的。

在文化教育上，郑观应认为八股试帖不切时用，使人"汩没性灵，虚费时日，率天下而入于无用之地"，希望代之以格致科学。他建议清廷实行武科、文科并举，另立一科专试西学；于州县设立小学，省会设立中学，京师设立大学，翻译西方各国有用书籍，"颁行天下各书院，俾人人得而学之。"

这些主张有利于培养人才及资产阶级知识分子参加政权。

郑观应的维新思想较马建忠维新思想完整、系统化，特别是有关议院政治问题，马建忠看到西方议院政治优于君主专制制度，但他缺乏实行议院政治的强烈要求；而郑观应基于本身阶级立场，对西方各国议院政治有区别比较，认为英、德君主立宪政体较好，故希望中国实行君民共主的君主立宪政体。这一变化与国内资本主义发展和阶级力量对比有关系。中法战后，资本主义工商业有了一定的发展，资产阶级有了参加政权的要求。虽然洋务运动开始破产，但封建统治阶级中又分化出来一批人继续搞洋务运动。而在这时张树声提出"采西人之体，以行其用"，即向西方学习的建议。郑观应提出"君民共主"问题，比他明确得多。

郑观应的维新思想中仍然含有对封建统治者、帝国主义的依赖和幻想成分。如发展商务和进行商战依靠官权的护持。又如对帝国主义认识不足，幻想得到某些帝国主义支持。

康有为的"公车上书"

19 世纪 90 年代以后，随着民族危机的空前严重和民族资本主义的初步发展，七八十年代以来在少数先进知识分子中流传着的改良主义思想，在这时逐渐形成了一股改良主义思潮。当时，资产阶级的思想家们看到洋务运动的弊病，感到封建政权的腐朽，因而主张学习西方资本主义，进行社会改革。他们从西方资产阶级革命时代的武器库中，借取了进化论等思想武器，猛烈抨击"恪守祖训"的封建顽固派，也严厉批判了只主张学习西方资本主义皮毛而反对学习西方政治制度的洋务派，大力宣传只有变地主阶级之法，维资产阶级之新，走西方资本主义国家的道路，才能使国家富强起来，以挽救迫在眉睫的瓜分危机。在他们的宣传鼓动下，这种改良主义思想得到了广泛的传播，吸引了许多爱国的知识分子。越来越多的人看清了顽固派和洋务派反对革新、卖国投降的反动嘴脸，举起了"变法维新"的旗帜，向封建制度展开了进攻，并在 1898 年发展成为有理论、有纲领的救亡爱国的政治运动。因为 1898 年是中国农历戊戌年，所以又称之为戊戌变法或戊戌维新。康有为就是这次政治运动的主要领导者。

康有为（1858—1927 年），字广厦，号长素，广东南海县人。出身"三世之为士"的没落官僚地主家庭，早年受过严格的封建传统教育，青年时代去过北京、上海等地，浏览外国书报的译本。他从中国早期改良主义者和外国传教士的译著中，接触了不少西方社会政治学说和自然科学知识，认识到中国封建社会的落后。中法战争的失败，更给他以强烈刺激，由对传统的封建学术、思想发生怀疑，苦闷彷徨，逐渐转到"讲求西学"和要求改革现状方面来。1888 年，他参加顺天府乡试，没有录取。他写了一封 5000 字的上皇帝书，向清朝封建统治者大声疾呼："强邻四逼于外，奸民蓄乱于内，一旦有变，其何以支"？他详细陈述了中国变法图强的必要性和紧迫性，指出如果继续因循守旧，不但沙俄等列强会步步进逼，而且像太平天国那样的革命将会再次爆发，要求皇帝赶紧"变成法，通下情，慎左右"，以挽救危局。这次上书虽然还没有涉及变法的具体方案，但对变法前途却充满了信心。他强调中国如果真能变法维新，10 年之内"富强可致"，30 年即可"雪耻"。这是康有为把酝酿已久的变法思想，变为正式建议的开端。

这封上皇帝书，由于顽固派的阻挠没有递上去，但却在一些具有维新思想的爱国人士中辗转传诵，产生了一定的社会影响。康有为也因这次上书渐渐有了名气。他于 1891 年回到广东，在广州设立"万木草堂"学馆，招收学生讲学，培养维新骨干。梁启超、陈千秋、麦孟华、徐勤等人，就在这时拜康有为为师，后来成为变法维新运动的骨干力量。康有为在"万木草堂"讲学的同时，先后写成了《新学伪经考》和《孔子改制考》两部著作，提出了变法维新的理论根据。

《新学伪经考》于 1891 年刊行。在这部著作里，康有为把西汉以来历代皇帝奉为经典的古文经书《周礼》《诗经》《书经》《左传》等，统统宣布为"伪经"，说这些书是刘歆为帮助王莽篡夺汉朝政权、建立新朝而伪造的，不是孔子的真经。康有为的这些论述虽然并不符合历史事实，但是它引导知识分子去怀疑曾被统治阶级认为神圣不可侵犯的古文"经典"，抨击了"恪守祖训"的顽固守旧思想。康有为的言行引起顽固派的痛恨。他们攻击《新学伪经考》"使五经去其四"，使学者几乎无可读之书。该书于 1894 年被给事中余联沅参劾毁版。康有为又写了《孔子改制考》一书，着重宣传了他的托古改制的思想。他说孔子的《六经》是孔子为了改变当时的社会状况，把自己的主张假托古圣王的言论写出来的。康有为打着孔子的旗帜，力图表明自己所提出的变法维新主张是合乎先王之道的。但"托古改制"说同样触犯了封建势力。顽固派攻击康有为表面推崇孔教，实则自申其改制主义，咒骂他"灭圣经""乱成宪"，要求毁他的书，杀他的头。

康有为这时还写了《人类公理》，就是后来《大同书》的初稿。这部书在戊戌变法时期并没有公开发表，但辗转传抄，影响同样很大。康有为在这部书里，描绘出一幅"无私产，无阶级，无家族，无邦国，无帝王，人人相亲，人人平等"的"大同"世界。然而，由于资产阶级的软弱性和妥协性，康有为只是幻想通过改良主义道路来调和阶级矛盾，让各阶级不经过革命流血而携手走向"至善至美"的"大同世界"，这当然是办不到的。

康有为的《新学伪经考》《孔子改制考》的问世，对当时思想界震动很大。梁启超曾说：如果把《新学伪经考》比为"思想界之一大飓风"，那么《孔子改制考》便如同"火山喷火"。康有为就是通过这两部书，用西方资产阶级的进化论、天赋人权和自由平等的学说作武器，有力地冲击了顽固守旧势力，奠定了资产阶级改良派进行变法维新的理论基础，成为当时向西方寻找真理的先进中国人之一。从此，康有为在资产阶级知识分子和比较开明的封建士大夫中赢得了越来越高的声望，变法维新的宣传和组织活动也迅速展开。

光绪二十一年（1895 年）康有为、梁启超在北京联合应试举人给光绪皇帝上书请愿。汉朝时用地方举孝廉的办法征用士人，凡被举孝，政府用公车接送入京，后人用"公车"作为入京应试举人的代称。正在北京参加会试的各省举人，得知清政府与日本签订《马关条约》的消息义愤填膺。康有为发动广东、湖南举人签名，于 3 月 28 日呈上一封《上皇帝书》，表示坚决反对签约。接着 18 省举人在松筠庵集会，决定联名上书皇帝，推康有为代为起草。康有为连夜起草了一份万余言的上皇帝书。各省举人 600 多名在万言书上签名通过。在这份上书中，康有为以极其悲愤的心情，痛陈《马关条约》的严重危害，强烈主张"拒和、迁都、变法"，建议皇帝"下诏鼓天下之气，迁都定天下之本，练兵强天下之势，变法成天下之治"。前三项为"权宜应敌之谋，非立国自强之策"，而变通旧法，才是"自强之策"，于是提出富国之法、养民之法和教民之法三项变法主张。又建议裁撤冗员，紧缩机构，澄清吏治，改革官制。于每十万户举出"博古今、通中外、明政体、方正直言之士为'议郎'，供皇帝咨询""并准其随时请对，上驳诏书，下达民词""凡内外兴革大政，筹饷事宜，皆令会议于太和门"，所有人员，岁一更换，"若民心推服"，可继续任用。总之，上书的内容既包括了发展资本主义的经济要求，也包括了实行君主立宪的政治要求。这次上书虽被都察院拒绝，未达光绪皇帝手中，但其全文已辗转传诵，风行一时，上海、广州等地还特地为此刊印《公车上书记》，广事宣传。各省举人回到本省，也多少传播了这种言论，从而扩大了变法维新思想的影响，要求变法的呼声越来越高。

康有为组织强学会

"公车上书"后不久，康有为就考中进士，授工部主事。这对于他的政治活动更加有利。同年 5 月和 6 月，他又连续两次上书，作为"公车上书"的补充。其中除删去拒和、迁都的建议并反复强调必须赶紧变法的道理外，还提出了"设议院以通下情"的建议，从正面论证了设立议院的必要性。这是维新派向封建统治阶级明确提出分享政权的首次尝试。他为了避免封建顽固势力的反对，特别是为了消除光绪帝的顾虑，曾一再解释召开议院并不损害"君上之权"，他说："会议之上，仍取上裁，不过达聪明目，集思广益，稍输下情,以便筹饷。用人之权,本不属是,乃使上德之宣,何有上权之损哉?"这样,就把议院变成了咨询机关,再一次反映了资产阶级改良派在政治上的软弱。第三封上书递到了光绪帝手里。光绪帝读后,感到康有为的变法主张,有利于巩固他的统治地位,因此非常重视,命令誊抄4份,分送慈禧、军机处和各省督抚。这是维新派取得光绪帝支持的开始。

光绪帝对变法主张的重视,给维新派带来了很大希望。然而,清朝统治阶级内部派系重重,充满矛盾。光绪帝和他的亲信官僚并不掌握清政府的实权,而把持中央和地方实权的慈禧集团,是一批对外投降、对内反对革新,极力维护旧制度的顽固派和洋务派。光绪帝不甘心处于无权的傀儡地位,企图利用某些改革,从慈禧集团手中夺取统治大权。尽管光绪帝他们对维新派的主张并不完全赞同,对"民权"思想尤为反感,但为夺取政治权力,光绪帝的师傅、协办大学士、户部尚书翁同龢不惜降低身份,去访问小小的工部主事康有为,使康受宠若惊。此后,康、翁接触频繁。维新派开始把光绪帝的亲信引为靠山,进一步加深了依靠皇帝和王公大臣实现变法维新的幻想,说什么"变法本原,非自京师始,非自王公大臣始不可",完全脱离广大人民群众。

为了争取更多的士大夫和知识分子参加变法维新运动,康有为等人在上书皇帝和联络王公大臣的同时,还以北京、上海、湖南、广东、天津为中心,创办报刊,组织学会,开办学堂,大力宣传维新思想,大造变法图强舆论。变法维新运动逐渐高涨。

在北京,康有为于1895年7月创办《中外纪闻》,由梁启超等人编辑撰稿,宣传西学,鼓吹变法。《中外纪闻》开始每期印1000份,随当时专载诏书、奏章的《邸报》,附送给北京的官员们看,不收报费。后来印数每期增至3000份,一时在朝廷内外很有影响。8月,在康有为、梁启超等人的奔走和推动下,由翰林院侍读学士文廷式出面组织"强学会",推陈炽为会长,梁启超为书记员。陈炽是具有维新思想的官吏,当时任户部主事,甲午战前就写过宣传变法维新的著作,有一定的社会影响。强学会每10天集会一次,每次都有人讲"中国自强之学"。康有为还亲自写了《强学会叙》,指出中国形势危急犹如"寝于火薪之上""俄北瞰,英西睒,法南瞬,日东眈,处四强邻之中而为中国,岌岌哉"!呼吁封建官僚和士大夫们起来挽救民族危亡,团结和影响了不少爱国官吏和知识分子。

在维新声势初步高涨的时刻,一些反动的军阀官僚也混进强学会进行投机。例如在天津小站练兵的袁世凯参加了强学会,洋务派大官僚、署两江总督张之洞也捐款给强学会作经费,甚至连李鸿章也想捐银入会,只因名声太臭而被拒绝。英、美等帝国主义分子也想乘机捞一把,他们打着赞助中国变法维新的幌子，极力对中国资产阶级改良派施加影响。早在 1887 年，他们就在上海成立文化侵略机构"广学会"，它一方面宣传宗教，一方面宣传"变法"，并迎合当时中国知识分子要求新知识的迫切愿望，有选择地介绍一些西方书籍，力图从思想上影响改良派。甲午战争后，披着宗教外衣的英、美侵略分子李提摩太、李佳白、毕德格、林乐知等人纷纷赶到北京打入强学会，甚至英国当时驻华公使欧格纳也亲自参加，并捐助图书。表面看来，他们对中国的变法运动很热心，李提摩太还在这时向光绪帝提出了名为《新政策》的长篇意见书。但实际上，他们是要变中国为帝国主义的殖民地。维新派希望通过自上而下的变法维新，参与政权，使中国走上独立富强的资本主义道路；而英、美帝国主义分子却倡导适应帝国主义侵略秩序的某些改革，阴谋把中国推入殖民地的陷阱。维新派反对中国的封建君主专制，要求学习西方资产阶级的民主制度；而英、美帝国主义分子却公开为中国的封建君主专制辩护，反对中国学习西方资产阶级民主，说什么："中国立南北直省，环拱京师，外而督抚将军，内而阁部大臣，俱有专司，以上承天子，意美法良，诚不必如泰西君民共主，政多纷更也。"维新派希望通过变法参与政权，而英、美帝国主义分子却阴谋通过"赞助"变法控制中国。李提摩太在《新政策》最后《目前应办之事》项下，列举 9 项，其中 8 项都提出要在政府各部门中任用西人，企图囊括中国国家主权。他还建议设立"新政部"，作为推行"新政"的领导机关。内设总管 8 人，其中 4 人要由臭名昭著的赫德、艾迪斯、科士达、德鲁等侵略分子担任。这无疑是要在中国建立它们的殖民统治。李提摩太的阴谋虽然没有得逞，但却助长了维新派对英、美帝国主义的幻想，竟然把这批伪装支持变法的侵略分子"视为同志"，来往密切，还希望同他们合作，共同推动变法维新运动的发展。

维新派在北京的活动，遭到封建顽固势力的无耻迫害。强学会成立不久，慈禧反动集团就暗中破坏，散布流言，准备反扑。同年 11 月，康有为迫于形势，留梁启超在京坚持工作，自己离京南下，在上海成立强学分会，并于 1896 年 1 月出版《强学报》，将东南一带的维新派团结组织起来。强学会由北京发展到上海，虽然其中混进了一些标榜维新的反动人物，但主要力量仍是维新派。变法维新的声势愈来愈大，顽固派再也按捺不住了，李鸿章指使其亲家、御史杨崇伊弹劾强学会"植党营私"，攻击《中外纪闻》鼓吹西学，背叛"圣教"，请求严禁。北京强学会随即被查封，《中外纪闻》也被禁止发行。这时，署两江总督张之洞见风转舵，跟着查封了上海强学会和《强学报》。不久，李鸿章又授意杨崇伊弹劾强学会发起人文廷式"互相标榜，议论时政"，文廷式亦被革职。从此，顽固派与维新派的斗争更加激烈起来。

强学会被迫解散以后，维新派没有气馁，仍继续宣传自己的政治主张。

维新运动在全国各地不断发展。经过翁同龢的活动，在北京强学会的旧址设立官书局，每月经费 1000 两，任务是翻译外国新书和报刊文章。维新派又在上海创办《时务报》（旬刊），邀请梁启超去上海担任主编。1896 年 8 月，《时务报》开始发行。

梁启超主办《时务报》

梁启超（1873—1929 年），字卓如，号任公，广东新会人，出身于封建官僚地主家庭，变法维新运动中著名的政论家和宣传鼓动家。他在主编《时务报》期间，以通俗、流畅、新颖而又犀利的文字，写出了《变法通议》《论中国积弱由于防弊》《论君政民政相嬗之理》《说群》等一系列鼓吹变法的论文，较系统地宣传了变法维新的理论，明确提出中国要变法图强，必须学习西方资本主义国家的政治制度和文化教育制度，受到当时知识界的热烈欢迎。特别是他宣传的"民权论"，对当时影响很大。梁启超根据西方资产阶级的议会制度和民权学说，明确指出国家不是"君相之私产"，而是"国民之公器"，有力地驳斥了"唯天子受命于天，天下受命于天子"的儒家信条。他把历代专制帝王斥之为"民贼"，断定"君权日益尊，民权日益衰，为中国致弱之根原"，呼吁"伸民权""设议院"，实行君主立宪，并强调这是变法维新中最根本的问题，是医治中国贫弱的灵丹妙药。他满怀信心地说："西人百年以来，民气大伸，遂尔浡兴，中国苟自今日昌明期义，则数十年其强亦与西国同，在此百年内进于文明耳。"梁启超这种对封建专制制度的大胆抨击，对西方资本主义制度的歌颂和向往，对当时的爱国知识分子有很大的感染力。《时务报》成为当时维新派的主要喉舌，几个月之间销数增加到一万多份，"为中国有报以来所未有"。在它的影响下，上海及附近地区出版报刊数十种，维新思想大为活跃。

当北京、上海的变法维新活动进入高潮的时候，湖南也迅速行动起来，并成为当时全国最富有朝气的一省。这是和谭嗣同等人的积极倡导分不开的。

谭嗣同创立南学会

谭嗣同（1865—1898 年），字复生，号壮飞，湖南浏阳人，出身官僚地主家庭。少年时代曾随浏阳著名学者欧阳中鹄学习和钻研王夫之的著作。青年时代游历南北各省，远到甘肃、新疆等地，目睹国家和人民的灾难，促使他思想发生巨大变化。梁启超说他"甲午战事后，益发愤提倡新学"。谭嗣同胸襟开阔，对新事物感觉敏锐，阅读过一些翻译的有关自然科学书籍，有助于他批判"俗学陋儒"。1895 年，他在湖南听到北京强学会活动的消息，决心投奔京师。

1896 年春，他到北京结识了梁启超等知名人士，更加积极地投入到变法救亡的斗争中去。谭嗣同写了不少宣传变法的文章和演讲稿,并于1897年1月完成了他的主要哲学著作《仁学》,系统地阐述了他自己的哲学观点和社会政治思想。就在这本书中,谭嗣同对封建制度作了比较深刻的批判,提出"冲决"纲常名教的封建"网罗",矛头直指君主专制制度,是当时维新派中最激进的一个。他不顾"非圣无法"的压力,大胆揭露维护封建统治秩序的纲常名教的虚伪性,愤慨地指出:"俗学陋行,动言名教,敬若天命而不敢渝,畏若国宪而不敢议。嗟呼!以名为教,则其教已为实之宾,而绝非实也。又况名者,由人创造,上以制其下,而不能不奉之;则数千年来,三纲五伦之惨祸烈毒,由是酷焉矣。"不仅如此,谭嗣同还代表了民族资产阶级的政治利益,对"三纲"中的"君为臣纲"进行了激烈的抨击。他说:"二千年来君臣一伦,尤为黑暗否塞,无复人理,沿及今兹,方愈剧矣。"在这里,谭嗣同不但一般地批判两千年来的封建专制,而且把攻击的重点放在"今兹"的清朝反动统治阶级。他认为:清朝的统治不仅如"黑暗地狱",罪恶重于前朝,而且坐视迫在眉睫的亡国之祸不思变革,顽固地维护旧制度,实在是"滋人愤懑",无法容忍。谭嗣同这些"冲决网罗"的激烈言论,特别是他敢于批判清朝反动统治者的鲜明态度,正是他比康有为、梁启超等人激进的地方。

谭嗣同在揭露清朝反动统治者恣意屠杀人民和出卖国家领土的种种罪行的同时,还对广大人民不堪压迫奋起反抗表示了一定程度的同情。他评论太平天国革命时说,"洪、杨之徒,若干君官,铤而走险,其情良足悯焉";又对镇压太平天国的刽子手曾国藩及其反动湘军,表示痛恨。他大声疾呼:"志士仁人求为陈涉、杨玄感,以供圣人之驱除,死无憾焉。"这些大胆的言论,是当时其他改良主义者所不敢言的。但是,他的思想并没有跳出改良主义的藩篱。他激烈地抨击封建的纲常伦理,但却不敢正面批判它的炮制者孔丘。他尖锐地谴责了清政府的暴虐罪行,却又为光绪帝而效忠。他对人民在重重"网罗"下的悲惨地位表示过同情,呼吁志士仁人起来改造社会,但又强调必须以"供圣人之驱除"。这些都说明,软弱的中国资产阶级改良主义者,即使像谭嗣同那样的激进分子,也是不可能同旧制度、旧思想真正决裂的。

湖南巡抚陈宝箴是当时地方督抚中唯一倾向变法的实权派。在他周围的一些官吏,如按察使黄遵宪、督学江标及后任徐仁铸也都赞同变法。谭嗣同的密友唐才常、老师欧阳中鹄以及皮锡瑞等人这时也到处奔走,鼓吹变法。在他们的推动下,湖南的变法运动有了越来越大的声势。1897年3月,江标、唐才常等人创办《湘学新报》(后改名《湘学报》),进行宣传鼓动。同年10月,陈宝箴在长沙设立时务学堂,邀请梁启超为总教习,唐才常等人为分教习,宣传维新思想,培养维新人才。第二年春,谭嗣同、唐才常又创立南学会,总会设在长沙,各县设分会。长沙南学会每7天集会演讲一次,每次都有近千人听讲。主讲人有谭嗣同、皮锡瑞、黄遵宪等，他们在演讲中宣传世界形势和资产阶级的社会政治学说，阐述变法维新、救亡图存的主张，成为湖南维新运动的重要组成部分。在南学会的推动下，湖南的维新运动进一步开展起来。课吏堂、新政局、保卫局等相继建立。为了适应维新运动发展的需要，谭嗣同、唐才常等人又于 1898 年 3 月创办了《湘报》（日报），作为南学会的机关报，进一步推动了湖南的维新运动，并给南方各省以很大的影响。

在两广，康有为于 1897 年 2 月在澳门创办《知新报》，由他的弟弟康广仁和学生徐勤担任主编，成为中国南部宣传变法维新的重要报刊。同年春，康有为又去广西桂林讲学，发起组织"圣学会"，出版《广仁报》。两广的维新运动也活跃起来。

严复与《天演论》

在天津，著名的资产阶级启蒙思想家严复于 1895 年在天津《直报》上陆续发表了《原强》《辟韩》《救亡决论》《论世变之亟》等文章，传播了西方资产阶级的学术思想和政治观点，并提出了变法维新的具体主张。1897 年冬，严复等人又先后创办《国闻报》（日报）和《国闻汇编》（旬刊），并介绍《天演论》等西方资产阶级的理论著作，影响深远。

严复（1853—1921 年），字又陵，又字几道，福建侯官（今福建闽侯）人。他 14 岁考入沈葆桢主持的福州造船厂所属的船政学堂学习，24 岁被派往英国海军学院留学。3 年的留学生活，使他广泛接触了西方的自然科学和社会科学。1879 年严复回国，第二年起在天津水师学堂任总教习等职达 20 年之久。中日甲午战争后，他深感民族危亡迫在眉睫，不满洋务派的"自强新政"，认为要挽救祖国，必须从根本上学习西方。为此，他作了大量的翻译工作，先后翻译了赫胥黎的《天演论》、亚当·斯密的《原富》、孟德斯鸠的《法意》、斯宾塞尔的《群学肄言》等书，比较系统地介绍了西方的政治社会学说和自然科学，其中影响最大的是《天演论》。

《天演论》即进化论，原是赫胥黎的论文集《进化论与伦理学及其他》中的两篇。严复用文言文意译了它的主要内容，并附加了他自己的许多见解，于 1897 年 12 月开始在《国闻报》上陆续发表，第二年 4 月正式出版。在这部书中，严复直接引入达尔文的进化论来说明人类社会的发展，强调人类社会也和生物界一样，都是遵循"物竞""天择"的自然规律，强者、智者获得生存，弱者、愚者则被淘汰。赫胥黎这种用生物的自然竞争来代替社会阶级斗争的观点，本质上是反动的，它为帝国主义弱肉强食的扩张政策提供了理论根据。但在当时中国即将被列强瓜分这一特殊历史条件下，严复站在挽救民族危亡的反侵略立场上大声疾呼：中国如果再不变法图强，就无法逃脱

"优胜劣败""弱者先绝"的亡国厄运，号召学习西方，"与天争胜""自强保种"。这对当时许多人来说，确有发聋振聩之感。《天演论》出版后，风行全国。它开拓了人们的眼界，从思想上武装了维新派。康有为读到这部书的译稿以后，称誉严复是中国精通西学的第一人，并在《孔子改制考》中吸收了进化论的观点。梁启超也根据严复介绍的进化论，在《时务报》上大做文章。更多的爱国人士纷纷以进化论为武器，要求改弦更张，另走新路。严复在传播西方资产阶级思想方面做出了杰出的贡献。

严复还通过这一时期所发表的许多文章，大胆地抨击了两千多年来的封建专制制度，提出"重民抑君"的主张。他说"秦以来之君"都是窃国于民的大盗。他批判韩愈的反动尊君思想是"知有一人，而不知有亿兆"，并通过对中国封建专制制度的批判，宣传了西方资产阶级的自由、平等思想。

严复还以勇猛的姿态，向以儒学为代表的封建主义旧文化发动进攻。他批判儒家的政教"少是而多非"，至于汉学、宋学和词章之学更是"无实""无用""谬种流传，羌无一是"，"其为祸也，始于学术，终于国家"。他揭露洋务派所标榜的"中学为体，西学为用"，是"盗西法之虚声，沿中土之实弊"，完全是骗人的东西。他说儒家吹捧的孔丘"乃假设之平圣人，而非当时之真孔子"，大胆地发出了"何必学孔子"的呼声。严复在批判封建主义旧文化的同时，还将封建主义旧学同资产阶级新学作了一系列对比，指出：前者亲亲，后者尚贤；前者尊主，后者隆民；前者夸多识，后者尊新知；前者委天数，后者恃人力。他不顾顽固派攻击他"溺于异学，蔑古拂经"的压力，坚决主张"大讲西学"，救亡图存。严复对新学的称颂显然包含着一些错误，但他毫不含糊地把新学和旧学对立起来，要求人们学新学，批旧学，其态度之坚定，旗帜之鲜明，是康有为、梁启超、谭嗣同等人所不及的。

除北京、上海、湖南、广东、天津外，其他各地出现的学会、学堂、报刊也如雨后春笋。据1895—1898年不完全的统计，全国各地维新派所设立的学会、学堂、书局、报馆达300多所，资产阶级改良主义思想得到广泛传播。梁启超、谭嗣同、严复等人继康有为之后，在日益高涨的变法维新运动中，也成为全国瞩目的维新人士。资产阶级维新派的力量不断加强，他们通过自己的活动，开创了一个热烈要求变法的新局面。

维新派与守旧派的论战

维新运动的高涨，使顽固势力感到震惊和不安。他们群起攻击康有为等是"名教罪人"，是一群"奸党"，咒骂维新思想是"提倡邪说""背叛圣教"。张之洞在1898年抛出了个《劝学篇》，攻击维新派"开议院，兴民权"的主张，大弹伦理纲常、中体西用的滥调，对维新思想的传播起了很大的破坏作用。

维新派愤怒地揭露张之洞作"劝学篇"是为了"保一官而亡一国""倾天下以顾一家"。他们通过学会、学堂、报刊同顽固派展开激烈的论战，论战的中心问题有3个：

第一，要不要变法。顽固派死抱着"天不变，道亦不变"的教条，坚持"祖宗之法不能变"。他们甚至叫嚷"宁可亡国，不可变法"。改良派根据西方资产阶级进化论的观点反驳顽固派的"不变论"。梁启超指出："凡天地之间，莫不变，昼夜变而成日，寒暑变而成岁……一日千变而成生人。"如果停止变化，"则天地人类并时而息矣""变者，天下之公理也"。康有为则指出：任何事物都存在"新则壮，旧则老；新则鲜，旧则腐；新则活，旧则板；新则通，旧则滞"的变化规律，因而得出了"法既积久，弊必丛生，故无百年不变之法"的结论，说明了"祖宗之法"没有不变的道理。在变与不变的争论上，维新派取得了胜利，但他们主张逐渐进化而反对革命，这就不可能彻底打垮顽固派的不变论。

第二，要不要兴民权，实行君主立宪。这是资产阶级改良派同封建顽固派论战的焦点。改良派极力主张兴民权，设议院，实行君主立宪。顽固派则竭力反对君主立宪，尤其痛恨"民权"说。他们搬出了"君权神授"的反动观点，散布"民权之说一倡，愚民必喜，乱民必作，纪纲不行，大乱四起"，民权制度"无一益而有百害"。

改良派根据西方资本主义国家的民权说，结合中国历史上进步思想家的理论，提出了关于君民关系的新观点。严复在《辟韩》中指出：国家是国民之公器，王侯将相只不过是"通国之公仆隶"，民才是"天下之真主"。谭嗣同在《仁学》里也指出："有民而后有君，君末也，民本也"，这本是"天下之通义"。他们大胆地提出了原来神圣不可侵犯的"天子"，只不过是老百姓挑选出来为民办事的公仆，这就戳穿了几千年来"君权神授"的谎言。改良派竭力歌颂西方资本主义议会政治，主张在中国设立议会制度。但是，他们提倡的议会政治，不是民主共和，而是"君民共主"。他们所提倡的"民权"，实际上指的是资产阶级的权力。他们诬蔑人民"不足以自治"。所以梁启超说"欲兴民权，宜先兴绅权"，要求统治阶级向资产阶级上层开放政权，这就是改良派"兴民权"的主要目的。

第三，要不要废八股，提倡新学。梁启超说："变化之本，在育人才，人才之兴，在开学校，学校之立，在变科举。"但是顽固派却死抱着八股取士科举制度不放。他们攻击维新派兴办新式学堂是散布"邪说""名为培才，实则丧才"。维新派则针锋相对地揭露八股制的毒害。严复指出了八股的3大罪状："锢智慧""坏心术""滋游手"，认为八股只能"长人虚骄，昏人神志"。维新派认为科举制"为中国锢蔽文明之一大祸源"，因此，要使国家富强，就必须改革旧教育制度，兴办新式学堂，讲求西学，以开通风气，造就人才。同时他们还大量翻译外国书籍，创办新式学堂、报纸，批判旧的教育制度。维新派对旧思想、旧文化作了一次猛烈的冲击，使许多知识分子开始从封建文化的束缚中挣脱出来。

资产阶级维新派与封建顽固派之间的大论战，是资产阶级思想同封建主义思想的一次激烈的交锋。虽然维新派在论战中不免暴露出这样或那样的缺点，但他们猛烈地冲击了封建主义的纲常名教，在"天不变，道亦不变"的封建思想堡垒上打开了一个缺口。他们宣传的"要救国，只有维新，要维新，只有学外国"的道理，虽不一定正确，但使不少知识分子打开了眼界，言时务、谈西学蔚然成风。通过这次论战，知识分子获得了一次思想大解放，进一步推动了变法维新运动的主张深入人心。

公车上书

1894 年 7 月，日本不宣而战，发动了侵略中国的战争。这就是"甲午中日战争"。中国为反侵略而战，战争的正义性在中国。但是，由于清朝统治者的腐败无能和推行妥协投降路线，中国失败了。1895 年 3 月，清朝政府派李鸿章为全权大臣到日本议和，在极其屈辱和苛刻的条件下，接受了日本的侵略要求，订立了《马关条约》。议和期间，日本侵略者气焰嚣张，咄咄逼人，而李鸿章则低声下气，俯首听命。4 月 10 日李鸿章和日本全权办理大臣、内阁总理伊藤博文第四次谈判时，有如下一段对话：

伊藤："停战多日，期限甚促，和款应从速定夺。我已备有改定各款节略，以免彼此辩论。……中堂（指李鸿章）见我此次节略，但有允、不允两句话而已。"

李："难道不准分辩？"

伊藤："只管辩论，但不能减少。"

四月十五日，第五次谈判，又有一段话：

李："又要赔钱，又要割地，双管齐下，出手太狠，使我太过不去。"

……

李："赔款既不肯减，地可稍减乎？"

伊藤："两件皆不能稍减。屡次言明，此系尽头地步，不能少改。"

这是双方最后一次谈判。就这样，过了两天，1895 年 4 月 17 日，所谓的中日和约，即《马关条约》就正式签订了。

《马关条约》，是日本侵略者强加给中国的不平等条约。是清朝政府自1842 年《南京条约》后，迄此为止所签订的最严重的卖国条约。条约共 11 款，另有附约。其中最重要的内容有：割让台湾全岛（包括所有附属岛屿）及辽东半岛。台湾是中国的一个行省，割让台湾，等于把一个行省整个出卖了。条约还规定赔款 2 万万两。这也是迄此为止历次不平等条约中赔款最大的数额，相当于清朝政府全年财政收入的 3 倍。这是多么惊人的勒索。此外，条约还规定允许日本可以在中国"任便从事各种工艺制造，又得将各项机器任便装运进口，只交所定进口税"。这是什么意思呢？简单说，就是准许日本可以随便把机器运到中国来，在中国随便开工厂。这一条很重要。因为在甲午中日战争以前，外国人按法律是不能在中国直接开工厂的。就在甲午战争前夕，1894 年 5 月 3 日，李鸿章为上海机器织布局所上的一个奏折中还谈到，"洋商贩运机器在中国口岸改造土货，本系条约所无"，曾经总理衙门咨行"不准进口"。然而，不过一年的时间，《马关条约》就已经向日本敞开了自由运入机器和任便在中国"从事工艺制造"的大门。既然日本有此特权，其他帝国主义当然也可以援例享有同样特权。这就在实际上通过条约的形式，使帝国主义对华资本输出合法化了。"资本输出"，是资本主义进入帝国主义阶段的主要特征之一。这一条适应了帝国主义的要求。此后，帝国主义列强竞相在中国自由地建厂、开矿、筑路、设立银行，疯狂地向中国输出资本，肆意进行掠夺。中国更深地陷入了半殖民地的深渊。

这样一个出卖国家领土主权的条约，中国人民是不能容忍的。马关议和、割地赔款的消息传出，就像一场大地震，引起全国各阶层的极大惊骇。"堂堂大国"，败于"蕞尔小国"，清政府鼓吹的"中兴"，洋务派搞了 30 多年的"自强新政"，在严酷的现实面前破产。人们悲愤交集，爱国主义的激情无比高涨，曾经经历过戊戌维新、辛亥革命的无产阶级革命家吴玉章回忆说："我还记得甲午战败的消息传到我家乡（今四川荣县）的时候，我和我的二哥（吴永琨）曾经痛哭不止。……我们当时悲痛之深，实非言语所能表述。"台湾人民听到割台的消息时，"若午夜暴闻轰雷，惊骇无人色"。他们"奔走相告，聚哭于市中，夜以继日，哭声达于四野"，还鸣锣罢市，纷纷集会，愤怒抗议清朝政府的卖国行径。他们还发出布告，庄严宣告，全台人民"万众一心，誓同死守""愿人人战死而失台，决不愿拱手而让台"。马关条约议定时，日本限定订约后一个月内必须交割台湾，李鸿章哀求说："头绪纷繁，两月方宽，办事较妥。贵国何必急急？台湾已是口中之物。"伊藤博文回答："尚未下咽，饥甚。"请看，一个露出了张开血盆大口的狰狞面目，一个则现出一副低三下四的奴才相。清政府的无耻卖国和台湾人民的爱国精神是多么尖锐的对照啊！

爱国主义的浪潮迅速高涨。4 月 15 日，中日和约即将签字的消息传到北京后，朝野上下，舆论哗然。当时正在北京准备参加会试的各省举人，群情激愤，在康有为的倡议鼓动下，梁启超首先联合广东籍举人 100 余人向朝廷上书拒和，这一行动立即得到湖南籍举人的支持和响应。4 月 22 日，两省举人同日向都察院呈递。从这一天起，到 4 月 30 日，福建、四川、江西、贵州、江苏、湖北、广西，以及山东、河南、云南等省举人，也都分别相继上书。"察院门外，车马阗溢，冠衽杂遝，言论滂积者，殆无虚晷焉"。但是这些上书都为顽固大臣所阻，"书上数日不报"，毫无结果。于是，康有为又联合 18 省举人在宣武门外陶然亭松筠庵集会，发动联名上书。康有为用了一天两夜的时间，赶写了上光绪皇帝的万言书，提出"拒和""迁都""变法" 3 项主张，要求拒绝和约，迁都再战，变法救亡。在万言书上签名的举人约 1300 人，于 5 月 2 日向都察院呈递，这就是著名的"公车上书"。（汉朝用公车接送被征举的士人进京，后世就将进京会试的举人称"公车"）。"公车上书"反对《马关条约》，特别指出：台湾一割，民心散失，列强必将接踵而至，"外患内讧，祸在旦夕"。因此，向皇帝提出拒签和约、迁都长安、练兵抗战、变法图强 4 项主张。

第一，"下诏鼓天下之气"。应该先下"罪己诏"，如由皇帝"时下明诏，责躬罪己，深痛切至"，以"激历天下，同雪国耻"，使"士气耸动，慷慨效死"。其次，应下"明罚诏"，对主和辱国的、作战不力的将帅，大僚尸位、无补时艰者，予以处罚；对将帅、疆吏有功绩者，予以旌赏。最后，应下"求才诏"，使"天下之士"，"既怀国耻，又感知遇，必咸致死力，以报皇上。"

第二，"迁都定天下之本"。主张迁都长安，扼守函谷关、潼关，奠定丰镐。这样，"日本既失胁制之术，即破旧京，不足轻重，必不来攻，都城可保，或俯就驾驭，不必割地，和议亦成；即使不成，可以言战矣。"

第三，"练兵强天下之势"。练兵着重选将和购械。选将"贵新不贵陈，用贱不用贵"；再命各地绅士举办团练，"遇有警迫，坚壁清野"。假使有"忠义沉毅慷慨和兵之士"，要"不拘资格，悉令荐举"。购械则"宜选精于制造操守廉洁之士"，向外国广购枪炮，使"器械精利，有恃无恐"。

上述 3 项是"权宜应敌之谋"，至于"立国自强之策"则为"变法成天下之治"，应以"开创之势治天下，不当以守成之势治天下"。

关于变法，提出"富国""养民""教民"之法。其中，富国之法有 6：一、钞法；二、铁路；三、机器轮舟；四、开矿；五、铸银；六、邮政。养民之法有 4：一、务农；二、劝工；三、惠商；四、恤穷。教民之法主要是讲求西学，改革科举，普及教育；提出"教有及于士，有逮于民，有明其理，有广其智"，强调："乡落咸设学塾，小民童子，人人皆得入学。""变通新法"，还改革官制，实行"议郎制"（议会制），每十万户中公举一有才能之"士"为"议郎"，供皇帝咨询，上驳诏书，下达民词。凡内外兴革大政皆开会讨论，实现"君民同体""共赞富强"。

"公车上书"冲破了清朝政府的"士人干政"的禁令，提出了发展资本主义和实行君主立宪制度的资产阶级维新变法的政治纲领。

"公车上书"受到了顽固派的阻挠，都察院以《马关条约》"既以用宝，无法挽回"为由，拒绝接受，因而此书没能送到光绪皇帝手中。然而，"公车上书"不胫而走，印发行销数万册，其变法主张得到广泛传播，影响遍及全国。美国公使田贝读后也为之震惊，亲索其稿。一时间，"公车上书"辗转传诵，致使康有为众望所归，维新派名声大噪。"公车上书"是资产阶级改良派正式登上政治舞台的第一幕，标志着近代改良主义思潮开始变为一场社会政治运动。

百日维新

维新变法的纲领——《应诏统筹全局折》

甲午战争期间和战后，清朝统治阶级内部帝、后两党的斗争已很激烈。以那拉氏为首，包括奕䜣、刚毅、荣禄、徐桐在内的贵族官僚结成后党，洋务派李鸿章等人是后党的依附者。年轻的光绪皇帝发愤图强，"从中日战争的苦痛经验中他得到了教训，注意到日本的进步，因此引起了取法于日本的决心"。翁同龢等开明官僚不满意那拉氏对光绪帝的控制，企图与维新派联合，在反对后党的斗争中为光绪皇帝争得领导变法的实权地位。这样，力量薄弱的帝党，由于翁同龢等人的推荐，逐渐与维新派康有为等人接近起来。

1897 年 11 月，德国强占胶州湾，引起全国人民的极大震动和愤慨。康有为鉴于情势危急，心怀"胶东之耻"写了《上清帝第五书》。他说："割台之后……事变之来，日迫一日！""恐自尔之后，皇上与诸臣虽欲苟安且夕，歌舞湖山而不可得矣，且恐皇上与诸臣求为长安布衣而不可得矣。"他提出即应采择的三策："第一策曰采法俄日以定国是，愿皇上以俄国大彼得之心为心法，以日本明治之政为政法而已。……其第二策曰大集群才而谋变政。……其第三策曰听任疆臣各自变法。凡此三策，能行其上，则可以强；能行其中，则犹可以弱；仅行其下，则不至于尽亡。"表示"不能为亡国之君"的光绪帝，看到这个奏折，很受触动，赞赏康有为的胆识，准备召见，询谋变法。

反对变法的奕䜣坚决阻止召见，借口康有为非四品以上官员，按成例不许召对。光绪帝无可奈何，只能委托总理衙门王大臣传问康有为。1898 年 1 月 24 日（光绪二十四年正月初三）在总署由李鸿章、翁同龢、荣禄、刑部尚书廖寿恒、户部左侍郎张荫桓等 5 人代载湉召见康有为，"问变法之宜"。康有为当场批驳了荣禄口口不离"祖宗"的守旧谬论，并表示愿将《日本明治变政考》《俄罗斯彼得变政记》二书进呈皇帝。第二天，翁同龢把康有为口述转呈光绪帝，1 月 29 日，康有为遵旨递上《应诏统筹全局折》（上清帝第六书）。这次上书系统完整地表达了康有为领导变法的政治纲领，其中主要驳论显然是对顽固派而发的。上书说："观大地诸国，皆以变法而强，守旧而亡。……夫国之有是，犹船之有舵，方之有针，所以决一国之趋向，而定天下之从违者也。……今朝廷非不稍变法矣，然皇上行之，而大臣挠之，才士言之。而旧僚攻之，不以为用夷变夏，则以为变乱祖制，谣谤并起，水火相攻。"上书建议："取鉴于日本之维新……一曰大誓群臣以定国是；二曰立对策所以征贤才；三曰开制度局而定宪法。"他认为中央的军机、部寺、总署、御史等行政耳目机构，"率皆守旧之官"，无法承担推行新政任务，应由"总其纲"的制度局（下建十二支局），通盘筹划新政，每道设民政局、每县设民政分局，妙选通才，督办其事。这种主张，虽然带有很大妥协特色，但是，已经涉及对传统封建政权体制的重要改革，制度局略仿西方资产阶级国家的内阁职责，而皇帝则变成国家元首了。

稍后，康有为在 2 月又呈递《日本明治变政考》《俄罗斯彼得变政记》，并附上英国传教士李提摩太所著《泰西新史揽要》等书，同时写了《上清帝第七书》。这次上书主要内容建议皇帝以彼得大帝为楷模，出国考察，借鉴外国，以君权变法，接近人民。他说：隋炀帝"畏闻盗贼"；明万历帝"久不视朝"，提供着反面的"倾国"教训。当然，康有为是依据需要而美化彼得大帝，把历史看成帝王将相创造的，这也恰恰暴露了他的唯心主义历史观。

戊戌保国会

在反对德国强占胶州湾的抗议声中，1898 年 1 月康有为联络广东旅京人士组成粤学会。接着，自称"南海先生弟子"的内阁中书林旭主持成立闽学会，御史杨深秀、御史宋伯鲁、总署章京李岳瑞等主持成立陕西、山西联合的关学会，久居京师、熟悉朝局的内阁侍读学士杨锐在旅京四川会馆成立蜀学会，这些分散的地域性的爱国救亡组织的出现，表明维新运动的高涨。这时，在上海就医的梁启超和康有为的弟弟康有溥也赶到北京，协助做联络宣传工作。

1898 年春，时局动荡，各省参加会试的举人来到北京。康有为、梁启超受爱国知识分子的推动，四月发起成立"保国会"。参加这个组织的有维新人士和爱国官僚 200 多人，从公布的《保国会章程》来看，它的活动宗旨是"保国""保种""保教"。"保国""保种"是指保卫国家和民族生存，"保教"是指保卫托古改制的孔教不失，这个爱国政团的改良性质是异常鲜明的。4 月 12 日保国会正式成立，并在广东会馆召开第一次大会。康有为声气激昂的救亡演讲，轰动京城内外："吾中国四万万人，无贵无贱，当今日在覆屋之下，漏舟之中，薪火之上，如笼中之鸟，釜底之鱼，牢中之囚！"天津《国闻报》、澳门《知新报》转载康有为的演讲稿，迅速扩大了保国会的社会影响。

保国会倡议各省、各府、各县设立分会，响应这个号召，北京出现了保滇会、保浙会、保川会等改良救亡小团体。假如说过去强学会成立，促使报刊宣传有很大发展的话，那么保国会出现，则给后来的百日维新做了直接准备。

4月21日，保国会第二次集会于嵩云草堂，梁启超发表演说，呼吁"合群策""合群智""合群力"，以推动变法救亡。接着，又在贵州会馆集会。每次到会者常在200人以上，康有为住所宾客盈门，"应接不暇"。

戊戌保国会的活动，引起守旧势力的仇恨。京城谣言四起，荣禄对别人说："康有为立保国会……僭越妄为，非杀不可。你们如有相识入会者，令其小心首领可也。"他们鼓动守旧派御史黄桂钧写了《禁止莠言折》诋毁保国会纠合力量，使"民主民权之说日益猖獗"，将造成"会匪闻风而起"的形势。军机大臣刚毅准备查究入会的人，光绪帝阻止说："会能保国，岂不大善，何可查究耶？"

这是百日维新前新旧势力另一次激烈冲突，它比起强学会成立后的斗争，更具有复杂和公开化的特点。

百日维新

1898年5月29日军机大臣奕䜣死去。那拉氏失去了一个重要的轮摆，康有为感到变法的一个阻力拔除了，立即写信给翁同龢催促他影响光绪帝当机变法。同时，康有为又以翰林院侍读学士徐致靖的名义上书光绪帝，请求"明定国是"。这时，仔细看过《日本明治变政考》的光绪帝，向庆亲王奕劻表示："我不能为亡国之君，如不与我权，我宁逊位。"形势演变，维新运动高涨，促使光绪皇帝逐渐成为"欲救中国"的主要赞助者。

6月11日，光绪帝颁布新的变法方针，是通过"明定国是"上谕表现出来的。诏书里指责了顽固派，并着重说明举办京师大学堂是改革的第一项步骤，它明显地透露出这场改革的温和性质。从这天起，到9月21日止，历时103天，光绪帝公布了几十道新政诏书，历史上称为百日维新。

这个暂短时期的改革主要有：

（一）废除八股文，作为国家考试的科举改试策论；取消各地旧式书院，改设中、小学堂；7月3日正式创京师大学堂（北京大学前身）；设立译书局，翻译外国新书；允许建立报馆、学会；奖励新发明和科学发现。

（二）裁撤闲散的詹事府、通政司、光禄寺、鸿胪寺、太仆寺、大理寺等衙门，裁撤"督抚同城"的湖北、广东、云南3省巡抚；裁减毫无战斗力的绿营兵，精练陆军；各省军队包括八旗兵一律改习洋枪，用新法练军；广开言路，允许各级官吏士绅上书皇帝。

（三）北京设立农工商总局、铁路矿务总局，各省设立商务局，推动工商、路矿事业的发展；提倡民办新式企业，允许组织商会；改革财政、整顿厘金，编制国家预算、决算，等等。

这些改革措施，虽然具有很大局限性，但是对先进的资本主义经济发展和文化传播起了积极的促进作用。值得注意的是，这些改革虽然没有改变封建土地所有制，但是伴随着改革的深入，8月后，准备开设制度局，审官定职，部分改革上层建筑机构。

百日维新是在和守旧势力激烈斗争中进行的。宣布变法后4天即6月15日，那拉氏根据刚毅、荣禄的主意，强迫光绪帝撤去帝党耳目翁同龢军机大臣职务，说他"狂妄任性"，勒令回籍。同一天，那拉氏在颐和园召见荣禄，"密语甚久"后，派其署直隶总督，不久，实授直隶总督兼北洋通商大臣，目的是通过他掌握北洋三军，以控制华北地区的军政大权。后来，梁启超认识到这是"西后荣禄，预布网罗"，伺机发动政变。7月11日，那拉氏又任命裕禄在军机大臣上行走。原来自徐用仪、孙毓汶两人被逐出军机处后，帝党在军机处一时竟占上风。百日维新时期，那拉氏的死党领班军机大臣礼亲王世铎因病休假，刚毅势力孤单，那拉氏将爪牙裕禄打入军机处，刺探内情，并牵制帝党。此外，6月15日那拉氏威逼光绪帝下诏：凡新授二品以上官员都要向西太后谢恩，表明那拉氏操纵人事大权的决心。

部院大臣和地方督抚，对新政诏旨多是推诿敷衍。刚毅一向反对新政，常对光绪帝说："此事重大，愿皇上请懿旨。"康有为感到："上扼于西后，下扼于顽臣，变法之难如此！"被梁启超称为"身兼将相，权倾举朝"的荣禄，竟专折上奏那拉氏，目无皇上，载湉束手无策。两江总督刘坤一、两广总督谭锺麟对"谕令筹办之事，并无一字覆奏。迨经电旨催问，刘坤一则借口部文未到，一电塞责；谭锺麟且并电旨未覆，置若罔闻"。由于守旧势力的顽固阻挠，变法诏书大多成了空文。

6月16日，光绪帝赐见康有为，任命他在总理衙门章京上行走，特许"专折奏事"，从此得到参赞新政机会。在颐和园仁寿殿召对时，康有为针对守旧势力"掣肘"皇帝，推行变法难度很大的局面，建议"皇上勿去旧衙门，而惟增置新衙门，勿黜革旧大臣，而惟渐擢小臣。………彼守旧大臣既无办事之劳，复无失位之惧，则怨谤自息矣"。这就是百日维新温和夺权的策略手段。

召见后，围绕着废除八股取士问题，新旧两种势力展开了激烈斗争。前一天，光绪帝亲到颐和园请示那拉氏，次日——端午节那天，才公布《停止八股改试策论》上谕，这是维新变法的一个重大成果。梁启超说："科举一变，则守旧之命脉已断。"7月初，一股恢复八股风从京城刮起，刚毅和礼部尚书、总理各国事务大臣许应骙乘这股妖风，唆使后党御史文悌上了《严参康有为折》，诋毁康有为"欲保中国四万万人，而置我大清国于度外""使四民解体，大盗生心"。自称"粗通二十六母拼字之法"的文悌在同一奏折里，同样点名恶毒攻击了积极反对八股取士的帝党御史宋伯鲁、杨深秀 2 人，说他们"遍结言官，把持国事"。光绪帝看出了文悌"受人唆使"的背景，7 月 8 日将他革去御史职务，支持了维新派。

7 月 3 日，光绪帝召见"布衣"梁启超，赏六品卿衔，办理译书局事务，这表明帝党仍没有多大政治实力。9 月 4 日，光绪帝下令将无理阻挠部员上书、公开反对新政的礼部尚书怀塔布、许应骙等 6 人全部罢官。第二天，下谕任命谭嗣同、杨锐、刘光第、林旭为军机章京，赏四品卿衔，参与新政事宜。被当时称为 4 个"小军机"的任用和礼部六堂官的撤职，是百日维新中光绪帝亲自决定的一次人事大变动。接着，9 月 7 日光绪帝又把反对新政的李鸿章、敬信等人从总理衙门除掉，接受维新派的建议准备讨论改革政权机构，逐步实现康有为等人关于"开制度局"的主张。

这时，新旧两党的斗争已达到空前激烈的程度，作为设国会的准备，先开懋勤殿，康有为预计推荐梁启超作顾问。

那拉氏发动政变

那拉氏早就密切关注她及其周围亲信的地位可能发生动摇，反对废除八股的顽固势力和一切守旧官僚都把希望寄托于那拉氏身上。北京西郊颐和园、天津直隶总督衙门成了顽固势力密谋的上下据点。9 月 7 日后，受那拉氏支持的怀塔布、杨崇伊等人赶往天津与荣禄密商对策，世锋、奕劻等人连日聚集颐和园与那拉氏合谋部署政变。杨崇伊以御史身份向那拉氏递折诬陷康、梁"紊乱朝局"，9 月 17 日亲至颐和园恳请太后"即日训政"。这是一个即将发生政变的信号。

这时，京津一带盛传太后、皇帝 10 月赴天津阅兵时机将发生兵变，废掉光绪帝。光绪帝和维新派深感大祸临头。维新派本身既脱离人民群众，又没有自己的武装力量，拿不出什么切实的对策，便想把拥有新建陆军的袁世凯拉过来对付荣禄。袁世凯，河南项城人，1859 年出生于官僚地主家庭，早年投靠过淮军将领吴长庆，后几经钻营，于 1895 年以道员衔在天津小站训练新军，掌握了一支 7000 余人的新式武装，为荣禄等顽固派所信任和重视。同年，他又加入强学会进行投机，捞得了维新的假名声。虽然维新派中曾有人怀疑袁世凯不能信任，但在走投无路的情况下，他们把希望寄托在袁世凯身上，于是向光绪帝推荐了袁世凯。

9 月中旬，政变已成密云欲雨之势。惊慌失措的光绪帝，于 14 日叫杨锐带出密诏，要康有为等人"妥速密筹，设法相救"，但密诏被吓坏了的杨锐搁置起来。16 日，光绪帝召见袁世凯，赏以侍郎衔，专办练兵事宜。第二天，他又叫林旭带出第二道密诏，让康有为赶紧逃离北京。林旭将两道密诏一起带出，康有为、谭嗣同等人读了密诏，相对痛哭，束手无策。最后，他们决定还是继续拉袁，并乞求于英、日等帝国主义的支持，幻想借此来挽救败局。

在此之前，英、日等帝国主义分子为了和沙俄争霸的需要，曾装出一副"慈善"心肠，表示愿意"帮助"中国变法。维新派竟天真地相信了他们这些谎言，称赞英国是"救人之国"，并专折奏请联合英、日，企图以此抵抗顽固派。但此时帝国主义分子看到维新派败局已定，伊藤博文对光绪帝虚表"同情"，根本无意援助。康有为等人到外国驻华使馆进行活动，也毫无结果。于是，他们便把赌注全部押在袁世凯身上。

9月18日深夜，谭嗣同只身跑到袁世凯的寓所，劝袁世凯拥护光绪帝，杀掉荣禄，发动政变。这时，袁世凯拍着胸膛表示对光绪帝的忠诚，并说"诛荣禄如杀一狗耳"，却又表示时机紧迫，得先回天津进行部署。谭嗣同以为拉袁已经成功，满意而去。

9月20日，光绪帝再次召见袁世凯，袁也再次表达了自己的"忠心"。但当他晚上赶回天津时，却直奔荣禄的总督衙门告密。荣禄大惊失色，连夜专车进京，飞奔颐和园面告慈禧，反动政变发动。

21日凌晨，慈禧携带大批随从，自颐和园赶回皇宫，将光绪帝囚禁在中南海的瀛台，重新"垂帘听政"，并搜捕和屠杀维新派，派兵包围南海会馆，抓走了康广仁。康有为已于前一日离京赴沪，在英国保护下逃往香港。梁启超则在日人掩护下化装出京，由天津去日本。谭嗣同拒绝了当时人们要他出走日本的劝告，表示："各国变法，无不从流血而成，今中国未闻有因变法而流血者，此国之所以不昌也。有之，请自嗣同始。"他把自己所著的诗文和书稿交给了准备逃往日本的梁启超，决心一死。28日，谭嗣同、杨锐、林旭、刘光第、康广仁、杨深秀6人，被杀于北京菜市口，时人称之为"戊戌六君子"。其他维新派和大批参与新政及倾向变法的官员，或罢官，或放逐。严复因为没有实际参加"百日维新"，未被着实追究。政变后，新政措施除京师大学堂保留外，全部都被取消，那拉氏又升荣禄为军机大臣，怀塔布为左都御史兼内务府大臣，许应骙任闽浙总督，李鸿章出督两广，袁世凯护理北洋大臣等。戊戌变法彻底失败。

那拉氏上台后，命令各地广为张贴《劝善歌》，以遮掩人民耳目。其中美化那拉氏："太后佛爷真圣人，垂帘听政爱黎民。……圣心犹为天下计，忧国忧民常不眠。"北京等地群众讽刺它是"升官保命歌"，从这里也可以看出戊戌变法促进了人民的觉醒。

维新变法失败的原因

一场短命的戊戌维新的失败，固然由于以那拉氏为代表的顽固势力的阻挠、镇压，但是，维新派本身存在的致命弱点，更值得重视。

19世纪后半期，改良主义思潮的兴起，曲折地体现了人民群众变革社会的要求，而它的发展是以民族矛盾逐渐激化和资本主义经济微弱成长为前提的。当时，新兴的资产阶级上层的政治代表维新派，不可避免地存在着更为严重的软弱性和妥协性。他们在政治上的软弱妥协，以及在思想上的缺乏战斗力是互为里表的，一方面拥立"讲变革图富强"的"今圣"光绪帝；另一方面把时髦的外装罩在"古圣"孔夫子身上，借助人世间的两个权威，即政治权威和思想权威的力量推行新政。

维新派内部的思想政治状况虽然存在分歧，但他们之间有一个共同的软弱特点，主要表现为不敢信赖人民的力量，甚至对人民群众的革命活动采取敌对的态度。他们既不满意清政府的封建暴政和对外屈辱投降，又反对人民群众以革命手段摧毁大清帝国。他们总是企图温和地夺取一部分权力，逐步实现三权分立的君主立宪政体，把中国变成一个独立富强的资本主义国家，这是戊戌变法的基本目标。当百日维新期间，维新派一再以"金田之役""法国革命"作为教训，以"乱民蠢动"当做警钟，激烈抨击清政府"夜行无烛，瞎马临池"，恰恰反映了维新派又用变法作为防止革命、抵制革命的一种手段，从而使他们自然站到劳动人民的对立面，得不到具有"回天之力"的劳动群众的支持。没有深厚的群众基础，维新派的力量显得非常脆弱，封建顽固势力猖狂一击，显得毫无招架之力。维新派主张不经过暴力去夺得顽固派的政权，结果反而被顽固派以暴力所绞杀。

维新派的软弱和妥协，也表现为向某些帝国主义国家寻找援助和依靠。甲午战后，帝国主义国家卷入帝后两党政争之中，乘机活动以窃取利益。沙皇俄国支持后党，英、日支持帝党，并利用帝党势力以打击沙皇俄国在中国的势力。甲午战争前，英国传教士李提摩太与美国传教士林乐知、丁韪良等组织广学会，宣传中国殖民地化的道路。甲午战后，李提摩太和康有为、翁同龢发生接触，积极传播奴役中国的《新政策》：8人总管中国，"半用华官，半用西人"——其中"当用英、美二国"。这时，英美传教士和驻华公使对中国维新潮流特别感"兴趣"，纷纷提出《上中国政府书》《新命论》（李佳白）、《中国变新策》（甘霖）、《整顿中国条陈》（福士达）等，阴谋操纵清政府的内政与外交。维新派认不清帝国主义分子言论的目的和背景，康有为时常向李提摩太请教变法大计，又推荐他担任光绪帝的顾问，预定在9月23日召见。由于政变发动，康有为主张的"合作"，化为泡影。百日维新期间，日本前首相伊藤博文以"游历"为名，来到中国，9月14日到北京。他故作同情的姿态，想乘机控制维新运动。康有为亲自去找伊藤博文，请他利用日本的影响压服那拉氏，这些无济于事的努力，正反映了维新派的极度软弱。那拉氏发动宫廷政变的当天，谭嗣同、梁启超等人齐集李提摩太寓所，决定派容闳往见美国公使，李提摩太往见英国公使，梁启超往见日本公使，请他们出面相救。那时，美、英两国公使分别在西山及北戴河避暑，自然未得结果。日本与沙俄的矛盾突出，也并不能采取实际措施。

维新变法的历史意义

戊戌变法这场社会改革运动固然失败了，但它在当时所起的历史作用不能低估。

首先，戊戌变法运动促成了近代中国第一次思想解放热潮。作为中国民主革命准备阶段的一个过程，维新派代表了当时先进中国人的要求。他们办学会、学堂、刊行报纸，公开议论时政，激发了人民的革新思想。他们宣传反对封建君主专制主义的新兴资产阶级民主学说，介绍西方资产阶级的自然科学成就，几年间，"报馆林立，指谪时政，放言无忌，措词多失体要……危言耸论，警动当世"。

戊戌政变后，翰林院侍读学士恽毓鼎向那拉氏惊呼："臣常阅近日少年文字及聆其谈论，往往矜奇斗异，肆为大言，诋讥孔孟，称扬叛逆。"这位对新思潮持"忧之愤之"的老顽固，把"民主"看成离经叛道的"邪说"，且感到它有"一唱百和"之力，从反面证实了孔孟之道的传统思想受到严重冲击。"新学"和"新法"，是在上层建筑领域里对顽固守旧势力做斗争的武器，开始冲破了万马齐喑的政治局面，从此，人民的觉悟迅速提高，历史前进的步伐大大加快了。

其次，戊戌变法运动带来了"设厂兴工"的后果，促进了民族资本主义的发展。维新派始终企图冲破封建生产关系的一些束缚，排除帝国主义外来的政治、经济压迫，为解放生产力和发展民族文化创造条件。康有为、梁启超在《公车上书》里，直接引用了郑观应的"商战"理论，说："古之灭国以兵，人皆知之，今之灭国以商，人皆忽之。"他们主张发展新式工业，斗巧争奇；建立商会，国家助之；兴办近代教育事业，促进经济发展等等，都产生了实际的社会效果。推行新政期间，颁布了发展民族工业和科学文化的诏令，民族资产阶级上层人士的社会地位得到一定提高，投资的合法权利受到某些保护，这对中国民族资本主义的初步发展，有着一定程度的刺激作用。

再次，戊戌变法运动的悲惨失败，留下了沉痛的历史教训。维新派以炽烈的爱国热情，以温和的合法手段，进行自上而下的改革，结果，碰得头破血流。他们不要流血，尝到的却是血腥屠刀。谭嗣同等一代志士把生命献给了维新事业，"缇骑捕党人，黑云散冥冥"。这场社会改革实践证明：在半殖民地的中国，倡行资产阶级的温和改革是要走绝路的。变法失败后，资产阶级维新派随即分化：一部分人从血的教训里醒悟过来，扬弃变法路线，逐步走上了资产阶级民主革命的道路；另一部分人如同康有为、梁启超、严复等，仍然死抱拥帝请愿的路线不放，逐渐堕落成保皇派，逆时代潮流而动，成了新的反清革命路上的绊脚石。辛亥革命后，他们有的公开站到反革命营垒；有的以前朝遗老自命，鼓吹帝制复辟，残星落月，老泪悲吟，完全为历史潮流所淘汰了。

义和团运动概况

18 世纪末到 19 世纪初，兴起于长江以北各省的白莲教大起义和白莲教的支派天理教起义被清廷镇压后，白莲教的各个支系继续斗争，北方几省相继出现了八卦教、红阳教、荣华教等组织，秘密从事反清斗争，其中八卦教影响最大。朝廷规定，传习八卦教者要查拿缉捕，为首者处以死刑，于是八卦教徒便以传习拳术来隐蔽自己。义和团运动便由此萌芽而来。

甲午战争期间，山东沿海民众遭受日军侵略之苦，战争结束后，日军占领了威海卫。3 年后，日军撤离，此地又立即被英军强占。不久，德国又占据了胶州湾，并强行把山东划为它的势力范围。光绪二十四年（1898 年），英国强行租借威海卫，随之外国教会也随入大批进入山东各地，修建大小教堂 1100 多座，传教士和教徒发展到 8 万多人。许多加入教会的地主豪绅，仰仗教会势力，乘多年荒灾之机，囤积居奇，抬高粮价，使民众苦不堪言，对之切齿痛恨，多次与教会发生冲突。

当年十月，山东冠义县义和拳在阎书勤的带领下，聚众数千人，树起"助清灭洋"的旗帜，占领了梨园屯。第二年，平原县义和拳组织和教会发生冲突，地方官吏派兵镇压，逮捕了数名义和拳成员，于是他们向茌平县义和拳首领朱红灯求救。朱红灯率领几百人的义和拳武装成员赶到平原，与当地义和拳群众会合，使官府十分恐慌。济南知府带兵在平原县与恩县交界的森罗殿与朱红灯的队伍发生争斗。此时，茌平、恩县、长清、高唐等地义和拳纷纷响应，不久，东昌、武定、泰安、济南等地的群众也闻风而动。面对义和拳运动的蓬勃兴起，清朝官吏内大体出现了两种倾向，一种是主张立即用武力消灭，一种则主张安抚、收编。山东巡抚张汝梅上奏朝廷，要求采取安抚、收编的政策，主张"化私会为公奉，改拳勇为民团"，把拳民编到诸乡团之内。次年二月，毓贤继任山东巡抚，出告示改"拳"为"团"，把参加义和拳的群众称之为"拳民"，允许他们设厂习拳，同时把武装反抗教会的人称为"匪徒"，缉拿惩处，借以安抚义和拳。由此一来，义和拳反倒取得半合法的地位，迅速发展起来，成为一个官方默许的公开团体，"义和团"的名称从光绪二十四年（1898 年）春开始逐渐地广为流传起来。

山东义和团的迅猛发展，引起在华各国势力的恐慌。驻扎胶州湾的德国军队出兵到胶州、高密、日照等地，焚毁村庄、抢劫城镇、枪杀居民。英、美、意等国驻华公使也向清政府施加压力，要求清廷下令取缔义和团。光绪二十五年（1899年）底，美国公使唐格向总理衙门提出了撤换毓贤的要求，清廷迫于压力，申斥毓贤对义和团镇压不力，将之调任山西巡抚，由袁世凯接任山东巡抚。袁世凯上任后，立即发布了《禁示义和拳匪告示》，不承认义和团具有合法性，规定：不仅练拳，就是赞成义和拳的，都要被杀。随后依仗他统带的武卫右军和扩编的武卫军先锋队马步炮队共20个营兵力，对活动于山东黄河北岸的义和团发起进攻。先后斩杀了王玉振、王文玉、孙洛泉等义和团首领，消灭10多部义和团，光绪二十六年（1900年）春，山东义和团运动告以平息，义和团运动的中心移到了直隶省。

早在两年前，直录南部威县、曲周、景州、阜城义和拳就已经开始活动，许多村庄建立拳厂、练习拳术，并逐渐向北发展，与教会和官兵多次发生冲突。此时，直隶总督裕禄根据上谕发布《严禁义和团》的告示，宣布"招引徒众，私立会合，演习拳棒，均属违禁犯法""再有设厂练习拳棒，射利惑民悖事，即由地方官会营捕拿，从严惩办。"此时总理衙门也对此忧心忡忡，电令裕禄，"此事关系紧要，务须赶紧严密查办，免滋事端。"于是裕禄派出官兵，分路对义和团进行镇压。然而，义和团运动不仅没被镇压下去，反而愈演愈烈，势力扩展到直隶全省，直逼京城附近地区，甚至在京城内和直隶总督所在地天津，也已经有自称义和团的人开始活动，沿街练拳，招收徒弟。

消息传到清廷，有官员主张对义和团用兵讨伐极其危险，应采取安抚政策。是年四月初，监察御史郑炳麟上奏，主张在直隶、山东派道府大员当"团练局总办"，选择乡绅做"团总"，收编义和团，把义团改造为官办的团练。这个建议遭到裕禄和袁世凯的反对。一时间清廷陷入对义和团是"剿"还是"抚"的两难境地。

四月初，涞水、定义、新城、涿州、易县等地的义和团同教会势力发生冲突，焚烧了当地的教堂，随后裕禄派军队前往镇压，遭到义和团的顽强抵抗，淮军副将杨福同被打死。裕禄随即又派提督聂士成所部的武卫前军赶去镇压，又遭到义和团的抵抗。义和团以"反洋"的名义破坏了芦保铁路，阻止前来镇压的清军。继而相继焚毁了高碑店、涿州、琉璃河、长辛店、卢沟桥的火车站，京津铁路上的丰台站和机器制造局也被捣毁。5月初，义和团拥进涿州城。

慈禧太后见形势十分紧迫，就派协办大学士刚毅和刑部尚书赵舒翘、顺天府尹何乃莹到涿州方向去进行招抚，向义和团宣布朝廷的"德意"。刚毅等人到涿州一带后，感到义和团势力极大，不能进行剿杀，于是向朝廷报告，主张撤回聂士成的部队，采用劝导、晓谕的办法解散或收编义和团。

正当刚毅等人在涿州一带活动时，京城内的义和团活动越来越频繁，声势也越来越大。小股外县拳民陆续涌入北京城，城内居民也纷纷加入义和团，出现了以义和团名义出现的反对洋人的揭帖，公开设立坛棚，焚烧外国人的教会房屋，并围攻西什库教堂和东交民巷使馆。朝廷屡次下令解散、严禁、缉拿，均无济于事，到了不能控制的局面。与此同时，天津城内义和团活动也十分频繁，烧毁教堂，进攻紫竹林租界，捣毁监狱，释放犯人。这时裕禄不得不改变手段，由高压转为安抚，以总督名义邀请义和团首领张德成，并用轿将他抬到总督衙门。

这年4月，英、美、德、意已派兵船驶入大沽口，随后，英、美、德、法4国公使先后向总理衙门发出照会，要求清政府采取措施迅速剿灭义和团。不久，11国公使又以外交使团名义照会清政府，要求严禁团民练拳设堂，传布揭帖，并命令各国的大沽口的海军准备登陆。5月28日，驻北京的各国公使举行会议，决定立即以保护使馆的名义调兵来北平，并将此决定通报给总理衙门。经过一番交涉后清政府退步了，经慈禧太后批准，总理衙门同意各国立即派兵入京，要求兵数少一些，随后又通知裕禄，为从塘沽登陆经津入京的外国军队准备火车。几天后，英、俄、德、法、日、美、意、奥等国海军陆战队450人，分两批到达北京，另一支外国联军600多人，由塘沽登陆开进天津。6月10日，八国联军2000多人，在英国海军中将西摩尔的率领下，由天津向北京进发。裕禄虽想阻止他们，但联军仍然取得了所需的机车和车厢，开始了八国的联军侵华战争。一路上，联军遭到义和团的反抗。义和团拆毁铁路，致使联军4天里才走了一半路，抵达廊坊。一天早晨，义和团在廊坊车站袭击联军，几天后又再次袭击。此时去往北京的铁路已被破坏，联军只好退回天津。

6月16日起，慈禧太后召集大臣，连续4天举行御前会议，主剿主抚两派争执不下。权衡利弊，慈禧太后决定宣战，"大张挞伐，一决雌雄。"但是，"宣战上谕"内容极其含糊，令有些属下不知所措。同时，慈禧又面谕李鸿章，让他去向各国保证对义和团要"设法相机自行惩办。"由此，义和团受到内外夹击。

正在朝廷举行御前会议期间，联军以朝廷当局"并不倾力剿办"义和团为借口，炮轰大沽口炮台，并迅速将其占领。随后又水陆并进，进逼天津，义和团与之顽强作战，双方激战一个月之久，此时聂士成的部队加入了反抗联军的战斗。义和团曾一度占领了紫竹林租界。在激战中，联军投入上万人的兵力，而清军主力却按兵不动，致使义和团力单难支。7月14日，天津被联军攻破。与此同时，北京义和团向东交民巷使馆发起进攻，相继烧毁了比利时、奥地利、荷兰、意大利4国公使馆，连续围困各使馆56天。八国联军攻陷天津后，于8月初向北京进攻，遭到义和团的阻击，但清军却节节败退，致使联军前进速度很快。8 月 14 日，联军攻占北京，慈禧太后率王公大臣仓皇出逃，义和团被迫退出北京，在八国联军的镇压下，义和团运动终遭失败。

义和团运动的兴起与发展

义和团在山东的兴起

义和团是在义和拳的基础上发展起来的。义和拳是民间反抗清朝封建统治的秘密结社的一种，有的属于白莲教的一个支派。它长期以来在山东、河南、直隶、苏北一带从事反清斗争。由于 19 世纪初期的白莲教起义曾经沉重打击了清朝的封建统治，因此，它一直被清朝统治者视为"邪教"，严加禁止，嘉庆时还专门发布过残酷镇压白莲教的"上谕"。但是人民群众的反封建斗争并未止熄，义和拳继续进行反清秘密活动。甲午战争以后，随着帝国主义侵略的加紧，帝国主义和中华民族的矛盾日益尖锐激化，义和拳也就从反清的秘密结社，转变为具有广泛群众性的反帝斗争组织。大刀会也很快同义和拳汇合起来，成为山东义和拳的重要组成部分。随着反帝斗争的迅速发展，义和拳的组织也迅速扩大，它的社会基础、组织程度、斗争目标和运动规模，都远远超出了白莲教的范围，它已不再是单纯的反清秘密结社，而成为一个以广大农民为主体的、具有鲜明的反帝斗争目标的革命团体。

义和拳兴起不久，清朝政府和山东的地方官吏，慑于帝国主义的淫威，实行残酷镇压。1899 年 4 月，毓贤升任山东巡抚以后，即先后 8 次下令不准民间私立大刀会、红拳会诸名目，不准设厂学习拳勇，并在 8 月间杀害了活动于济宁、嘉祥、汶口、巨野等地的义和拳首领陈兆举等。但群众的反帝斗争是禁止不住、镇压不了的，义和拳"灭洋人，杀赃官"的吼声响彻大地，反帝斗争的怒火熊熊燃烧，很快形成燎原之势。

1899 年初，山东义和拳著名首领朱红灯和心诚和尚，在茌平、高唐一带发动义和拳和当地群众，展开了反对教会侵略的斗争。朱红灯，山东泗水县人，1898 年来到长清县大李庄，参加义和拳以后，在长清、茌平等地积极进行革命宣传，扩大义和拳队伍，成为当地义和拳的重要领袖之一。心诚和尚，出家前叫杨天顺，高唐县人，贫苦农民出身，很早就在禹城县丁家寺设厂练拳，也是禹城、高唐、茌平等地义和拳的重要首领。

朱红灯率领的义和拳在茌平、平原英勇斗争，屡败清军，使得帝国主义及其走狗恐慌万状。毓贤又派济东道吉灿升督同游击马金叙，率领大批反动军队到茌平镇压。马金叙以阴谋手段诱捕朱红灯、心诚和尚，并在朱红灯与义和拳的来往书信中，发现"明年四月初八日攻打北京"的计划。1899 年 12

月，朱红灯和心诚和尚惨遭杀害。

朱红灯虽然壮烈牺牲，但是义和拳并没有被吓倒，仍然继续坚持斗争，力量不断壮大。到1900年春，直隶成为义和团运动的中心。

义和团的基本群众是广大贫苦农民，同时也有不少手工业工人、沿海渔民、运输工人等参加。清军中的一些士兵，也有参加义和团的。正是这些广大劳动人民群众，不甘心屈服于帝国主义及其走狗的压迫，他们拿起武器，奋起反抗，向着帝国主义及其走狗发动猛烈的进攻。

义和团的基层组织是"坛"，各支的首领一般称"大师兄""二师兄"。参加者以青年为最多，妇女和少年儿童，也是义和团的主要力量。"京城演习义和拳者童子居多""其幼稚者，年不过十岁上下"。这些青少年习拳练武最积极，打仗最勇敢。青年妇女参加义和团称为"红灯照"，成年妇女称"蓝灯照"。

义和团有严明的纪律。例如，义和团在从景州向涿州进军途中，只"与奉教人为难，并不伤害行客""途中相遇，秋毫无犯"。又如义和团在涿州攻打双柳树村教堂时，"仅伤两教民而逸，室中一物未失"。

各地区的义和团，在反帝斗争的共同目标下，虽然互相联络，互相支援，但是由于在很短的时间里，就迅速发展起来，而且立即投入"灭洋"的战斗，所以并没有形成统一的领导机构，各个地区的义和团始终处于分散作战的状态。

义和团在山东兴起不久，就提出了"扶清灭洋"的口号。由于袁世凯对义和团实行残酷镇压，山东各地的义和团在进行反帝斗争的同时，还要与袁世凯的反动军队作战，因此，这个口号在山东地区实际并不甚流行。随着义和团进入直隶和斗争的迅速发展，"扶清灭洋"的口号也就比较广泛地写在义和团的旗帜之上。

义和团运动的蓬勃发展

早在山东义和团起义时，直隶省南部和临近山东的故城、景州、阜城一些地区也兴起了义和团活动。他们一面广设"拳厂"，练拳习武，扩大组织，一面发动反洋教斗争和抗官斗争，使得一些地方官吏，"欲拿不得"，束手无策。到了1900年夏，义和团的组织已经几乎遍及全省所有的州县，形成一股强大的反帝洪流。

直隶的义和团逐渐由南而北，向天津、北京等清朝统治者的心脏地区挺进。义和团的反帝宣传和严明的组织纪律，沿路反洋教、抗官兵的英勇正义行动，给人民以巨大的鼓舞。各地群众响应义和团，纷纷要求拜坛入团，革命的队伍迅速扩大。向北京进发的义和团在人民的声援下，迅速占领了献县、河间、任丘等一批县城。当义和团进入河间府辖内的任丘县时，遇到清军阻击，双方激战，大败清军，清军统带官受重伤，兵士被杀多人，知府也受刀伤，义和团又攻占白洋淀，所向披靡，迅速向北京挺进。

义和团向京津进军，使帝国主义惊恐万状。4月6日，英、美、德、法四国公使合伙出面骄横地要求清政府，"限两个月，将义和团剿除净尽，否则四国发水陆各军入东、直两省，自行平乱"。直隶总督奉命一再发出告示，对义和团民要"由地方官会营捕拿，从严惩办""就地正法"，还派重兵分赴津南及芦保铁路沿线"随处稽查，随时弹压"。但是，威吓和弹压丝毫不能阻挡义和团的前进。5月，义和团占领定兴，并以定兴为中心向外扩展，控制了新城、涿州、涞水和易县一带广大地区。义和团又乘势迅速占领了北京南面战略要地涿州。裕禄急忙调全副新式装备的王牌军——聂士成统率的"武卫军前军"，妄图以大规模的围剿镇压义和团，阻止义和团向北京前进。义和团为了粉碎聂士成的围剿，切断清军南北增援部队，在当地群众的配合下，首先扒了芦保线涿州以南到高碑店，以北到琉璃河的铁路，放火烧了高碑店、涿州、琉璃河、长辛店、卢沟桥等车站。接着又乘胜袭击京津铁路，焚毁了丰台车站和洋务派操办的机器制造局，连西太后的"龙车"也付之一炬。义和团大规模的举动，切断了清军南北联系，使之孤军作战。相反，义和团却集中力量，南北驰骋杀敌。6月初，聂士成军被迫撤回天津，直隶总督裕禄已无力控制直隶的形势了。

义和团反围剿取得重大胜利以后，京津已处于兵临城下的形势。

6月上旬开始，义和团主力陆续进入北京。一队队头裹红巾，腰扎红带，鞋镶红边，手持大刀长矛的义和团队伍，三五十人不等，不分昼夜，一日数十起从京郊各县拥进北京城里，入城后，义和团严格地遵守纪律，始终保持着艰苦朴素的优良作风，得到人民的拥护和支持。

向天津进发的义和团，由于沿途几次遭到清军重兵阻击，损失较大，而改由文安、霸县、静海等地逼近天津。6月中旬，继进入北京之后，义和团又开进天津城。

义和团大队人马进入北京、天津，守城的清军士兵在义和团反帝爱国宣传的影响下，不但不加拦阻，甚至替义和团喝道开路。这时，皇宫的宫门、清政府的衙门、王公贵族的住宅，都有义和团派人监视。大路口以及内外城各门，都有义和团把守，日夜盘查可疑的行人。义和团在北京树立了群众斗争的权威。他们经常在街上列队示威，高呼"杀洋鬼子！"北京的帝国主义分子只好麇集到东交民巷使馆和西什库教堂，准备顽抗。

6月14日，天津团民将城内教堂焚毁。16日砸毁了一向与帝国主义勾结的海关道署，又趁势进入军械所，缴获无数枪支弹药。北京义和团也焚毁了宣武门内、前门一带的一些教堂。

义和团进入北京，说明它的力量不断壮大，统治者无力镇压；同时说明清廷统治者在帝国主义侵略军步步紧逼下阴谋改造、控制和利用义和团。为了控制义和团组织，那拉氏为首的清政府任命顽固派首领载勋为统率义和团大臣，载澜、刚毅、英年佐之。凡五城散团及新参加义和团的，都要到王府"报名注册"。乾字团归澜公府统率，坎字团仍归庄王府统率。在庄王府挂号的名曰官团，书"奉旨义和神团"字样，没有挂号的叫做私团，无"奉旨"字样。清政府还颁布了《义和团团规》，作为义和团的行动纲领。《团规》强调，义和团要和官军"联成一家""各团师兄，应与兵勇彼此和睦"，义和团"如遇调遣出征，当谨遵号令"。这样就把义和团和清军同样看待，形成兵团"遂合为一"的局面。

随着义和团组织的被控制，参加义和团成员的成分也发生了深刻的变化。除原来"乡愚务农"的尚能保持"粗食布衣"外，而在北京城内新参加的，有些虽然"打扮相同"，而衣着旗帜"皆多绸绉""上自王公卿相，下至倡优隶卒，几乎无人不团"。北京城内一时"上自官吏，下及黎庶，已成义和拳'匪'世界"。可见北京义和团的成分已相当复杂了，这不能不影响到义和团的行动。

义和团进入京津地区以后，在全国范围引起了强烈的反响，反帝革命风暴席卷全国。其中特别是东北三省、山西、内蒙古等地，义和团的斗争较为激烈。

山西省毗连直隶，1900年5月始，以省城太原为中心，义和团运动遍布全省各地。6月27日义和团焚毁了向义和团开枪挑衅的太原东夹巷教堂。7月10日又烧了大北门天主教堂。11日，太原东南榆次县什贴镇义和团进入太原，迫使山西巡抚毓贤不得不将义和团迎入巡抚衙门。至此，山西义和团活动进入高潮，整个太原已为义和团所控制，全省四五十个州县都展开了义和团的活动，拆毁教堂七八十处，山西成为义和团活动的重要地区之一。

内蒙古地区，6月间，集宁、丰镇、托克托等地都出现了义和团的揭帖，号召人民起来斗争。夏秋之间，义和团运动进入高潮，逐渐向整个内蒙古地区扩展，东至察哈尔西四旗、兴和一带，西至拉善三盛公一带，北至乌盟四子王旗，南至伊盟鄂托克旗、乌审旗的最南端城川，反帝斗争的怒火燃遍了整个内蒙古草原。在反对帝国主义的斗争中，蒙、汉、回各族人民团结一致、并肩战斗，给予帝国主义侵略分子以沉重的打击。特别是在围攻托克托西营子、萨拉齐二十四顷地、四子王旗铁疙旦沟、鄂托克城川等教堂时，战斗异常激烈。盘踞在这里的侵略分子，利用坚固的土堡围墙和精锐的武器进行顽抗，但在义和团的猛烈冲击下，顷刻土崩瓦解，并活捉了西南蒙古教区的主教韩默理。

陕西、河南、甘肃以及四川等省，义和团反帝斗争都蓬勃发展起来，有力地打击了帝国主义侵略势力。

南方各省，虽然由于帝国主义和各省督抚相互勾结，采取了联合镇压人民的极端反动措施，但是，南方各省人民在京津一带义和团斗争的鼓舞下，也纷纷组织起来，此伏彼起，进行着反对外国教会侵略势力的斗争，沉重地打击了帝国主义。1900年夏秋间，江苏、安徽、湖北、江西、福建、广西等省不少地方，广泛开展了拆毁教堂、打击反动教会势力的运动。仅江西一省就拆毁各国教堂39处。云南拆毁了昆明教堂，个旧矿工聚众七八万人，准备抵抗法国侵略。四川大邑爆发了反教会斗争，威震川南。崇庆、灌县、郫县也都开展了反对外国教会的斗争。其他南方各省也都掀起了不同规模的反洋教斗争。

在福建厦门地方的义和团的揭帖里，提出了收复台湾的要求，尤为可贵。

在短短的几个月内，北起黑龙江，南到广东，东自江、浙，西至陕、甘、云南，全国20多个省份，凡是帝国主义势力所到之处，都燃起了人民反帝斗争的怒火，迅速汇合成了以义和团运动为中心的全国反帝风暴。

义和团运动是在帝国主义疯狂地瓜分中国，中华民族危机异常严重的情况下爆发的，因此他们的斗争目标主要是反对帝国主义的侵略。义和团指出："最恨和约，误国殃民"，主张废除不平等的"和约"，维护中国的独立和主权。义和团反对帝国主义瓜分中国，提出把帝国主义侵略者"逐回外国去，免被割据逞奇能"。同时也提出反对帝国主义经济、文化侵略的口号。当然"扶清灭洋"是义和团的基本口号，并广泛地写在义和团的旗帜上。"扶清灭洋"的口号反映了当时中国社会主要矛盾的变化，即帝国主义和中华民族之间的矛盾成为最主要的矛盾。而封建主义和人民大众的矛盾暂时降到了次要和服从的地位。应当指出，这个口号并不是也不可能是义和团在对当时中国社会矛盾进行科学分析的基础上提出来的带有策略性的口号。相反地它带有笼统排外的一面。特别是说明义和团对清王朝的本质认识不清，因而放松了对它的警觉，以至受骗上当。此外，义和团对一切洋人、洋务人员、洋教、洋书、洋货，不加分析，一概排斥，说明他们对帝国主义的认识还处于感性阶段。

八国联军的武装进犯

义和团反帝爱国运动在全国的迅猛发展，沉重打击了列强在华的侵略势力，他们决定直接出兵干涉。4月初，义和团运动在直隶开展时，美、英、法、德4国公使联名向清政府发出照会，限期两月把义和团"剿除尽净"，否则将"发水陆各军入东直两省，自行平乱"。5月，义和团逼近京津，各国公使分别电催本国政府急速派兵来华。5月底到6月初，英、美、日、俄、法、德、奥、意等八国侵略军先后乘军舰抵达塘沽和大沽口外，其中400名先遣队，以保护使馆为名，乘火车开进北京。6月10日，他们又从八国侵略军中抽调2000名官兵组成联军，由英国海军上将西摩尔率领，从天津分别乘火车驶向北京。

义和团听到联军进京的消息，立即奋起抵抗，拆毁天津到北京的铁路、桥梁，逼得敌人边进边修，十分狼狈。11日，侵略者刚到落垡车站抢修铁路时，手持大刀、长矛的义和团发起冲锋。经过激烈的搏斗，敌人伤亡累累，西摩尔只得留一部分军队守落垡，率领其余部分向廊坊车站逃窜。14日廊坊又被义和团包围。18日义和团和董福祥部猛攻廊坊，歼敌50多名，西摩尔败退杨村。至此，西摩尔进京之路水陆俱穷，只好逃回天津。在这次廊坊战役中，侵略军被打死打伤374名。从天津乘火车到北京本来只需三四个小时，但是持有新式装备的侵略者用了半个月的时间，也只是迂回在短短60公里的铁路线上。

6月中旬，开到大沽口附近的各国军舰已达30多艘。6月16日晚8时，侵略军向大沽炮台守将罗荣光发出最后通牒，限令中国守军于第二天凌晨交出炮台，罗荣光等爱国官兵毅然拒绝了侵略者的无理要求。17日凌晨，八国联军悍然向大沽炮台发动进攻。义和团闻讯前来支援，和守军一起顽强抵抗。这时，先行登陆的侵略军从炮台后侧进行夹攻。广大爱国官兵和团民在腹背受敌的情况下，仍坚持激战6小时，击沉击伤敌舰6艘，打死打伤侵略军260多人。但由于力量悬殊，岸上炮台又被敌舰打中，爆炸起火，大沽炮台失陷。云集大沽口外的大批侵略军，纷纷从大沽登陆，进犯天津、北京，扩大侵华战争，八国联军侵略中国的战争开始了。

清政府对外宣战

帝国主义大举进犯的形势使西太后产生了疑忌和畏惧。原来，以西太后为代表的顽固派在戊戌政变后，曾多次策划废掉光绪皇帝，另立端王载漪的儿子溥儁为"大阿哥"，但屡遭帝国主义的阻挠。帝国主义向津、京进犯，顽固派唯恐有暗助光绪皇帝之意，所以一些顽固派主张借义和团的力量达到废立的目的。6月16日，西太后召开御前会议。会后发布的上谕宣布对义和团"姑开一面之网"，同时，命令刚毅、董福祥将义和团中"年力精壮者，即行招募成军"，又命令礼亲王世铎等"细加察验""究竟该拳民临敌接仗，有无把握"。这说明西太后已经考虑顽固派所提出的利用义和团抵御外国的建议了。同一天，西太后严令裕禄、聂士成、罗荣光等阻止外国军队进京，并宣布如果外国继续进兵，"则衅自彼开，该督等须相机行事，朝廷不为遥制。万勿任令长驱直入，贻误大局"。这实际上是授予裕禄等在外国继续进兵时可以对外开战之权。西太后这个决定是在接到所谓罗嘉杰送密报之前。6月17日，裕禄奏报：外国侵略军强令清军于17日凌晨两点前交出大沽炮台，否则以武力夺取。至此，西太后感到形势更加严重。19日，她在给裕禄等人的命令中说："事机紧迫，兵衅已开，该督须急招义勇，固结民心，帮助官兵节节防护抵御，万不可畏葸瞻顾，任令外兵直入。设大沽炮台有失，定惟该督是问。"这虽然不是公开宣战，但已正式下达作战的命令了。20日，西太后接到裕禄的奏报，得知侵略军已进犯大沽、天津，清军已与义和团合力抵抗之后，遂于21日正式宣战，同时命令清军与义和团"联络一气"，抵御外侮。

西太后在宣战诏书中虽然表面上说："与其苟且图存，贻羞万古，孰若大张挞伐，一决雌雄。"实际上，她根本不敢也不想与侵略者"一决雌雄"，而只想"苟且图存"。所以在宣战后第五天，西太后就向反对宣战的洋务派督抚大员李鸿章、刘坤一、张之洞求"谅朝廷万不得已之苦衷"，8天后又向帝国主义乞情求饶，给出使各国大臣的电报中说："朝廷非不欲将此种'乱民'下令痛剿，而肘腋之间，操之太蹙，深恐各使馆保护不及，激成大祸；亦恐直、东各省同时举事……中国即不自量，亦何至与各国同时开衅，并何至恃'乱民'与各国开衅，此意当为各国所深谅。……现仍严饬带兵官，照前保护使馆，惟力是视；此种'乱民'，设法相机自行惩办。"这正像事后西太后所自供的那样："我本来是执定不同洋人破脸的，中间一段时期，因洋人欺负得太狠了，也不免有些动气。……火气一过，我也就回转头来，处处都留着余地"。

义和团抗击八国联军的斗争

清政府对外宣战前后，义和团群众和部分清军官兵奋起抗击八国联军的进犯，展开了保卫京、津的英勇战斗。

天津保卫战以老龙头火车站和紫竹林租界的战斗最为激烈。6月17日，帝国主义攻占大沽炮台后，大举侵犯天津。老龙头火车站（今天津东站）是大沽通向津、京的枢纽，它隔海河与紫竹林租界相望，又是租界与外界联系的要道，因此双方争夺激烈。6月13日，俄军强占了这个车站。6月17日，联军400人从这个车站乘火车北上援救西摩尔，路上被义和团和清军打得大败。天津居民纷纷做"得胜饼"和绿豆汤，慰问团民和清军。18日，盘踞在老龙头车站的沙俄侵略军2000人，用大炮轰击邻近的义和团驻地。义和团在曹福田的领导下，与敌军激战10余小时，打死打伤敌军500多名，夺回车站以北的全部据点，联军退回租界。

紫竹林租界是各国领事馆和洋行的所在地，是帝国主义在天津的大本营。大沽失陷时，帝国主义不断增兵紫竹林。6月，侵略军已增至两万人。6月15日以后，义和团不断与驻扎在租界中的联军接仗。张德成率领的"天下第一团"5000多人，从独流赶到天津参加战斗。7月初，张德成设下埋伏，诱敌深入，歼灭偷袭的侵略军大部，又机智地驱赶几十头牛，踏毁租界布雷区，冲进租界，焚毁帝国主义在天津的三井洋行、萨宝实洋行和其他建筑物。同时，在老龙头车站的曹福田部，也配合作战，猛攻车站和法租界，激战两昼夜，毙伤敌军百余人。清军提督聂士成率领的官兵，6月21日后也参加了战斗，他们在7月6日炮轰紫竹林租界，给敌人以很大的威胁。后因天津南门防守空虚，聂士成率军赶回南门外八里台防地。7月9日，一队日本骑兵从城南15里的纪家庄，沿卫津河进攻八里台；另一支联军从紫竹林租界出发，向八里台猛攻。聂士成在腹背受敌的情况下，指挥部队奋勇杀敌。他身中7弹，仍然坚持战斗，最后以身殉职。

这时天津清军尚有一万多人，但新调来的帮办北洋军务宋庆和直隶总督马玉昆，不积极阻击敌军，却把枪口对准义和团，下令"遇团即杀"，义和团被迫撤离天津。7月13日，宋庆保护裕禄逃到杨村，马玉昆退走北仓。联军分3路进攻天津县城。日军从奸细郑殿芳处探得天津守备虚实，夜间伪装团民混入城内。14日炸开城墙，天津陷于敌手。联军占领了县城内外，分区管辖，由英、德、美、日、法、俄等国共同组成一个"都统衙门"，对天津人民进行了两年多的殖民统治。

在天津保卫战的同时，北京义和团也发动了对东交民巷和西什库教堂的总攻击。东交民巷是帝国主义使馆所在地，是帝国主义侵略势力在中国的指挥部。义和团众和董福祥的甘军包围和猛攻东交民巷，给侵略者极大打击。

西什库教堂是法国天主教会在直隶北部的总堂，也是帝国主义对中国进行宗教侵略的重要据点，6月15日，万名义和团开始进攻这座教堂，炸得教堂墙倒屋塌，打死打伤敌人大半。

北京陷落

西太后虽然对外宣战，并下令攻打使馆，但她一贯敌视人民和媚外的根本立场没有改变，而且始终存在着对洋人惧怕和谋求妥协的心理。在宣战后第五天，她的态度就发生了变化。6月25日早晨，载漪、载勋率团众闯入皇宫，声言要杀"洋鬼子徒弟"，企图杀死光绪帝，被西太后喝住，并下令杀死团民20人。这时使馆久攻不下，她盘算利用义和团打击洋人这一策略未免过于冒险，深怕利用不成，反而毁了自己，于是又改变主意，当晚令荣禄往使馆表示慰问，并向侵略者表示要"力护使馆"。6月29日，她又给各国驻中国公使发出电报："中国即不自量，亦何至与各国同时开衅，并何至恃乱民以与各国开衅。"并向帝国主义保证对"此种乱民，设法相机自行惩办"。7月14日天津陷落，接着又得到"归政"照会出自伪造的消息，西太后迫切希望求得洋人的谅解，乃于22日，派主管总理各国事务衙门的庆亲王奕劻到各使馆慰问、求和，又派人送去食物。

清政府的妥协求和，大大助长了帝国主义的侵略气焰。他们为了消灭义和团，并迫使清政府彻底屈服，决定继续派兵进京。

8月4日，八国联军两万余人，由天津分两路沿运河向北京进犯。这时，慈禧太后加紧向侵略者求和，于8月7日正式任命李鸿章为议和全权代表。她禁止南郊义和团继续进城，并把京城内外一部分义和团调往前线，作为前驱，让团民和侵略军互相削弱。8月5日，联军进抵北仓，义和团协同清军奋力阻截，几次打退敌人的进攻，歼敌数百名。联军不断增援，马玉昆率军先逃，北仓失守。6日，联军进攻杨村，宋庆、马玉昆北逃通州，裕禄兵败退驻蔡村，自杀而死。9日，李秉衡率军于河西务迎击敌人，因军心涣散，一战即溃。李秉衡败走张家湾，愤而自尽。13日，联军占领通州，直逼北京城下。俄军进攻东便门，日军攻打朝阳门、东直门，遇到义和团和甘军的顽强抵抗。英、法、美军进攻广渠门，武卫军和八旗兵溃逃，侵略军相继入城，北京于14日陷落。15日晨，联军进攻皇城东华门。慈禧太后慌忙换上农妇的衣裳，带着光绪皇帝和亲信臣僚出德胜门仓皇西逃，经过山西太原逃往西安。

八国联军侵占北京后，仍不断增兵京、津。9月中旬，联军已达10万人。为了协调侵略步骤，德皇威廉二世以公使克林德被杀为借口，建议由德国元帅瓦德西任联军总司令。瓦德西一到天津就四处攻掠。他们从天津沿津榆铁

路攻占山海关；自北京南窜保定，北侵张家口等地。联军所到之处，无不受到清军的协助。瓦德西说："当联军（向保定）前进之际，常常发现中国军队与拳队相战之遗迹。各个城镇入口之处，多悬已斩拳队领袖之头，以欢迎联军"。而联军在保定一地，所杀的义和团群众也不下200人。

轰轰烈烈的义和团反帝爱国运动，在帝国主义和清军的联合绞杀下失败了。

联军占领北京之后，对北京进行了一次空前的洗劫。瓦德西供认："联军占领北京之后，曾特许军队公开抢劫3日。"于是，皇宫中的历代宝物皆为日本捆载而去。颐和园的精良器物，被各国强盗用骆驼运往天津，数日不尽。沙俄强盗的抢劫行为尤为凶狠，它拿走了宫中的贵重物品，把拿不走的东西打得粉碎。北京天文台中藏有康熙朝的铜制天文仪器，全被德、法两国伙分。翰林院储存的《永乐大典》，在英法联军入侵时已遭到一次洗劫，这次又失去300册。其他珍贵图书，被毁被劫的不下四万册。"自元明以来之积蓄，上自典章文物，下至国宝珍奇，扫地遂尽"。瓦德西也无法否认"所有中国此次所受毁损及抢劫之损失，其详数将永远不能查出，但为数必极重大无疑……因抢劫时所发生之强奸妇女，残忍行为，随意杀人，无故放火等事，为数极属不少"。

沙俄侵略东北

沙俄对我国东北垂涎已久，在义和团运动期间，除参加八国联军攻掠津、京外，又乘机单独出兵侵占了我东北三省。1900年7月上旬，沙皇尼古拉二

世调集约 17 万军队，以保护东清铁路为名，分兵 6 路大举进犯东北。东北义和团英勇地抗击沙俄侵略军。可是盛京将军增祺和吉林将军长顺，却奉西太后密令，对义和团严加控制，先后杀害了义和团首领刘喜禄、敬际信以及大批团民，这就为沙俄的侵略铺平了道路。沙俄侵略军自 7 月强渡黑龙江进犯瑷珲开始，到 10 月占领沈阳和锦州为止，强占了中国东北全境。尼古拉二世竟得意忘形地宣布："满洲之南南北北都有了我们的军队"，并且开始拟定所谓"黄色俄罗斯"计划，妄图把东北变成它永远霸占的殖民地。

沙俄在大举进犯东北的过程中，犯下了罄竹难书的滔天罪行，制造了血洗海兰泡和强占江东六十四屯的大惨案。

海兰泡位于黑龙江省瑷珲县黑河镇对岸，于 1858 年《瑷珲条约》签订后，被沙俄侵占。1900 年 7 月 16 日，沙俄声称中俄要打仗，把中国人民押向黑龙江边，以骑兵向中国人开枪射击、刀劈斧砍，用战马践踏，甚至推入江中活活淹死，致使"伤重者毙岸，伤轻者死江，未受伤者皆投水溺亡，骸骨漂溢，蔽满江岸"。在这次屠杀中，被杀害的中国居民有 5000 余人，幸免者仅 80 余人。

紧接海兰泡大惨案后，沙俄强盗又扑向江东六十四屯。江东六十四屯位于黑龙江东岸精奇里江（即结雅河）以南，地势辽阔，居民万余。1858 年《瑷珲条约》规定："原住满洲人等，照旧准其各在所住屯中永远居住，仍着满洲国大臣官员管理，俄罗斯人等和好，不得侵犯"。7 月 17 日，沙俄强盗突然冲进六十四屯，并放火烧房，把大批居民赶到屋子里活活烧死，或者推进江中淹死，淹不死的就用枪杀。此次被杀害的六十四屯群众约 2000 余人。就这样，中国人民世世代代居住的地方，被沙俄殖民者强占了。列宁愤怒地谴责了沙俄强盗的残暴，痛斥他们"杀人放火把村庄烧光，把老百姓驱入江中活活淹死，枪杀和刺死手无寸铁的居民和他们的妻子儿女""沙俄政府在中国的政策是一种犯罪的政策"。

沙俄侵占奉天后，为了实现其"黄俄罗斯"计划，用武力迫使盛京将军增祺派出代表，于 1900 年 11 月签订了一个《奉天交地暂且章程》，规定：俄国驻兵盛京，并在盛京设"总管"，有权过问盛京将军的公事。这样，盛京将军成为俄国"总管"下的一个傀儡。俄国资产阶级的喉舌《新时报》竟狂妄地把东三省称为"黄俄罗斯"。

《奉天交地暂且章程》传出后，引起中国人民的强烈反对，迫使清政府不敢承认，并将增祺革职，委派驻俄公使杨儒为全权代表与沙俄交涉。1901年 2 月，沙俄政府提出一个交收东三省约稿 20 条，它超出了《奉天交地暂且章程》的特权范围，却蛮横地威胁杨儒不得改一字。消息传来，上海、杭州等地举行了反对沙俄侵占东北及逼签条约的集会。东北各地抗俄起义军提出了"御俄寇，复国土"的战斗口号，奋勇打击侵略军。由于全国人民的反对，杨儒始终坚持拒不签字，加上各帝国主义，特别是日本帝国主义不甘心沙俄独吞东北三省，1902 年，沙俄被迫签订中俄《交收东三省条约》，规定俄军分期从东北撤退。

中外反动势力联合镇压义和团运动和《辛丑条约》的订立

八国侵略军进入北京以后，城内义和团遭到镇压，有些走出城外，和北京四周的义和团继续进行反帝斗争。帝国主义侵略军为镇压中国人民的反抗，协调他们之间的军事调动，需要有一个联军总司令。在这以前事实上的总司令是沙俄的将领，几次进攻中国的军事行动计划（如进犯天津和北京）都是在沙俄军事将领主持下制定的。但是沙俄当时的想法是，要有总司令之实，而不图其名，这样既能免遭日、英的反对，又能不太得罪中国。以便实现它把我国东北变为"黄俄罗斯"的迷梦。因此，它支持德国要瓦德西元帅做总司令的要求。1900 年 9 月 25 日，瓦德西到达天津。

八国侵略军对北京分区进行殖民统治，俄国占据皇宫和颐和园。侵略军在 9 月下旬，继续派兵四出扩大侵略。沙俄侵略军沿京榆线占领北塘，然后扑向山海关。强逼驻守山海关的 7000 多名清军撤退，英国得知俄国的行动后，由大沽派出军队于 9 月 30 日抢先占领了山海关。第二天俄军赶到，几乎与英军发生冲突。后来决定由联军共同占领山海关。10 月，英、德、法、意 4 国侵略军 3500 人由北京出发，沿芦汉铁路南下，占领保定、正定、井陉等地，危及山西。由天津出发的德、法侵略军南下，直到山东边界。11 月，德、意侵略军由北京出发北奔长城，进犯张家口、宣化一带。侵略军每到一处，都遭到义和团的英勇抗击。

慈禧太后从北京出逃后，立即叫嚣对义和团要"严行查办，务净根株"。清政府与帝国主义公开合流，共同镇压义和团。帝国主义侵略军四处侵略时，李鸿章命令清军步步后退，不许抵抗。清政府任命李鸿章和庆亲王奕劻为议和全权大臣，负责向帝国主义投降事宜。

义和团运动是一场轰轰烈烈的以农民为主体的反帝爱国运动。这场运动虽然遭到了失败，但它的历史功绩是不可磨灭的。

义和团运动沉重地打击了帝国主义侵略者，阻止和打乱了帝国主义列强瓜分中国的狂妄计划。帝国主义列强不得不放弃瓜分中国的计划，转而采取"以华治华"的政策。义和团运动突出地表明，帝国主义永远不能灭亡中国。

义和团运动还进一步摇了清朝的封建统治，加速了这个腐朽王朝的崩溃。在义和团运动高涨时，清王朝的统治受到很大冲击。它虽然最终与帝国主义一起镇压了义和团运动，但它的卖国嘴脸由此而彻底暴露，使中国人民提高了对其反动本质的认识，迅速掀起了新的革命浪潮。1902 年 3 月，直隶广宗、巨鹿、威县的义和团和广大群众，又发动大规模的反抗斗争，举起了"扫清灭洋"的旗帜，不仅打击帝国主义，也坚决打击清王朝。同时，以孙中山为代表的资产阶级革命派，总结义和团运动的经验教训，也把清政府看作是"洋人的朝廷""奴隶总管"，更加自觉、积极地进行民主革命斗争，推动了资产阶级民主革命运动在全国蓬勃发展，终于在义和团运动 10 年之后推翻了清王朝。因此，义和团的英勇斗争，不愧是 50 年后中国人民取得革命伟大胜利的奠基石之一。

1900 年 12 月 24 日，美、俄、日、英、德、法、意、奥 8 个帝国主义国家，另加上比利时、西班牙和荷兰，共同提出《议和大纲》12 条，迫使清政府接受。躲在西安唯恐"归政"的西太后见到李鸿章给寄来的《议和大纲》，如同得到赦免书，"喜过望，诏报奕劻、鸿章尽如约"，表示"所有十二条大纲，应即照允"。西太后还厚颜无耻地说，要"量中华之物力，结与国之欢心"，决心以最大限度的卖国，争做帝国主义"欢心"的走狗。1901 年 9 月 7 日（辛丑年 7 月 25 日），《辛丑条约》正式签字。

《辛丑条约》中除规定惩凶、道歉之外，有下列几项主要内容：（一）向中国勒索赔款 45000 万两，分 39 年还清，本利共 98000 多万两。其中沙俄所得最多，沙俄外交大臣拉姆斯道夫供认："1900 年的对华作战，是历史上少有的最够本的战争"。（二）拆毁大沽及北京至海的所有炮台；北京——天津——山海关铁路沿线重要城镇，各国留兵驻守。（三）划定使馆界，并准以驻兵，中国人不准在界内居住。（四）永远禁止中国人成立或加入任何反帝性组织，违者处死。清朝官吏要负责替侵略者"弹压惩办"人民的反抗，镇压不力或不及时者"即行革职，永不叙用"。（五）总理衙门改为外务部，班列六部之前。清政府中为帝国主义服务的机构——外务部地位的提高，标志着半殖民地化程度的加深。

《辛丑条约》是清政府在政治、军事、经济等方面主权的一次大拍卖，是帝国主义强加在中国人民头上的又一沉重的枷锁。清政府的财政大为破坏，为了支付巨额赔款，更加紧对中国人民进行残酷的搜刮和勒索，造成人民极端贫困化，社会经济愈益凋敝。帝国主义进一步控制了中国的军事，取得了在使馆界内和一些重要城镇驻兵权，直接镇压中国人民。

《辛丑条约》将帝国主义与清政府的关系完全确定下来，公使团成为清政府的"太上皇"，清政府充当帝国主义统治中国的奴仆，对外国主子负有镇压中国人民反侵略斗争的义务，中外反动派完全勾结起来。清王朝变成了帝国主义在华的统治工具。从此，中国已经完全沦为半殖民地。

廊坊大捷

列强在中国军民的反抗面前，同恶相济，在军事上采取了联合行动，组成以英海军中将西摩尔为首的先遣军，企图用最快的速度进占北京，用武力保护使馆，胁迫清政府改变政策，剿灭义和团。驻守京津铁路沿线的清军和义和团，在廊坊一带，同先遣军展开了激战，取得大捷，挫败了西摩尔先遣军。

列强军事上的联合行动，随着事态的发展逐步形成。英、俄、日、美、德、法、意、奥8国政府，借口协助清廷"剿匪"和保护使馆，于1900年6月8日授权各使馆见机果断处理。9日，英国领事窦纳乐向英国东洋舰队司令西摩尔中将发出急电说："北京的局势正每时每刻地变得更加严重，必须派出部队登陆，并且为立即对进军北京作出一切安排。"驻天津的各国领事和海军头目，召开了紧急会议，决定从各国进入天津租界的3000多名兵力中抽出2000多人组成先遣军，推举西摩尔中将和美军的麦卡拉上校率领。6月10日9时许，联军先遣军分两批从天津乘火车北上。第一批由西摩尔率领英、美、奥、意军600人先行，第二批英、德、日、俄、法军600人跟进。在此后的3天里，其余部队陆续开出天津。在战争爆发之前，直隶和京津地区的清军共有113000人。北京地区由直隶总督荣禄亲率的武卫中军30余营13000人，驻守南苑；由董福祥率武卫后军20营约6800人，从丰润、玉田调驻北京南部；奕劻率神机营25营约14000人，载漪率虎神营14营8640人，分守北京各城门；另有八旗、绿营官兵两万余人，分驻北京城内。天津地区的清军共有25000千人。武卫前军总统聂士成率34营（队）约15000千人，驻守芦台、开平一带；总兵罗荣光率淮军10营4750人，驻大沽、天津一带；总兵李安堂率淮军5营约2300人，驻守北塘、圣头沽一带；总兵何永盛率练军6营2500人，驻天津；工部侍郎、武卫右军总统袁世凯率4000余人（另有3000人调山东）驻小站。山海关地区约有清兵14000人。武卫左军总统、四川提督宋庆，会办武卫左军、浙江提督马玉崑，率25营约9800人，总兵吕本元率淮军5营2500人，驻山海关一带。八旗马步千余人，守山海关城。另外，在保定、正定、大名府等地驻有练军16营5500余人；在宣化、永宁、古北口、热河（今承德）一带，驻有练军11个营3200余人。加上抽义和团精壮编组成军的部队，清军在数量上远远超过联军。后来，联军不断增兵，最多时达到128000余人：英军2万人，法军15600人，德军23700人，俄军2万余人，日军22000人，美军5800人，意军2000余人，奥军300人。双方有生力量大体相等，在武器装备上也不太悬殊。廊坊地处京津铁路中点，是京津重要走廊。在西摩尔进犯北京之前，义和团已在天津以北扒铁路，拆电线，毁桥梁。6月10日，先遣军边修铁路边前进，当行至北仓时与聂士成部相遇。聂决意迎战，裕禄令聂不要启衅。聂士成筹思再三，电令驻保定、高碑店马队统领邢长春和左路统带杨慕时，率部来津，准备一战。12日，先遣军抵落垡站，遭到义和团的阻击。义和团以自己的血肉之躯，滞阻了敌人的北犯行动，粉碎了西摩尔进军前妄称用不了几小时就可以达到北京的狂言。

13日，联军留一支部队驻守落垡，以其大部兵力进犯廊坊车站。义和团严阵以待。当先遣军进至廊坊附近，北昌村坛口大师兄李挺，召集团民祭坛宣誓，决心与侵略者血战到底。各村的团民将廊坊至万庄的铁路拆毁10多处，使联军3列火车被困不得前进。消息传至附近9个村庄，五六千团民纷纷赶到廊坊参战，拥推李挺为总坛口，负责统一指挥。铁路西侧各村的团民，张起名色义旗，吹起号角，随时准备投入战斗。广大民众群情振奋，为参战团民送饭、送水。团民们向抢修铁路的英军和美军发起攻击，迫使他们龟缩在车站。义和团在阻击先遣军北犯中，成了英勇的先锋。聂士成在义和团带头抵抗先遣军的影响下，决心同他们配合起来，共同打击侵略者。当天晚上，聂士成率部进攻落垡，联军受到清军和义和团的南北夹击，进退维谷，一筹莫展。

15日，西摩尔派一列火车强行南下，企图逃回天津，筹措粮食和弹药。当列车行至杨村时，又被义和团堵截，杨村西南的葛渔城、东沽港等村的义和团送来100多条"大抬杆"和土雷，李挺率领团民顽强阻击敌人，使联军的列车不敢前进。西摩尔在《我的海军战绩》一书中写道，联军在廊坊"陷于孤立，没有运输和前进的工具，并和后方基地隔断"。西摩尔见情势危急，决定将先遣军分批撤回天津。18日，当先遣军的两列火车尚未撤出廊坊时，驻守北京城南的董福祥令姚旺率武卫后军2000人，迅速南下，在廊坊夹击先遣军。该部乘火车至万庄车站，然后沿铁路东侧徒步行军，经翟各庄再转向西南，在西务村跨越铁路绕到廊坊西北的蔡窦（豆）庄，截住联军，展开激战。在义和团的密切配合下，经过两个小时战斗，打死打伤联军百余人。先遣军冲出廊坊，撤至杨村，义和团和清军穷追不舍，于深夜包围了杨村。联军立足未稳，仓促应战，又被打死打伤约40人。

西摩尔在杨村召开各国指挥官会议，讨论如何摆脱困境，逃出杨村。他们孤军无援，缺乏弹药，只有离开铁路，沿北运河，向天津徒步逃跑。20日清晨6时，联军抢夺民船9只运送伤员、军械，其余部队由美、法、意军为前卫，英、俄、德、日、奥军为后卫，沿北运河东岸撤退。9时许，遭到淮军右翼徐得标部、聂士成部及义和团的阻击，双方激战11小时。21日，联军继续撤退，又遭到武卫前军步兵的拦击，武卫前军马队统领邢长春、后路统领胡殿甲，分别率领马队和炮兵赶来，再加上义和团团民的助战，联军受到严重伤亡。

22日，先遣军利用夜暗逃跑，被清军阻击于郎园、曲家湾、赵庄子、北仓等地，他们且战且退，潜行天津近郊西沽，占领了清军设在那里的武器库。23 日 4 时，刚从保定调来的武卫前军左路统领杨慕时率 3 个营，攻打占领武库的先遣军。义和团从霍家嘴、白庙和教场口赶来助战，双方展开了激烈的争夺战，清军左营营官徐照德、中营帮带吕光烈、哨官王玉山等 130 余人阵亡。被困在武库中的联军准备突围，派出小分队探路，被埋伏在桥下的清军突然猛击，大多被击毙。联军突围不成，凭借高墙固守。25 日，天津租界派出援军两千多人，由俄军希林斯基上校率领，救援西沽武库的联军。26 日，西摩尔烧毁武库，向租界逃遁。义和团首领曹福田率领团民，埋伏在租界附近，进行袭击，敌人抛械弃枪，窜入租界。

西摩尔率领先遣军从天津向北京长驱直入的失败，证明敌人过高估计了自己，过低估计了中国兵民的力量。清军官兵积极作战，英勇杀敌；义和团不怕艰难，不怕流血，以简陋的武器，配合清军作战，显示了民众的伟力。西摩尔事后回忆说："义和团所用设为西式枪炮，则所率联军，必全军覆灭。"

北京防御战

通州陷落，北京危急，大清王朝面临生死存亡的紧急关头。此时慈禧太后从根本上动摇了抗战的决心，着总理衙门向联军乞求停战议和，联军置之不理。慈禧太后和光绪皇帝仓皇出逃，北京这座历史名城，又一次被列强的铁蹄践踏，遭到惊人的浩劫。

8 月 13 日午夜，俄军先头部队直抵东直门。他们以为清军已成惊弓之鸟，不敢抗战，可以像轻取通州一样攻占北京，便贸然攻城。不料遭张怀芝部顽强抵抗，"在此血战，华兵守护极严，急切未能得手"。进攻齐化门的日军也受阻，被迫停止攻城。

14 日上午，日军再攻朝阳门、东直门，武卫军坚决还击。荣禄派孙万林、李金成两统领，率部出安定门，抄袭日军侧翼，日军攻势受挫。北京城墙高大坚固（宽 40 英尺，高 60 英尺），日、俄军虽然炮火猛烈，仍不奏效，改用工兵爆破，俄、日军死伤 100 余人。在东直门、朝阳门激战的两天期间，广渠门方向异常平静，荣禄误认为无联军来攻，遂将广渠门守军董福祥部调往朝阳门、东直门，正巧此时英军赶到广渠门，展开 12 门野炮，轰击城门，破门而入，直指前门。英军中有许多缠头的印度兵，清军和义和团误认为是清军马安良的回民部队，未加阻截，英军得以顺利占领天坛，迅速抵达使馆区外围，从一个水洞进入东交民巷，美、法军跟踪而入。日、俄军爆破东直门、朝阳门成功，法军也于 14 日午夜入城，在城内进行了激烈的巷战，清军逐步收缩，联军向紫禁城逼近。

8月14日，慈禧太后紧急召见大学士、六部、九卿议事，急筹补救之策，但无人应召。入值大臣载澜借口无可调之兵，应立即投降，慈禧拒绝。15日晨，联军攻打紫禁城，守卫紫禁城的神机营、虎神营与联军进行了激烈的战斗。天安门遭到联军炮火的猛烈轰击，神机营退守午门。守卫皇宫后门景山的神机营，居高临下，对联军威胁很大。联军为争夺这一制高点，进行了数小时的强攻，神机营誓死鏖战，官兵大部伤亡，景山失守。安定门被联军大炮击毁，守将延茂见大势已去，将自己的住宅焚毁，举家自焚而死。守卫皇宫的清军在困难的情况下，与联军血战一天，打退了联军的多次进攻。可是就在清军同联军在东华门苦战之时，慈禧挟光绪帝着青衣素服出逃。他们出西华门、西直门，经颐和园、昌平县、居庸关，转道山西，直奔陕西。劳禄和董福祥也率部分别从西直门、彰仪门撤走。16日晨，日军首先攻进紫禁城，北京陷落。在一片出逃声中，唯有义和团在城内坚持了最后的抵抗。北京之战，联军伤亡450人，清军伤亡4000余人。

北京陷落后，联军纵兵掠城3天。皇宫、官邸、商店和民宅，均遭抢掠，无一幸免。这些外国强盗大发横财，出京时"每人皆数大袋，大抵皆珍异之物，垂囊而来，捆载而往"。他们是一伙屠杀中国人民，掠夺中国财富，破坏中国文化的罪魁祸首。联军为统治北京，经过内部的斗争，由德国瓦德西元帅担任联军司令，成立了所谓北京管理委员会，将北京划成11个区，由各国侵略军分别占领，便于搜刮和弹压。瓦德西于10月27日抵北京，将司令部设在紫禁城的仪銮殿。

在北京即将陷落时，清廷于8月7日派李鸿章与联军和谈。清廷在西撤途中，于8月27日派庆亲王奕劻回京议和，令李鸿章会办。9月7日，清廷颁发上谕说："义和团实为肇祸之由""非痛加剿除不可"，要求议和。联军认为"直隶一带，尚有华兵固守之要区，拳匪聚合之党人，设剿灭之未尽，自平安之无期"，拒绝议和，不肯歇手，仍四出攻掠，扩大军事占领。9月8日占独流和良乡，11日从天津占北塘，20日占芦台，22日占领山海关。

保定是直隶的首府，是义和团的活跃地区，芦汉铁路始于此，时铁路正在修筑中，与英、法、日、德有直接利害，故联军打下北京，便急于夺取保定。法军于13日疾足先抵。守军准备迎战，李鸿章不许，令守军撤向山西。直隶布政使廷雍开门迎法军入城，其他国家的军队于20日前后相继进入保定。联军入城后，大肆搜捕义和团，残杀支持义和团的官员。清廷藩司、城守尉奎恒被杀死，王占魁被敲死，连开门揖盗的廷雍都未得幸免，被联军处决。联军除蔑视我主权，滥杀朝廷官员外，还勒索保定交给白银10万两。新授山西按察使升允愤联军暴行，在直隶紫荆关同联军鏖战，帮带副左营官黄明远、哨官李士彬中炮阵亡，哨官陈心胜、黄印负伤。升允在关上督率左翼分统周玉堂、管带萧世禧，据险回击，毙敌数十人。守军阵亡 60 余人，受伤 28 人，因弹竭兵单，先退浮图峪，再转至平型关。

11 月 12 日，德、意军 2500 余人，越南口、居庸关，占宣化，27 日占张家口。12 日上旬，法军 100 人贸然进犯直隶要隘井陉。井陉山峦起伏，地势险要，为兵家必争之地。大同镇总兵刘光才率部 20 个营约 1 万人，在此遍筑石壕，密布地雷。法军悍然强攻井陉南的虎头山，被清军打死打伤 10 余名。李鸿章于 1901 年 1 月 25 日严令停火，要刘光才"退兵晋境，不准一人一骑东出"。刘光才以为井陉外围东天门乃入晋第一关隘，"数月绸缪，精力毕瘁"，所有设防，"均藉民力，有不能去之势"，没有遵令。4 月中旬联军又以此为口实，集结德、法军约 7000 人，强行挺进，大战在即，李鸿章又急电令刘光才撤退。刘光才无奈，率 15 营撤至固关，另 5 营退守娘子关。

《辛丑条约》的签订

光绪二十六年（1900 年）8 月 14 日，八国联军占据北京后，他们之间的矛盾日趋激化，形成英、俄两国争霸中国的局面。沙俄为求得清政府对它独占东北的承认，首先表示"认皇太后为合例"政府，李鸿章为议和全权代表，主张各国军队撤出北京，开始议和。沙俄独占东北的阴谋，遭到各国的反对。英国不承认李鸿章为议和代表，反对联军从北京撤退，声称要等"中国立有合例政府才可开议"。德国在联军占据北京后继续调兵，企图以武力攻占烟台，进而抢占山东全省，并提出惩办西太后，用以恫吓清政府，以攫取更大的利益。日本是后起的强国，侵略中国时派兵最多，他与俄国争夺中国东北有矛盾，所以支持英国的主张。法国企图吞并云南，对英国在两广的扩张极为不满，所以支持俄国以抑制英国。美国为防止别国趁机强占中国更多的地盘，对自己不利，又第二次提出"门户开放"政策，主张"保持中国的领土和行政的完整"，维持现在的西太后为首的清政府，实际上是要求对中国建立列强共管的局面。这样，经过长期反复斗争、妥协、协商，最后美国"门户开放"政策逐渐被各国所接受。

10 月 4 日，法国提出谈判的 6 项条件：（一）惩办各国公使提出的罪魁祸首；（二）禁止运入军火；（三）给予各个国家、社团和个人的公平的赔偿；（四）各国在驻北京使馆设立永久性的卫队；（五）拆毁大沽口炮台；（六）在北京至大沽口的道路线上选择两三处据点，实行军事占领。10 月 15 日议和谈判开始后，奕劻和李鸿章向各国代表发出一份同文照会，提出了一个"我们建议的初步和约"草案 5 款：第一，中国承认围攻使馆是违反国际公法，它已经认罪，并且保证以后不再发生类似事件。第二，中国承担对各国偿付赔款的责任。第三，中国同意根据各国的要求，重新订立通商条约。第四，联军交还总理衙门机关和中国档案。第五，和议开始后应立即宣布停战。各国公使对中国的议和草案断然拒绝，并蛮横地斥之为"狂妄"，表示在列强之间达成协议之前，不能和中国代表进行谈判。

各国代表在法国提出的 6 项谈判条件基础上，反复磋商，最后拟定了"议和大纲" 12 条。此大纲基本上包括了后来正式和约的内容。十二月二十四日，外交团以照会形式，将"议和大纲" 12 条交给清政府议和代表奕劻、李鸿章，转达西安，并声称：所列全部条款，都是"无可更改"的。李鸿章为了保全西太后的地位，在谈判过程中，奔走于列强公使间，特别请沙俄从中斡旋。他和俄国公使格尔思签订了《天津俄租界议定书》，承认俄国强占租界合法，甚至准备以东北主权做交易。在沙俄的坚持下，列强终于同意用苛刻的条件换取对西太后的谅解。逃到西安的西太后惧列强以首祸议己，常惊惶不安。当她接阅"议和大纲"之后，如得免罪赦书，说："今兹议约，不侵我权，不割我土地"，立即以"警念宗庙社稷，关系至重，不得不委曲求全"为词，于十二月二十七日电复奕劻、李鸿章："所有十二条大纲，应即照允"。此后，各国在强迫清政府惩办祸首和勒索最大限度赔款及保证上，又展开了长达 9 个月的争论，直至和约内容已经基本确定之后，列强才开始同中国全权代表商谈余下的一些细节问题。

光绪二十七年（1901 年）九月七日，清政府全权代表奕劻、李鸿章与英、美、俄、德、日、奥、法、意、西、荷、比等 11 国在北京签订了《辛丑条约》，即《辛丑议定书》或《辛丑各国和约》12 款，附件 19 件。

主要内容是：

一、派头等专使到德国谢罪，在德国公使被杀的地方树立纪念碑。

二、惩办支持或协助过义和团运动的官吏，凡义和团战斗过的城镇和农村，一律停止文、武各等考试 5 年。以后凡民间产生反帝斗争组织，地方官吏必须严加惩办。对镇压不力的官吏要"一概革职，永不叙用。"

三、派官员为专使到日本谢罪。

四、外国人的坟墓被挖掘及损坏的地方，要立"涤垢雪侮"之碑。

五、两年内禁止军火及为制造军火的各种器材进口。

六、赔款 45000 万两。此款分 39 年付清，本息合计 98000 万两。英规定以关余、盐余（即每年关税、盐税在分别归还外债后的剩余部分）和常关（即清政府在水陆交通要道和商品集散地设立的税关）三项收入，作为担保。

七、划定外国使馆区，各国可以在使馆区内驻兵。

八、削平大沽炮台及大沽到北京沿线的所有炮台。

九、从北京到山海关沿线的 12 个战略要地，由外国人驻兵驻守。

十、不准中国人民建立反对外国列强的组织，违者处斩，各地官员在自己管辖范围内如发现有"伤害"外国人的事件发生，必须立即镇压。否则即行革职，永不叙用。

十一、修改过去所订的各国认为需要修改的条约。

十二、把总理各国事务衙门改为外务部，列六部之首。

《辛丑条约》的签订，将外国列强与清政府的关系完全确定下来，公使团成为清政府的"太上皇"，清政府完全成了"洋人的朝廷"。标志着中国完全沦为半殖民地半封建社会。

洋务派创办近代民用企业

洋务运动时期，为了解决军事工业的资金问题，洋务派打出"求富"的旗号，创办了一批民用企业。

从20世纪70年代开始，洋务派采取了官办、官督商办和官商合办的形式，举办民用工业，包括采矿、冶炼、纺织、交通运输等等，到90年代中期，共办几十个企业。

同治十一年（1872年），李鸿章派漕运委员朱其昂创办轮船招商局，这是洋务派办民用工业的开端。轮船招商局共招商股73万多两银，海关拨官款190多万两银，官督商办。总局设在上海，在上海天津等地设码头，代政府运漕米等。

光绪二年（1876年），李鸿章派唐廷枢筹办开平矿务局，光绪三年（1877年）九月在开平正式建立，招商股80多万两银，官督商办。光绪三年（1878年）开井，次年使用外国机器，按新式方法开采。光绪七年（1881年），开平矿务局每日出煤"五六百吨之多"，10余年后，开采量增加，每日"可出煤一二千吨"，且"煤质极佳，甲于地处"。

光绪五年（1879年），李鸿章在大沽和北塘海口炮台试架设电报到天津，"号令各营，顷刻响应"。光绪六年（1880年）九月，李鸿章在天津设电报总局，由盛宣怀任总办。电报线由天津沿运河南下至上海等地，以后又架设了上海至南京及南京至汉口的线路，光绪八年（1882年）四月，电报局改为官督商办，招商股80万元。光绪10年（1884年），电报总局迁往上海，并在各地设电报分局。光绪十六年（1890年），即电报总局成立十周年时，电报线已遍布全国各地。

光绪七年（1881年）成立黑龙江漠河金矿，商股7万两银，官款13万两银，官督商办，李鸿章派吉林候补知府李金镛办理。光绪十五年（1889年），用新式机器开采，这一年产金18961两。

同年两广总督张之洞主持兴办汉阳铁厂，由清政府拨款 200 万两银作资金，光绪十六年（1890 年），在大别山下动工兴建，光绪十九年（1893 年）完工，共计 10 厂。官办无款可筹，后由盛宣怀接手，改为官督商办。

光绪二年（1876 年），李鸿章和两江总督沈葆桢开始议办上海机器织布局，光绪五年（1879 年）派郑观应筹办。光绪八年（1882 年），正式成立。招商股银达到 5000 万两，采用官商合办形式。该局享有 10 年专利，不许民间仿办。光绪十六年（1890 年）开工，营业兴隆。光绪十九年（1893 年）失火，损失约 70 多万两银。

光绪二十年（1894 年）又设华盛纺织总厂，下设 10 个分厂。光绪十六年，张之洞任湖广总督时，将原设广东织布局移至武昌，建立湖北织布局。光绪十五年（1889 年）八月底，张之洞在两广总督任内奏准在广东设织布局，后张奉调湖广总督，织布局随之迁往湖北，由于筹办资金困难，张之洞先后向英国汇丰银行借款 16 万两银，于光绪十七年（1891 年）开始建造厂房，光绪十八年（1892 年）底才正式开工，尚有盈余。

洋务派在 70 年代后的 20 多年里，先后创办了 41 个资本主义性质的企业，到光绪二十年（1894 年）尚存 30 个，共有资本约计三十九百万元。这是中国早期的官僚资本。

洋务派所办的企业尽管仍带有浓厚的封建性，但已采用资本主义的生产技术和方法，产品主要销售于市场，经营目的是为了利润，基本上是资本主义性质的。

洋务运动时期的商办企业

在洋务派创办官督商办企业的同时，中国社会还出现了一些商办企业。这是近代中国民族资本工商业的发端，也是中国社会经济发生重要变化的一个标志。这些商办企业主要是由一些官僚、地主、买办和商人投资而来的，也还有一些是从原来的旧式手工业工场、作坊开始采用机器生产转化而来的。自 1869 年至 1894 年，商办企业只有 50 多个，资本共有 500 余万元。虽然数量很少，实力甚微，但它却是一种新生的社会经济力量。其中比较重要的有：

1869 年，方举赞在上海采用机床生产，创办了发昌机器厂。它的主要生产业务是为外商船厂制造配修零件。由于沿海和长江航运兴起，它的业务发展也比较迅速，到 1877 年，已能生产轮船机器和车床、汽锤等机器产品。80 年代，它还兼营进口五金，成为当时上海民族机器工业企业中规模最大的一家。

1872 年，华侨商人陈启源在广东南海县设立第一家继昌隆机器丝厂，以蒸汽机为动力，雇用工人六七百人，产丝精美，行销国外。两年之后，南海又建立了 4 家缫丝厂，至 80 年代初增至 11 家，共有缫车 2400 架，每年产丝 1200 包。到 90 年代，顺德县的丝厂也很快发展起来，多达 35 家。

1878 年，轮船招商局会办朱其昂在天津设立贻来牟机器磨坊，雇用工人 10 余人，用机器生产面粉，"面色纯白，与用牛磨者迥不相同"，打破了传统手工业磨面的旧式生产方式，效率大增。

1879 年，汕头的一家豆饼厂开始用机器榨油和压制豆饼，第一年每日生产豆饼 200 块，次年增至 300 块，1881 年又增至 400 块。1883 年又增设一厂，日产豆饼 600 块，大大提高了生产效率。豆饼所用原料大豆，均从华北购进，制成品则在本地和台湾市场销售。

1881 年，黄佐卿在上海设立公和永缫丝厂，共投资本 10 万两，投丝车 100 部，次年投产。开始数年，营业不佳。1887 年后，生产逐渐发展，丝车增至 900 部。此后，上海缫丝业日益兴起，至 1894 年已有丝厂 5 家，其中最大的坤记丝厂资本达到 20 万两。

1882 年，徐鸿复、徐润等在上海设立同文书局，购置石印机 20 台，雇用职工 500 人，先后翻印《二十四史》《古今图书集成》等重要古籍。1893 年，该局不幸失火，损失颇重，但因事先投了火灾保险，得到赔偿，仓库、宿舍亦未殃及。后来由于积压资金过多，遂于 1893 年停办。

1886 年，官绅杨宗濂、买办吴懋鼎、淮军将领周盛波等在天津合资设立"自来火公司"（火柴厂），资本 18000 两。1891 年投产不久，即发生火灾，厂房被焚。后来又公开招股，资本增至 45000 两，由吴懋鼎任总办，聘请英、俄商人购办机器，并帮同管理账目，但洋商不参股。火柴多行销于河南等地。

1890 年，上海商人设立燮昌火柴公司，资本 5 万两，生产木梗火柴，所需化学原料从欧洲购买，木梗、箱材等使用日货，每日生产硫黄火柴 20 余箱，但质量较差。产品多销售于江西、安徽等内地省份。

此外，在上海、广州、北京等地还有少数小规模的商办企业，有些忽开忽停，举步艰难。

从 19 世纪 60 年代末期到 90 年代初，历时 20 多年，在中国出现的近代商办企业，可说是小农经济与家庭手工业经济汪洋大海中的若干小岛，不但进程缓慢，而且投资和规模很小，设备简陋，技术落后，产品也主要是日用轻工业商品。但它们毕竟是近代中国第一批民族资本主义工业。

中国民族资本主义工业发展的困难

中国民族资本主义工业是在极其困难的社会历史条件下产生的。当时外国资本主义势力通过不平等条约强迫中国开辟了多处通商口岸，操纵了中国的海关，降低了中国进出口税率，控制了中国沿海和内河航运，把中国变成了它们的商品市场和原料供应地。外国资本主义不但不能促进和支持中国资本主义的发展，反而凭借种种特权限制和打击这种发展。中国资本主义企业，无论在产品销售或原料收购方面，都受到外国资本主义的巨大压力。而经常面临巨大困难，当这些初生企业的产品出现于市场的时候，外国侵略势力不惜采取降价倾销的办法，予以打击。中国企业所需的原料，也受到外国洋行抢购的威胁。外国洋行通过中国买办商人，在原料产地广设采购站，力量薄弱的中国民族资本主义企业无法与之竞争。

中国资本主义企业不仅要遭受外国经济势力、经济特权的打击，还受到国内封建势力的压制和摧残。在中日甲午战争以前，商办企业始终没有取得清政府的正式承认，在设厂、经营和产品销售方面，没有任何法律的保障，完全听任地方官吏随意处置摆布。例如，1881 年南海知县徐赓陛以继昌隆丝厂"专利病民""夺人生业""男女（工人）混杂，易生瓜李之嫌"为由，下令予以封闭，该厂被迫迁往澳门。直到徐赓陛调离后，才又迁回南海。又如 1893 年武举出身的李福明在北京东便门设立机器磨坊，被清朝官吏视为"不安本分"的"刁商""经都察院奏准，饬令撤去"。而许多地方官吏，还对商办企业横征暴敛，敲诈勒索，大大加重了这些企业的负担。

在外国资本主义和国内封建主义的双重压迫困厄之下，中国民族资本主义工商业举步维艰，困难重重。

中国半殖民地半封建的社会历史条件极大地阻碍了中国资本主义的发展。

小说界革命

1896 年，梁启超在他著名的《变法通议》一文中，首次提出了革新小说的主张。他认为通过提倡革新小说内容可以发挥小说的社会教育作用。光绪二十三年（1897 年），他为《蒙学报》《演义报》作序，又从外国小说中意识到小说的社会政治作用，认为小说是救国的最有效的工具。一改过去轻视小说的传统观念，改变了中国文学诸品种之间的结构关系。

戊戌政变之后，梁启超逃亡日本。光绪二十四年（1898 年）创刊《清议报》，在该报"规例"中，梁启超第一次提出"政治小说"这一新的概念，并亲自翻译日本柴四郎的小说《佳人奇遇》，标以"政治小说"加以刊布。接着又在《清议报》上发表小说论文《译印政治小说序》，这是他提出小说界革命的前奏。文章进一步强调小说与政治的密切关系，认为小说应成为推动政治进步的重要手段，自觉地把革新小说与政治斗争有机地联系在一起。

光绪二十八年（1902 年），在《新民丛报》创刊号上，梁启超发表了两篇未完剧作（《劫灰梦传奇》《新罗马传奇》）进一步阐明创作小说戏曲的目的，务在"振国民精神"。经过这长期的理论酝酿和创作实践，于是年冬，在他主编的《新小说》创刊号上发表了著名的小说论文《论小说与群治之关系》，正式开始鼓吹提倡小说界革命。这篇文章就是他发起小说界革命的正式宣言。

文章高呼"改良群治，必自小说界革命始；欲新民，必自新小说始"。抓此关键，就能无往而不立，所以"欲新一国之民，不可不先新一国之小说"。他视"小说为文学之最上乘"。认为小说既有"启迪民智"的知识意义，又有改造人类灵魂的作用。梁启超还针对中国的小说现状和社会现状，抨击了旧小说和当时的小说创作。他认为当时社会上存在很多腐朽思想和黑暗现象，都是受旧小说影响的结果，即旧小说的不良影响是"中国群治腐败之总根源"。他批判了正统派文人不重视小说的错误观点，鼓动把小说的创作权从"华士坊贾"的手中拿过来，创作新小说，以达其为改良主义政治服务的目的。《论小说与群治之关系》一文，从其资产阶级改良主义观点出发，对小说的社会作用、文学地位、艺术特点等都作了较系统地论述，提出了小说必须革新的强烈要求。

小说界革命的号召提出后，立即在文坛上发生了巨大的影响，掀起了一个规模大、声势强的小说改良运动。再加上当时印刷新闻事业的发展，使其传播更容易而且广泛。自此，一向受歧视的小说在清末升价 10 倍，出现了空前繁荣的局面。首先，以刊登小说为主的小说杂志，自《新小说》后大量出现，为新小说建立了阵地；小说家和新小说作品如雨后春笋。当时最有名的小说家均办有杂志。如李伯之的《绣像小说半月刊》，吴趼人的《月月小说》，曾朴的《小说林》等。小说内容从封建思想束缚下摆脱出来，而以改良群治为主旨。新小说以压倒优势取代了才子佳人、狭邪小说等旧小说的统治地位。新创小说和新译小说以其崭新的内容强烈地吸引着读者，风行于社会。其次，随着新小说创作的繁荣，在小说理论批评、考证、研究方面，也有了空前的发展而极尽一时之盛。第三，由于对小说作用的强调和小说与政治密切关系的认识，则大大提高了小说的地位。小说界革命还有力地促进了清末文学通俗化运动的发展，推动了文言小说向白话小说过渡的进程。总之，小说界革命给文坛带来的积极影响和梁启超所做出的贡献，是应该充分肯定的。但同时，也产生了一些消极影响。比如在偏重小说的内容时却忽视了小说的艺术性，使许多作品流于政治说教。另外，他们也过分夸大了小说的地位和作用，甚至说小说是"国民之魂"。这种小说至上观贬低了政治斗争的意义。第三，他片面夸大中国传统小说的消极作用，而一概加以否定，带有民族虚无主义色彩。

晚清四大谴责小说

20世纪初叶的10年间，在资产阶级改良主义思潮的影响下，一批作家企图通过揭露政治腐败，谴责现实黑暗，提倡社会改良，以达到"救亡图存"的目的。他们多以报刊为基地，创作出大量的暴露性小说，以区别于优秀的讽刺小说，鲁迅根据其内容特点，名之为"谴责小说"，并举例称其中的《官场现形记》《二十年目睹之怪现状》《老残游记》《孽海花》4部作品为晚清四大谴责小说。

《官场现形记》60回，作者李伯元（1867—1907年），名宝嘉，江苏武进人。该书由许多短篇故事集纳而成，以揭露清末官场的黑暗腐败为主旨，用讽刺与夸张的漫画化笔调，描绘形形色色的封建官僚群像，演述了清代官吏"迎合，钻营，蒙混，罗掘，倾轧"的种种故事。为了升官发财，上至军机大臣，下至州县杂役，无不暗使机关，甚至明火执仗。儒家的纲常名教，所谓的"为民做主"的做官之道，不过是他们升官发财的"敲门砖"和遮羞布。小说中所描写的官吏，或爱钱如命，或鱼肉百姓，心狠手辣；而对洋人却奴颜婢膝，丑态百出。作者从改良主义的立场出发，"归罪于官声"，寄希望于整肃，不过，它不可能彻底批判揭露封建制度的弊端，集中活画出一幅晚清官场的百丑图，使人们可以从中领悟了解清末的官场形象。

《二十年目睹之怪现状》108回，作者吴趼人（1866—1910年），名沃尧，号我佛山人，广东南海人。小说带有自传性质。叙写署名"九死一生"的"我"在清帝国这个鬼蜮世界里20年来所见所闻的种种怪现状，揭示出官场的堕落、商场与洋场的肮脏、封建道德的沦丧、社会风气的极度败坏，绘声绘色地描画了一幅帝国行将崩溃的广阔社会图卷。其中贯串了近200个小故事和繁多的人物，涉及面广，反映了光绪十年（1884年）中法战争后到20世纪初期的现实生活。该书暴露的重点仍是官场，摹画"洋场才子"的丑态甚为逼真；同时，书中也寄寓了作者慨叹现实的感伤情怀。此书在当时影响很大，以至"妇孺能道之"。

《老残游记》20回，最初发表于光绪二十九年（1903年）。作者刘鹗（1857—1909年），字铁云，江苏丹徒人。该书署名洪都百炼生作。小说描写一个名铁英号老残的江湖医生在游历途中的所见、所闻、所为，比较广泛而深刻地反映了清末的某些社会现实。通过对玉贤、刚弼两个酷吏所施暴政的描写，揭露、批判了封建社会中为人们称颂的所谓"清官"犯下的罪恶，给人以振聋发聩之感。作者站在洋务派的立场，将社会弊病归罪于国家缺少航行的"罗盘"，而认为"驾驶"航船的人（暗指清廷统治集团）并没有错。作者主张办洋务，向西方学习，以此来达到改良社会的目的。第一回的隐喻式描写即是表达这种政治见解。该书在艺术上历来为人称道。一些片段绘景状物传神入化，如诗如画，意境盎然，大大提高了这部小说的吸引力。

《孽海花》35回。作者曾朴（1871—1935年），字孟朴，江苏常熟人。该书成书过程比较复杂，前后经20多年艰苦创作始成。小说的前10回发表于光绪三十一年（1905年）。最后一回发表于民国十九年（1930年）。小说以金雯青和傅彩云的故事为主要线索，串联起封建官僚、文人、名士的许多琐闻轶事，展示了清末同治初年到甲午战争失败这30年间的政治、经济、外交和社会生活的情况，在一定程度上揭露和批判了封建统治阶级的腐败无能和帝国主义的侵略野心。书中绝大多数人物有所影射（如金雯青影射洪钧，傅彩云影射赛金花），并直接描写了以孙中山为首的资产阶级民主革命运动，肯定并宣扬了"天赋人权，万物平等"的民主主义启蒙思想。缺点在于这本书中存在一些缺少批判的轶闻艳情的描写。该书出版后风靡一时，两三年间再版15次，行销不下5万部。其评论、考证，续作纷纷出现，影响颇大。

以上四大谴责小说代表了晚清谴责小说的总体特征。其共同点是：暴露社会弊病，提倡改良主义；而又往往张大其词，极度夸张，"辞气浮露，笔无藏锋"，未能达到优秀讽刺小说《儒林外史》那种"秉持公心""旨微而语婉"的艺术境界。鲁迅称之为"谴责小说"，恰如其分。谴责小说是清末小说中的主流。但随着辛亥革命的失败，这类小说渐渐失去其曾有的一点思想光彩，演变为专以"揭阴私、翻底细"为指归的"黑幕小说"，甚至成为专门诋毁私敌的"谤书"和介绍作恶手段的"犯罪教科书"。

京师同文馆

咸丰十年（1861年），清政府设立了总理各国事务衙门（简称总理衙门），负责对外事务。次年，咸丰皇帝应总理衙门大臣奕䜣的奏请，设立京师同文馆，作为附属于总理衙门的一所外国语学校，培养对外人员。1862年，京师同文馆在北京正式开办，最初设英文、法文、俄文三馆，只招收14岁以下的八旗子弟，1866年，总理衙门又奏请皇帝，要增设天文、算学科目，聘请洋人来教习，于是陆续增设了算学（包括天文）、化学、格致（包括办学、水学、声学、气学、火学、光学、电学）、医学四馆。录取学生的方法也相应变动。规定由京内外各衙门保举30岁以下的翰林院庶吉士、编修、检讨及五品以下由进士出身的官员，或举人、贡士等未仕人员，最后由总理衙门考取入学。学生的生活待遇从优，先是每月每人给膏火银3两，后改为每人每月薪水银10两，并供给饭食。

同文馆设立之初遭到清政府内极端守旧派人士的反对。监察御史张盛藻认为强盛中国的办法依旧是尧舜之道，只有通过精读孔孟之书，明体达用，才能使国家规模宏大，所以他极力反对向洋人学习制造轮船、洋枪技术，大学士倭仁也不断提出"立国之道当以礼义人心为本，未有专恃术数而能起衰振弱者。天文、算学只为末议，即不讲习，于国家大计亦无所损"。从此，守旧派与洋务派在同文馆的设立上发生了激烈争论。倭仁的声望在当时学界很高，是理学权威，他的响应者颇多。这样，京师同文馆虽然设立了讲习天文、算学等自然科学的科目，但投考的人却寥寥无几。

1874 年，在以李鸿章为首的实力派的大肆倡导下，办洋务已成为一种时尚，于是同文馆也随之逐步兴盛起来。在此之前曾增设了德文馆。这以后又增设了东文馆。规定学生增加到 120 人。后改学制 3 年为 8 年，课程包括汉文、外文、天文、算学、物理、化学、世界史地和万国公法等科目。此外设有为教学服务的化学实验室、物理实验室和博物馆、天文台等。在此之前，还于同治十二年（1873 年）设立了印书处，有中体和罗马体活字 4 套，手摇机 7 部，承印同文馆和总理衙门所翻译的数、理、化、医学历史等书籍和文件等。

京师同文馆的总教习多由外国人担任。同文馆的经费、人事等方面多为总税务司英国人赫德所控制。同文馆先后聘请了外国传教士包尔腾、傅兰雅、丁韪良等担任教习或总教习，其中由赫德提名的总教习美国传教士丁韪良总管校务近 30 年。按规定，同文馆不允许传播西方宗教，但实际上洋教习们总是借机进行传播。

光绪二十七年初（1902 年），京师同文馆并入京师大学堂。

京师大学堂

在戊戌变法之前，就曾有大臣上书给光绪帝，提出在京师设置一个比较"专精"的学堂。1898 年 2 月，御史王鹏运上奏光绪帝再次提出开办京师大学堂。光绪帝下谕："妥速办理。"6 月 11 日，光绪帝颁"明定国是"诏，实行变法。随后，命军机大臣和总理衙门妥议开办京师大学堂事。决定由梁启超参考日本和西方各国学制起草《京师大学堂章程》，章程分 8 章 52 条。规定: 京师大学堂的办学方针为:"中学为体,西学为用,中西并用,观其会通。"课程分为普通学和专门学两类。以经学、理学、中外掌故学、诸子学、初级算学、格致学、地理学、文学及体操学为普通学科；以各国语言文学、高等算学、格致学、政治学、地理学、农学、矿学、工程学、商学、兵学、卫生学为专门学科。章程还规定"各省学堂皆归大学堂统辖"。同时提出"宽筹经费""宏建学舍""慎选管学大臣""简派总教习"等建议。7 月 3 日，朝廷批准设立京师大学堂。将原设官书局和新设译书局并入大学堂。光绪二十四年（1898年）8 月 9 日，京师大学堂正式开学，学员不足百人，多为世家官宦子弟及少数各省中学堂选送的高才生。12 月 30 日，又设立师范斋，规定于前三级学生中选其高才生为师范生，专讲求教学之法，为以后派往各省学堂充当教习之用。次年 9 月，又设立史学、地理、政治三学堂。改派许景澄为管学大臣，黄绍箕为总办，刘可毅、骆成骧仍为教习。光绪二十六年（1900 年），义和团运动在京津一带兴起，京师大学堂内师生对此议论纷纷。管学大臣许景澄与京官袁昶等力主镇压。不久许景澄被以"极谏"围攻使馆和排外宣战的罪名而遭清廷杀戮，教习刘可毅也被杀害。消息传来京师大学堂，学生四散离去，校舍封闭，藏书损失殆尽。9 月，慈禧太后下令停办京师大学堂。

光绪二十八年（1902 年）1 月 7 日，慈禧太后从西安返京筹办"新政"。10 日，派张百熙为京师大学堂管学大臣，命其修改办学章程，扩办学堂规模。京师大学堂重新恢复。2 月 13 日，张百熙奏陈筹备情况：一、准备设预科，预科分政科和艺科两门；设速成科，分仕学馆、师范馆。二、添建讲舍，在原有 140 余间的基础上添盖 120 余间。购西城瓦窑地方土地 1300 亩盖房。落成后除预备、速成两科外，新奏旨送大学堂仕学馆学习肄业的进士，附设医学馆的学生一并迁入。三、附设译局，译局由官书局筹办。四、经费：由华俄银行拨发百万，各省每年拨 2 万，中省 1 万，小省 5000。又决定任命吴汝纶为大学堂总教习等，慈禧太后批准了以上建议。10 月 14 日，京师大学堂正式举行招生考试。速成科学生考试科目有史论、舆地策、政治策、交涉策、算学策、物理策及外国文论 7 门。师范馆由各省选送学生若干，考试科目有：修身伦理大义、教育学大义、中外史学、中外地理学、算学、代数、物理、化学、浅近英文、日文等。仕学馆由各省推荐，不参加考试。结果共录取学生 92 名。后来又扩招 90 名。12 月 17 日，京师大学堂正式开学。1903 年（光绪二十九年）2 月，又增设了进士馆、译学馆及医学实业馆。毕业生分别授给贡生、举人、进士头衔。一个月之后北京掀起了拒俄运动，4 月 30 日，京师大学堂三百余学生，鸣钟上堂，发起声讨沙俄罪行大会，会后起草《京师大学堂师范、仕学两馆学生上管学大臣请代奏拒俄书》。当晚，部分学生退学参加了拒俄义勇军。

1908 年（光绪三十四年）6 月，京师大学堂又增设满蒙文学，7 月，附设博物品实习科。次年，建立京师大学堂图书馆，清政府将热河文津阁的四库全书拨给京师大学堂图书馆。宣统二年（1910 年）改设分科为经、法、文、格致、农、工、商 7 科。1912 年 5 月 3 日，袁世凯批准京师大学堂改名为北京大学。

画家吴昌硕

吴昌硕（1844—1927年），是晚清著名的绘画大师，名俊卿，一名俊，字昌硕，一作仓石，号缶庐、吾铁，晚号大聋，浙江安吉人。他自幼受到家庭熏陶，成年后刻意求学，30岁方从任颐学画。在任颐的指点下，他博采众家之长，终于在绘画史上独树一帜，成为近代最杰出的花卉写意大师。

吴昌硕爱画梅、菊、兰、竹、牡丹、水仙等，寓意清高超逸，章法结构突兀，左右互相穿插交叉，紧密而得对角之势。

吴昌硕作画参悟篆法、草书的笔意，篆刻的行笔、运刀及章法体势，促成大气磅礴、颇具金石味的独特画风。比如画梅即脱胎于篆隶之法，所谓"蝌蚪老苔隶枝干"；写葡萄、紫藤则有狂草的奔放笔致，所谓"草书作葡萄，动笔走蛟龙"。

敷色方面，吴昌硕打破明清以来文人写意画的陈旧格调，喜用西洋红，有时画花就大胆地把这种红色（或大红）堆上去；画叶子又用很浓的绿、黄及焦墨，这正是吸取了民间画用色的特点，画面上的色彩浑厚复杂，对比强烈，而又显得凝重含蓄，冲突中有和谐。

吴昌硕的存世作品很多，例如《葡萄葫芦图》《紫藤轴》《水仙天竹轴》《秋菊延年图轴》《桃实图轴》《墨荷图轴》等等。

光绪三十年（1904年）吴昌硕与吴隐等在杭州西湖孤山创立西泠印社，由他担任社长。其书画篆刻对近现代画家颇具影响，尤受日本画界推崇。有《缶庐集》《缶庐印存》等作品集传世。

《大同书》

《大同书》是康有为后期所著的反映其政治思想的一部书。

戊戌变法失败后，康有为流亡国外。先后游历了日本、美洲、欧洲、印度等地，亲眼目睹了西方社会的文明和危机；此外，还接触到空想社会主义思潮。光绪二十七年（1901年）至光绪二十八年（1902年）康有为避居印度，他重新操笔对其《人类公理》进行充实、增补、征述了不少游历欧美后的所见所闻，并大量添加了有关印度之事，写成《大同书》草稿，康有为在《大同书题辞》中写道："廿年抱宏愿，卅卷告成书。"可见，此书饱含了他20余年的艰辛。

《大同书》集中表达了康有为的政治思想。书中糅合了儒学、佛学、西方的民主思想，以及某些空想社会主义思潮，描绘了一幅理想社会的因素，认为人类经过进化，可达到一种大同世界。此书揭露了人世间因不平等而产生的各种苦难，主张建立没有私产、没有家族、没有国家、没有帝王，人人相敬相亲，人人平等互爱的理想世界。他认为只有广泛宣传，大同世界就会如江河日下，自然而成。康有为反对通过暴力去实现大同世界，宣扬君主立宪。反映了他改良主义的思想。

《大同书》草稿写成后，梁启超向康有为建议，请他将这书刊布出来。康有为认为"方今为国党之世"，不同意马上把此书公布于世。尔后，他又多次对此书进行修订。宣统三年（1911年），辛亥革命爆发，次年康有为组织孔教会，发起"定孔教为国权"运动。中华民国二年（1913年），康有为将《大同书》甲、乙两部分在《不忍杂志》上发表。后来，《不忍杂志》停刊，《大同书》尚有八部分没有继续刊出。民国六年（1917年）康有为参加张勋复辟活动，旋即失败。两年后，甲乙两部分合订为单行本问世。民国十六年（1927年），康有为去世，《大同书》其余8部分未及刊出。民国二十四年（1935年），康有为弟子钱定安将甲、乙两部和经他整理的丙、丁、戊、己、庚、辛、壬、癸8部汇集起来，由上海中华书局正式出版。

诗界革命

"诗界革命"，是一批标榜自由思想的维新派诗人在戊戌变法前后掀起的诗体革新运动，是当时改良主义文化启蒙运动的一个组成部分，以扫荡封建正统文学的"薄今爱古"颓风，推动中国文学复兴为己任，力图以新理想使民开化，而为维新派的君主立宪、变法图存的政治纲领服务。

"诗界革命"的理论前驱与杰出实践者是黄遵宪（1848—1905年）。早在同治七年（1868年），黄遵宪就在《杂感》一诗中提出"我手写我口，古岂能拘牵"的创作原则，成为最早的"诗界革命"的宣言。他认为写诗应该反映现实，反映社会，反映思想，应该蕴含真情。而反对"尊古""剽盗"，要求写人间"真意"，自我"心声"。此后，黄遵宪以外交官资格，遍游日本、美、英、新加坡，长达17年。西方资本主义的产业文明，与卢梭、孟德斯鸠的政治学说，开拓了他的视野，形成了他既批判封建专制，但又"守渐进主义，以立宪为归宿"的改良主义政治观。从而，对其后期文学思想的发展，产生了积极的影响。

光绪十七年（1891年），黄遵宪在伦敦作《〈人境庐诗草〉序》一文，根据"今之世导于古"的进化观点，强调今人应抛弃古人的糟粕，而不为古人所束缚，今诗必须"别创诗界"，而"自立"于古人之后。文中又提出"诗之外有事，诗之中有人"的重要命题，对"新派诗"的创作原则和本质特质做了完整的理论阐释。所谓"诗之外有事"，就是要在现实生活中拓展创作题材，以国内外大事入诗，更以"欧洲诗人""鼓吹文明之笔"为模式。所谓"诗之中有人"，就是要求诗有鲜明的艺术个性，"要不失乎为我之诗"，同时要渗透新的时代精神，塑造新的诗人自我形象。黄遵宪反对拟古，但并不盲目拒绝传统文化遗产。他主张"复古人比兴之体""取离骚之神理""不名一格，不专一体"，形成独立的艺术风格。在诗歌形式上，要"以单行之神，运排偶之体"，即以古文家之法入诗，使诗散文化，加强诗的表现力。《〈入境庐诗草〉序》，在文学发展论、创作论、风格论诸方面都具有近代的控理论色彩，是"诗界革命"的理论纲领。黄遵宪自称其诗为"新派诗"，梁启超则称黄为"近世诗家三杰"之一。康有为序《入境庐诗草》称"上感国变，中伤仲族，下哀生民，博以寰球之游历，浩渺肆恣，感激豪宕，情兴而意远"。黄诗是晚清诗坛中，继龚自珍后的又一高峰，《悲平壤》《哀旅顺》《哭威海》《台湾行》《渡辽将军歌》《聂将军歌》等诗，确实已"弃史籍而采近事"，洋溢着爱国反帝精神，是"诗界革命"的实绩。《今别离》《登巴黎铁塔》《樱花歌》《锡兰岛卧佛》等诗，写域外生活，为晚清诗开一生面。

继黄遵宪之后，夏曾佑、丘逢甲、谭嗣同、蒋智由、金天羽等相继竟为"新诗"，梁启超及一般晚清文学编年，据此认定"诗界革命"的勃兴，就在这一时期。夏曾佑、谭嗣同的诗，被梁启超批评为"操扯新名词以表自异"，并无实绩可言。甲午战后，丘逢甲主张新诗要开拓新视野，寻求新题材。以史学为诗，寓兴亡之感，则是他所追求的理想境界。丘逢甲曾亲率军民，御倭寇于台海，失败后内渡，居广东，与康有为、梁启超有所过从，与黄遵宪则为诗友。丘逢甲感事忧国，对时势之危殆，体认较深，"大禽大兽知何日，目极全球战正酣"。内渡之后，写成1700余首诗。其中《愁云》（1895年）、《春愁》（1896年）、《元夕无月》（1898年）、《题兰史〈罗浮纪游图〉》（1902年）等名作，抒发台湾沦陷后志士之悲愤，抨击清廷之腐败卖国，指控列强之暴虐无行，不遗余力。而上承杜甫、陆游，慷慨放言，悲凉壮美，遂震动一时，被目为"诗史"。梁启超推为"诗界革命之一钜子"。

梁启超是"诗界革命"的热情鼓动者与权威理论家。在百日维新失败以后，梁启超避地日本，先后创办《清议报》《新民丛报》《新小说》《国风报》等杂志，继续宣传变法主张，并创办"新民体"，推动"文体解放"，梁启超在《新民丛报》发表黄遵宪、康有为、夏曾佑、丘逢甲、蒋智由等人的大量新诗，以及与黄遵宪论诗通讯等文章，耸动国内，"以诗界革命之神魂，为斯道开辟新土"。由此"诗界革命"步入高潮。

光绪二十八年至三十三年（1902—1907年），梁启超撰《饮冰室诗话》一书，专论"诗界革命"。梁启超的理论贡献可概括如下：

一、以社会进步固"远轶前代""并世人物"亦不"让于古"的改良主义进化观，作为指导文学革新运动的指南针，坚持"文学之进化"，反对"薄今爱古"的文学退化论，认为"非有诗界革命，则诗运将绝"。

二、总结"诗界革命"兴起后，新派诗创作的成败得失，批评"以堆积满纸新名词为革命"的幼稚倾向；品评"诗界革命"诸家，以"公度（黄遵宪）、穗卿（夏曾佑）、观云（蒋智由）为近世诗家三杰"，丘逢甲为"天下健者""诗界革命一钜子"，黄遵宪"为诗界开一新壁垒"，从而为黄、丘奠定诗界地位，扩大诗界革命在海内外的影响。

三、继黄遵宪之后，对"诗界革命"理论进行了更富于革命性的概括。提出"以旧风格含新意境""熔铸新理想以入旧风格"的创作原则，主张"竭力输入欧洲之精神思想，以供来者之诗料"，并"熔铸进化学家（达尔文）言"。虽然，"当革其精神，非革其形式""保持旧风格"之说，带有"旧瓶装新酒"的不彻底性，但旗帜鲜明地要求以"新意境"，宣传"新理想"，以诗歌"为精神教育之一要体"，而致"改造国民之品质"的社会效果，都具有进步意义。

四、肯定中国文学史上的"俗语文学"，认为"祖国文学之大进化"，当在俗语文学大发展。在散文创作上主张"言之合"，在诗歌创作上则主张诗与乐合、俗语入诗。"新歌"要斟酌于雅俗之间，以合于"讽诵"。赞扬丘逢甲"以民间流行最俗最不经之语入诗"，推许黄遵宪《出军歌》《学校歌》等通俗歌词是"中国文学复兴之先河"。

甲骨文面世

19世纪末20世纪初，甲骨文的发现可以说是中国考古学界的一件大事。

甲骨最初被人们认为是"龙骨"，是一种药材，这种药材售价很低，一斤仅值6文钱。光绪二十五年（1899年）年初，国子监祭酒王懿荣首先发现了这种被当作药材的龙骨上面有一些符号，他认为这可能是一种很古老的文字。关于王懿荣发现甲骨文一事，长期以来流传着这样一个故事：王懿荣，字正儒，一字廉生，谥文敏，山东福山人。当时他在北京做官，任国子监祭酒。一次他患了疟疾，便叫手下的人去药铺买药。药买回来后，王懿荣在药中发现有一片龙骨，出于好奇，他便仔细端详，发现骨头上刻有一种符号。王氏是一位金石学家，对古玩颇有癖好，对这种刻有符号的龙骨产生了很大兴趣，便派人去四处查访，得知这种龙骨来自于河南等地，是由药材商人贩卖的。王氏便出重金大量收购刻有符号的甲骨。后来，王氏结识了山东古董商人范维卿，从他那里又得到了大约二三百片刻有符号的龙骨。经过考证，王氏发现许多符号记载的是商代帝王的名字，而且形体奇特，于是就断定这符号是一种古老的文字，这种龙骨是殷商遗物。这个传说，有许多不符合史实之处，但是有一点可以确认，王懿荣是第一个认识甲骨文的人。

王懿荣认识了甲骨文后，便开始出重金大量收购刻有文字的甲骨，在一年期间收集了 1500 片甲骨。八国联军攻占北京后，王懿荣投池自尽。当初，王氏大量收购刻有文字的龙骨时，就曾向研究金石、古董的人透露过，当时的金石学大师吴大澂以及叶昌炽都闻得了这个消息。刘鹗跟吴大澂关系密切，与王懿荣也有过交往，对有字的"龙骨"颇感兴趣。刘鹗，是当时的一位奇人。王懿荣殉难后，王氏后人为了还清凤债，便开始变卖家产，出售家藏古董。刘鹗闻讯后，就出资将王懿荣收藏的一部分甲骨片收购起来，约有千余片，王氏所藏的另一些甲骨片，赠送给天津新学书院，后由美国人方法敛编入《甲骨卜辞七集》；另有一小部分由唐兰编为《天壤阁甲骨文存》一书。此外，刘鹗还跟北京琉璃厂的古董商来往甚颇，从他们手中收购了不少甲骨片。赵执斋是位古董商，当年曾受王懿荣之托收购甲骨片，如今又为刘鹗四处奔走，收购了 3000 余片甲骨。方药雨是刘鹗的朋友，见刘鹗如此热心搜集甲骨，就把自己从古董商范维卿手里购得的 300 多片甲骨片，转让给刘鹗。后来刘鹗又派他的第三个儿子刘大绅亲自去河南搜罗，共得甲骨千余片。

罗振玉，字督蕴，一字叔言，号雪堂，晚年又号贞松老人，浙江上虞人。他曾于光绪二十年（1894 年）在刘鹗家做过家庭教师，与刘鹗交往甚密，并把他的长女嫁给了刘大绅为妻。罗振玉也是位精于古董的专家，所见颇广。当他看到刘鹗所藏的甲骨片时，也对甲骨产生了极大的兴趣，便劝刘鹗选择一些带字的甲骨片拓印出来刊行。在他的怂恿下，刘鹗于光绪二十九年（1903 年）出版了《铁云藏龟》。这是第一部将甲骨文著录成书的专著，是甲骨学的开山之作。

当甲骨片流传于世时，收集甲骨片的人还有天津的王襄和孟定生。王、孟两人最初搜购到甲骨五六百片，后来王襄在京津两地陆续搜购到 4000 余片甲骨。此外还有清朝大臣端方。除了中国人以外，西方在华人士也开始搜集甲骨片。光绪二十九年（1903 年），美国驻山东潍县传教士方法敛和英国浸礼会驻青州传教士库寿龄在潍县合伙搜购甲骨片，此外德国在华人士威尔茨、日本人西村傅、加拿大人明义士等也都广泛搜集。

在甲骨片流行初期，甲骨片的收藏者和研究者都不知甲骨片出土的确切地点。而知道真相的古董商唯利是图，故意制造玄虚，有时诡称出自河南的汤阴，有时又说出于卫辉，致使当时的学者都受骗上当。刘鹗在《铁云藏龟自序》中说："龟版己亥岁出土在河南汤阴县属之牖里城。"罗振玉在《殷商贞卜文字考自序》中也说："光绪己亥，予闻河南之汤阴发现古龟甲兽骨。"后来，罗振玉经过四处询问，才知道甲骨片并非出自汤阴、卫辉，而是出土于安阳西北 5 里的小屯村。光绪三十四年（1908 年）罗氏从山左商人范某处得知甲骨片出土地是"洹滨之小屯"，于是就派人去安阳收购甲骨片。民国四年（1915 年），他又亲赴安阳做实地考察，确定了小屯村是甲骨的出土地点。后来李济对小屯村做了一番认真考察，更加确定甲骨文出土的确切地点，科学的发掘也就开始了。

《新民丛报》

在资产阶级民主革命思想广泛传播之时，保皇党人也利用自己的阵地，大肆攻击革命，鼓吹改良。这块阵地便是《新民丛报》

戊戌变法失败后，梁启超流亡日本。1902 年 2 月，梁启超联合其他同仁，在日本横滨创办了《新民丛报》。在第一期的《本报告白》中宣布了 3 条办报宗旨："一、本报取大学新民主义，以为欲维新吾国，当先维新吾民。中国所以不振，由于国民公德缺乏，智慧不开，故本报专对此病而药治之。务采合中西道德以为德育之方针，广罗政学理论以为智育之本原。二、本报以教育为主脑，以政论为附从。但今日世界所趋重在国家主义之教育，故于政治亦不得不译。惟所论务在养吾人国家思想，故于目前一二事之得失，不暇沾沾词费也。三、本报为吾国前途起见，一以国民公利公益为目的，持论务报公平，不偏于一常派；不为灌夫骂座之语，以败坏中国者，咎非专在一人也；不为危险激烈之言，以导中国进步当以渐也。"梁启超为办此报，花费了大量精力，每天写作 5000 余字，重要的文章，大都出于他的手笔，先后以"中国之新民""饮冰子"等笔名，撰写了《新民说》《新民议》等大量政论文章、知识性文章和时事评论。梁启超十分注重西方思想文化的宣传，报中专门介绍了西方学者培根、笛卡尔、达尔文、孟德斯鸠、卢梭、康德、黑格尔、圣西门等百余人的思想，涉及范围也十分广泛，凡西方政治、经济、军事、哲学、法律、历史、地理、文学及自然科学，无不尽力加以介绍。创刊第一年共发二十四号，属于介绍西方思想文化的就有二十三号。

第一年共开设 24 个栏目，分论说、学说、时局、史传、教育、学术、小说、名家谈丛、国闻短评、海外汇报、海外奇谈、新知识之杂货店等内容，每一号经常保持 10 至 15 种栏目。

丛报的撰稿者所写文章大都语言明白流畅，文笔生动犀利，深受读者欢迎。创刊后不久就发行 5000 余份，有时达到一万多份。寄售点多达八九十处，除日本外，在国内有江苏、浙江、安徽、湖南、湖北、江西、广东、广西、四川、福建、山东、直隶、上海、天津等省市，国外有朝鲜、越南、暹罗、檀香山、美国、加拿大等地。其销量之多，影响之大，是当时任何报纸都无法相比的，成为备受人们注重的综合杂志期刊。发行一年后，就将借款还清，改为股份经营，分为 6 股，梁启超居两股，冯紫珊、黄为之、邓荫南、陈侣笙各占一股。实际上的主编是梁启超。

1903 年（光绪二十九年）2 月，梁启超赴美游历，丛报由蒋观云主持编辑。11 月，梁启超由美返日，继续担任主笔。这次游历回来，梁的政治态度和言谈大变，宣称自己"宗旨顿改，标明保皇，且声言当与异己者宣战"。明确将矛头指向革命。相继发表了许多反对革命的言论和主张。1905 年 8 月，同盟会成立，并在日本出版机关刊物《民报》，较为系统地宣传革命主张。次年，《民报》和《新民丛刊》就革命与保皇、民主共和与君主立宪及"土地国有"等问题展开了激烈的论战，影响很大，不少报纸杂志也相继加入论战之中。经过一年多的激烈争论，以《新民丛刊》为首的立宪派一方声势骤减已不能按期出版，先后为《新民丛报》撰稿者有：马君武、黄与之、吴仲遥、康有为、章太炎、蒋方震、冯邦干、麦孟华、徐勤、韩文举、欧榘甲、汤启勋、杨度、徐佛苏、熊知白、黄国康以及黄遵宪、严复等百余人。

1906 年 11 月 20 日，《新民丛报》停刊，至此，一共出了九十六号。

爱国学社

1902 年（光绪二十八年）4 月，蔡元培、叶瀚、蒋观云等在上海发起成立了中国教育会，蔡元培任事务长（会长）。教育会联络热心于"民族革命"的知识分子，编定教科书，出版书报，改良教育，自办学校。同年冬，教育会主办了爱国学社、爱国女学。

南洋公学（上海交通大学的前身）是盛宣怀为训练洋务人才于光绪二十二年（1896 年）在上海创办的学校，学校以"中学为体，西学为用"，重视忠君教育。开设《大清会典》《圣武记》等课程；禁止新思想传播，阅报室、图书馆陈列新书刊。然而，学生却被主张"自由""平等""共和"的《国民报》等所吸引，经常于私下传阅、讨论。公学上院（大学部）特班教习（教员）蔡元培提倡新书刊里的新学说，深受学生景仰；中院（中学部）五班的教习郭振瀛宣扬《东华录》中"圣祖"的"武功"，"自尊如天帝，视人如犬马"，遭到学生鄙视，被称为"郭尸"。光绪二十八年（1902 年）春，醇亲王载沣为辛丑议和议成而出国赔礼，途经上海时，特意到南洋公学视察，校方组织学生三跪九叩请圣安，引起学生强烈不满，蓄之已久的矛盾尖锐化。同年 11 月 14 日，郭振瀛因一件小事便以"不敬师长"为名促使校方开除学生伍正钧、贝寿同和陈承修 3 人。为此学生十分气愤，开会计议同总办交涉，校方又以"聚众开会，倡行革命"为名将五班 50 余名学生全部开除。16 日，各班学生以"教习悍然以奴隶待学生，为种种之束缚，总办复顽钝，欲抑压学生言论之自由"为由，相约全体退学。蔡元培亦愤而辞职，率包括邵力子、黄炎培在内的特班生一同退学。这时退学学生 200

余人陈书求助于中国教育会，蔡元培和教育会同仁为使其能够继续完成学业，立即创设了爱国学社。

26日，爱国学社在泥城桥福源里开学。蔡元培任学社总理，吴稚晖任学监，章太炎、黄炎培、蒋观云、蒋维乔等担任义务教员。蔡元培、蒋观云又在登贤里创设爱国女学，爱国学社学生家中妇女相继进入女学学习。爱国学社学生分寻常、高等两级，学制均为两年，后又增设蒙学班。寻常级设课有修身、国文、算学、史地、理化、体操；高等级设课有伦理、国文、算学、物理、化学、心理、社会、国家、经济、政治、法理、英文、体操等，并进行军事训练。其中，社会、国家、经济、政治、法理、伦理等课程均为上海其他学堂所没设的。学务由学生联合会自治（全部学生分为若干联，每联约二三十人，听学生自行加入某联），"凡有兴革，多由学联开会议决"。光绪二十九年（1903年），先后又有南京陆师、杭州陆师风潮中退学学生章士钊、林懿均等40余人加入爱国学社。中国教育会与爱国学社同在一处办公，学社学生全部加入了教育会。

爱国学社章程规定："重精神教育，重军事教育，而所受各科学皆为锻炼精神、激发志气之助。"学社师生"高谈革命，放言无忌"，编刊《学生世界》，"持论尤为激烈"。《苏报》原为陈梦坡主持的较正派的小报，从南洋公学学潮起辟"学界风潮"栏，声价大起，后请章士钊主笔，约定由蔡元培、吴稚晖、章太炎等7人轮流每日写评论一篇刊发，遂成为教育会和爱国学社的机关报，鼓吹爱国运动和反清革命运动，"崇沦横议，震撼一世"。《苏报》馆每月资助爱国学社银100元。学社学生重在开展宣传活动，以"国民公会"名义，每星期总有一二个下午在张园安恺第（游人休息饮茶的大楼厅）开会学说，畅言革命，到会的人十分踊跃；学社学生还在张园参加发动了上海"拒俄""拒法"爱国运动。学社为使学生成为文武双全的爱国者，以便将来从事武装起义，于1903年5月又组织了"军国民教育会"，对学生进行德国式兵操训练，生活军事化。随着学社学生的革命思想日益增强，对章太炎的《驳康有为书》《逐满歌》和邹容的《革命军》兴趣日浓，视其为爱国救国的基本纲领。记述有孙中山起义的日文书《三十二年落花梦》，在学生中争相传看，孙先生的事迹成为大家课余谈论的中心。爱国学社作为一个革命据点，其影响波及全国。新学界名人，如吴江柳亚子、金松岑，嘉兴敖梦姜，广西马君武，四川邹容等，都曾来学社暂居或长宿，从事革命活动。上海的革命声势引起清朝政府的恐惧，是年6月勾结上海租界当局，派巡捕先后闯入《苏报》馆和爱国学社，捕去章太炎等人，邹容激于义愤自动投案，陈梦坡远走日本，蔡元培逃避青岛。至此，爱国学生被迫解散。

数学家李善兰

李善兰（1811—1882年），字正叔，号秋纫，浙江海宁人。从小喜爱数学，1852年到上海参加西方数学、天文学等科学著作的翻译。以后又任曾国藩的幕僚，1868年后任北京同文馆天文学算馆总教习。他在数学方面的成果集中在《则古昔斋算学》中，包括13种数学著作。其中关于幂级数展开式方面的有《方圆阐幽》《弧矢启秘》《对数探源》。李善兰创造了一种"尖锥术"，即用尖锥的面积来表示 X^n，用求诸锥之和的方式来解决各种数学问题。虽然在此时他还没接触微积分，但实际上已得出了有关定积分公式。在《垛积比类》中，李善兰利用和"开方作法来源图"相类似的数表，列出一系列的高级等差级数求和的公式。这就是国际数学界感兴趣的"李善兰恒等式"。他在数论方面论证了著名的费尔玛定理（见《考数根法》）。而且，沿用至今的不少数学名词，如"代数""微积分""积分"等都是李善兰所创造的。当时与李善兰一起参加翻译工作的伟烈亚力对李工作评价颇高。所以，就当时中国科学各学科远远落后于西方而言，数学还算是有些成绩的。

化学家徐寿父子

徐寿（1818—1884年），江苏无锡人。1861年入曾国藩幕，（同治时入上海江南制造局，参加西方科技书籍的编译工作，时间长达17年之久。所编译书籍为13种，大多数是化学方面的，《化学鉴原》是其中比较重要而流传较广的一部，它概略地论述了一些基本理论和各种重要元素的性质，对西方近代化学知识在中国的传播起了一定作用。在译书中，徐寿首创以西文第一音节造字的原则（即取西文名字第一音节造新字命名），被后来中国化学界所接受，一直沿用至今。除译书外，徐寿还与人发起创办了格致书院（1885），并举办一些讲座或科学讨论会，向听讲者作示范的化学试验，可视作中国化学知识普及教育的最初尝试。徐寿不仅是当时国内的著名科学家，而且在国际上也颇有名气。日本曾派柳原前光等人来向其学习。当时主持江南制造局译书事宜的傅兰雅，对其也非常佩服。

徐寿的儿子徐建寅也是一位科学家，译过《化学分原》等多种科学著作。1901年在武汉试验无烟火药时，不幸身亡，为科学研究献出了自己的生命。

建筑师詹天佑与京张铁路

詹天佑（1861—1919年），原籍安徽，生于广东南海，12岁考取容闳所倡"留美幼童预备班"，赴美国留学。1878年入耶鲁大学土木工程系学习铁路工程专业，1881年回国。1888年到唐津铁路工地工作，此后主持修建了滦河铁路大桥，是为中国工程师主持修建的中国第一座近代铁桥。1894年，詹天佑以其在铁路工程中的杰出成就，被英国工程师学会选为会员。詹天佑最杰出的贡献是主持并建成了联结北京和张家口的京张铁路，这是一条完全由中国人自己筹资，运用中国自己的工程技术力量，自行勘测、设计并利用中国自己的工匠施工建成的铁路。在京张铁路的工作中，充分体现了这位科学家的家国情怀，他曾对参加勘测的工程人员说："全世界的眼睛都在望着我们，必须成功""不论成功或失败，绝不是我们自己的成功和失败，而是我们的国家！"

在设计最艰难的关沟路段时，詹天佑经过仔细测量，使隧道长度比原来英国工程师金达设计的方案减少了2000米。为了减少线路的坡度和山洞长度，他在青龙桥东沟采取了"人"字形爬坡路线，并且用两台大马力机车调头互相推辕的方法，解决了坡度大机车牵引力不足的问题。这些都是他在设计过程中的独创性。在施工中，詹天佑还因地制宜，就地取材，用自造的水泥和当地的石料建成了一些石桥以代替铁桥，使线路的成本大为降低。这是我国第一条由中国人自己设计的铁路。

近代史

（1912—1949 年）

辛亥革命

民族危难的加深

1. 帝国主义争夺中国

1901 年的不平等条约签订后，帝国主义各国加紧了对中国的掠夺和控制。它们除继续在中国遍设各种工厂外，还进一步夺取开矿的权利，用直接投资和高利贷两种方式把持中国铁路。路矿权利的不断丧失，成为 20 世纪初年中国极为严重的问题。

帝国主义列强为了争夺在中国的权益，展开了激烈的斗争。东北是它们争夺的焦点。俄国侵占东北后，妄想建立所谓"黄俄罗斯"，拒不撤兵。日本早有夺取这一地区的野心，并得到美、英的支持。1904 年，日俄两国终于在中国领土上爆发了一场为争夺中国东北而进行的帝国主义战争。这次战争以俄国的失败而结束。日、俄双方在美国调停下，于 1905 年缔结分赃条约，其中规定俄国将旅（顺）大（连）租借地、长春至大连的铁路及其他有关的权益，全部"转让"给日本。清廷在战争爆发时，竟然宣布"中立"，把辽河以东地区划作战场；战后承认日、俄条约的分赃规定。这样，俄国势力退到东北的北部，日本势力侵入东北的南部。

自 19 世纪下半期以来，英国与俄国对西藏地区进行了激烈的争夺。1903 年底，英国乘俄国的注意力更多集中在东北的时机，发动了一次新的入侵西藏的战争。西藏地方军民坚决抵抗英国侵略军，他们在江孜保卫战中表现得英勇壮烈。1905 年 8 月，英国侵占拉萨，大肆抢掠。1906 年，英国迫使清廷签订不平等条约，开放江孜、噶大克为商埠。

2. 清政府成为洋人的朝廷

清廷对义和团的出卖和向帝国主义势力的投降，使它的统治面临很大的困难。1901 年，清廷宣布"变法"，在几年之内推行了一系列的所谓"新政"。"新政"的一部分措施，如提倡民族工业、废科举、设学校、派留学生等，是为了缓和统治者和民族资产阶级之间的矛盾。"新政"的主要内容是练兵筹饷。1903 年，北京设立练兵处，开始改革军制。1905 年，拟定了在全国编练新军 36 镇（师）的庞大计划。同年，又设立巡警部，编练警察。这些都是为了加强对人民的统治。清廷的每项"新政"，都要以加重旧捐税或增添新捐税来充经费。另外，"新政"还具有进一步取得帝国主义势力的欢心的用意。1901 年，清廷根据帝国主义各国的要求，改总理衙门为外务部。此后，又依照它们的需要，明文规定保护外国人在中国筑路、开矿等方面的投资。

资产阶级民主革命思想的传播

1. 资产阶级爱国运动的兴起

帝国主义势力的侵略和清廷的对外卖国、对内压榨，使广大劳动人民的生活更加困苦。各地人民的反抗斗争，连绵不断。1902年，直隶省一带的农民起义，鲜明地举起"扫清灭洋"的大旗。规模更大的是同年广西省汉、壮、苗、瑶等族人民的武装起义，烽火燃遍全省，斗争一直持续了3年。全国各阶层人民反对帝国主义势力控制路矿的收回利权运动，从1903年起就逐渐开展起来。

1903年，湖南、湖北和广东的绅商，联合发起收回被美国霸占的粤汉铁路路权运动，得到3省各界人民的支持，经过2年的坚决斗争，于1905年赎回了粤汉铁路和其修筑权。1904年，四川人民发起反对清政府出卖川汉铁路路权、筹款自行修筑的运动。1907年，直隶、山东、江苏3省人民发起自办津浦铁路的斗争；江苏、浙江绅商发起收回苏杭甬铁路修筑权的斗争。与此同时，收回矿权的斗争也相继在黑龙江、山西、山东、辽宁、四川、安徽、湖北和云南等地蓬勃发展起来，并取得了一定的胜利，收回了一些煤矿、铁矿的矿权，打击了帝国主义的嚣张气焰。

1903年，为反对沙俄霸占东北，中国人民掀起了声势浩大的拒俄运动。当时，上海爱国人士举行集会，向全国发出通电，抗议沙俄的侵略罪行；北京、武昌等地学生集会抗议，罢课示威；留日学生也在东京召开拒俄大会，组成"拒俄义勇队"（后定名为"学生军"），准备开赴抗俄前线，与沙俄侵略军血战到底。腐朽的清政府却勾结日本政府强行解散"拒俄义勇队"，对人民的爱国运动进行镇压。

1905年，为反对美帝国主义虐待华工，掀起了遍及全国的抵制美货运动。这次运动由民族资产阶级发起，工人、农民、学生及城市居民热烈响应。1905年以后，自发的人民反抗斗争迅速增多。1909年各地人民的反抗斗争，见于记载的有130多起。1910年，增加到290多起。抗捐抗税和抢米的斗争，在各省普遍发生，其中规模大的有湖南省长沙的抢米风潮和山东省莱阳的抗捐斗争。1910年，长江流域发生水旱灾荒。湖南省的灾民靠吃树皮、草根过活。绅士、地主及中外商人乘机囤积粮食，获取暴利。长沙城乡饥民要求官府减价粜米，遭到镇压，死伤数十人。饥民奋起跟清军搏斗，参加的群众越来越多，发展到几万人。他们捣毁米店、钱庄，烧毁巡抚衙门、税局，还捣毁外国领事住宅、洋行和教堂，斗争的矛头直指封建统治者和帝国主义侵略者，终于迫使清廷允许平粜。同年，莱阳县乡民要求清算被官绅侵吞的备荒积谷，用来度荒和支付捐税。他们的要求被官吏拒绝，代表被拘押。乡民有几万人围困莱阳县城，进行了多次激烈的战斗。人民群众自发的反抗斗争，沉重地打击了清朝的封建统治，推动了资产阶级民主革命的发展。

2. 民主革命思想的广泛传播

中国反对帝国主义、封建主义的资产阶级民主革命，从严格的意义上说，是从孙中山开始的。孙中山（1866—1925年），名文，字逸仙，诞生在广东省香山县翠亨村的一个农民家庭。少年时代曾到檀香山，受西方资本主义教育。1885年回国后，在广州、香港学医。1892年起，在澳门、广州行医。这期间，他结识了一些爱国青年和会党人物，经常在一起抨击清廷的黑暗统治。他很倾慕太平天国的反清事业，并以"洪秀全第二"自命。他也受到改良思想的影响。1894年，曾上书李鸿章，希望施行一些资本主义的改革，但遭到拒绝。不久，中日战争爆发，孙中山感到国家面临的危机严重，认识到依靠清廷不可能使国家得到富强，要救国必须推翻清朝的封建统治，走革命的道路。

1894年11月，孙中山在檀香山联络华侨多人，创立了中国第一个资产阶级革命团体兴中会。第二年，他回到香港，邀集同志，建立兴中会总会。兴中会明确提出了"创立合众政府"的革命目标。

兴中会成立后，立即筹备武装起义，并决定于1895年10月在广州发动。由于计划泄露，起义还未发动就遭到镇压。孙中山被清廷通缉，逃亡国外。他到了日本、欧美各国，接触了许多资产阶级革命学说，也发展了革命组织，准备再次发动武装起义。义和团运动期间，孙中山领导的兴中会利用这个时机，在广东省惠州发动武装起义。起义军在半个月内曾经发展到两万余人，屡次击败清军。后在清军优势兵力的围攻下，弹尽援绝，起义失败。孙中山没有气馁，仍坚持革命斗争，继续摸索救国的道路。

20世纪初年，中国资本主义有了初步的发展，民族资产阶级中下层的力量有所增长。风行一时的出国留学和国内新式学校的开办，为这个阶级培养出大批的知识分子。他们接受变法维新运动失败的教训，又受到农民反帝爱国运动的启发，也开始感觉到，要摆脱帝国主义和封建主义的压迫，必须走推翻清朝统治的革命道路。他们在国内外组织了许多革命团体，出版了许多报纸刊物，宣传资产阶级的民主革命思想。上海和日本东京是他们革命活动的中心。

在宣传工作方面，章太炎的影响很大。章太炎（1869—1936年），名炳麟，浙江省余杭县人。当时，康有为、梁启超等改良派逃亡国外，继续宣扬改良的道路，鼓吹君主立宪，反对革命。章太炎在1903年发表了《驳康有为论革命书》等文章，痛斥康有为散布的"中国只可立宪，不能革命"的谬论，指出只有革命才能得到民主自由，明确表述了资产阶级民主革命的观点。同年，不满20岁的青年邹容在上海出版了震动一时的《革命军》。邹容（1885—1905年），四川省巴县（今重庆市）人。他提出了建立资产阶级的"中华共和国"的号召，要求永远根绝君主专制政体，反对外国人干涉中国的革命和独立，大声疾呼"革命独立万岁！"《革命军》被章太炎在上海《苏报》上撰文推荐，先后印行20多次，销售上百万册。清廷对此十分恐惧仇视，勾结上海的帝国主义势力，查封《苏报》，逮捕了章太炎和邹容。邹容遭受两年监禁折磨，死于狱中。还有陈天华（1875—1905年），湖南省新化县人，曾同邹容在日本留学。他在1904年出版了《猛回头》《警世钟》两书，以通俗的语言揭露帝国主义的侵略罪行，号召大家起来跟帝国主义战斗，并且指出清廷实际上是"洋人的朝廷""要想拒洋人，只有讲革命独立"。这两本书在社会上也引起了强烈的反响。

3. 资产阶级革命团体的广泛建立

资产阶级革命派在宣传民主革命思想的同时，进一步展开了建立革命组织的活动。1904年，黄兴和宋教仁、陈天华等人在湖南长沙成立了华兴会。蔡元培、章太炎、陶成章等在上海组织了光复会。湖北省的革命青年也在武昌成立了科学补习所。这些团体曾组织过武装起义，都没有成功。

孙中山领导的兴中会仍在国外进行活动，在华侨中发展组织，宣传革命，跟康有为、梁启超等改良派做了尖锐的斗争。孙中山在1904年发表了《敬告同乡书》，揭露梁启超假革命真保皇的丑恶面目，指出革命与保皇是两条不同的道路，势不两立，有力地打击了改良派的猖狂进攻。他还在《中国问题的真解决》一文中指出：清朝统治"正迅速地走向死亡""中国现今正处在一次伟大的民族运动的前夕""全国革命的时机现已成熟""一旦我们革新中国的伟大目标得以完成，不但在我们的美丽的国家将会出现新纪元的曙光，整个人类也将得以共享更为光明的前景"。

中国同盟会及其革命活动

1. 中国同盟会的成立和初期活动

革命形势的急速发展，需要有一个全国性的统一政党来领导革命运动。于是，孙中山和黄兴等联合兴中会、华兴会和光复会、科学补习所等革命团体的部分成员，于1905年8月在日本东京成立了中国同盟会，推举了孙中山为总理，建立了领导机构，通过了孙中山提出的革命纲领。

同盟会的纲领是："驱除鞑虏，恢复中华，创立民国，平均地权。"随后，孙中山在为同盟会的机关刊物《民报》写的发刊词中，把这个纲领阐发为民族、民权、民生三大主义。民族主义的目标是要推翻满族贵族的政府。民权主义是推翻君主专制制度，建立国民的政府。民生主义是对土地核定地价，把革命后因社会经济发展而增长的地价归国家所有，并逐步由国家向地主收买土地。三民主义是中国资产阶级希望建立资产阶级共和国和发展资本主义的政治纲领，对当时资产阶级革命起了巨大的号召和推动作用。

中国同盟会的成立及其纲领的形成，标志着中国资产阶级民主革命运动进入了新的阶段。但是，这个纲领没有明确提出反对帝国主义、封建主义的战斗口号，没有提出彻底的土地纲领。因此，它是一个不彻底的民族民主革命的纲领。这反映了中国民族资产阶级的软弱性和妥协性。

同盟会在孙中山领导下的革命活动，主要有两个方面：一是在政治思想上对改良派的论战，一是发动了一系列武装起义。

康有为、梁启超为首的改良派，以在日本出版的刊物《新民丛报》为据点，竭力歌颂君主立宪，诋毁革命。改良派认为，要使中国富强，不必推翻清廷，只要劝它改良，要求它实行君主立宪就可以了。他们攻击武装革命必将造成内乱，引起外国的干涉，不是爱国而是"祸国"。革命派以《民报》为阵地，针锋相对地指出，清廷一点权力也不肯放弃，根本不可能实行君主立宪。他们还指出清廷已成了帝国主义的走狗，如不推翻这个卖国政府；中国将被它完全断送，因而只有"兴民权，改民主"，中国才有出路。他们认为改良派标榜的"爱国"，实际上是爱充当洋奴的卖国政府；改良派维护君主政体，反对共和，实为"中国之罪人"。经过这场大论战，革命派充分地揭露了改良派站在清廷方面反对革命的实质，在理论战线上击败了改良派，取得了思想领导权，从而使民主革命思想深入人心，促使革命形势蓬勃发展。

同盟会领导的武装起义，首先是1906年江西省萍乡县和湖南省浏阳县、醴陵县一带爆发的农民、矿工的起义。同盟会会员参加了起义活动，并为起义军发布了以同盟会政纲为内容的革命文告，号召群众。起义队伍很快发展到约3万人，并迅速控制了四五个县，屡次击败清军。清廷调集几省军队，才把起义镇压下去。1907年到1908年，同盟会在广东省、广西省、云南省接连发动了6次武装起义。在广西省镇南关的起义中，孙中山亲自参加战斗，1907年，光复会会员徐锡麟和女革命家秋瑾也在安徽省、浙江省发动起义。

1911年4月27日，孙中山和黄兴等经过半年的筹备，发动了震动全国的广州起义。革命党人分路发动进攻。黄兴率领的100多人攻破了两广总督衙门，跟前来镇压的大队清军展开激烈的巷战。由于孤军力薄，激战一夜而失败，黄兴等负伤逃脱。战斗中英勇牺牲和被捕后就义的近百人。广州人民不顾生命危险，把殉难烈士中72人的遗体葬于城郊黄花岗。

同盟会领导的多次起义，由于群众基础薄弱，又往往采取突然袭击的单纯军事冒险方式，最后都失败了。但是，每次起义都使清的统治受到打击。革命党人那种以满腔热血为革命奋不顾身的崇高精神，振奋了全国人民的反抗意志，激起更多的人投入反清的斗争。

2. 清政府"预备立宪"的骗局

清廷面临革命形势的日益发展，为了抵制革命，拉拢资产阶级上层的支持，以达到"皇位永固"的企图，于1906年宣布"预备立宪"。预备立宪的第一步是改革官制，就是要把政权集中在满洲贵族手里，同时减削地方督抚的权力，而把其中最有势力的湖广总督张之洞和直隶总督袁世凯内调，给予军机大臣名义以夺去其实权。

改良派在清廷宣布"预备立宪"后，便在江苏、浙江、湖北、湖南、广东等省组织了筹备立宪的机构，企图用叩头请愿的方式要求清廷实行君主立宪，以阻止革命的发展，并为自己取得参与政权的机会。其代表人物，在国外有康有为、梁启超，在国内有张謇、汤化龙、汤寿潜、谭延闿等人，他们也被称为"立宪派"。

1908年，清廷颁布《钦定宪法大纲》，规定预备立宪期间为9年，暴露了它没有立宪的诚意。不久，光绪皇帝和慈禧太后相继死去，溥仪继承了帝位，年号宣统。宣统皇帝年幼，由他的父亲摄政王载沣掌握军政大权。载沣执政后不久，罢斥了大军阀袁世凯。1909年到1910年，各省谘议局和北京资政院先后成立，而立宪派在其中占有优势。立宪派连续发动多次立宪请愿活动，得到的结果是遭到清廷的严行禁止。1911年5月，清廷成立新内阁，在内阁大臣13人中，满洲贵族占了9人，而其中皇族又占5人，军政大权进一步集中到皇族手中。这就暴露了"预备立宪"的骗局，引起了军阀、官员和代表资产阶级上层的立宪派的普遍不满，形成清廷孤立的局面。

武昌起义的胜利和失败

1. 四川保路运动

宣统三年四月（1911年5月）清政府宣布"铁路国有"政策，将已准归商办的川汉、粤汉铁路收归国有，随后又与英、法、德、美4国银行团订立《粤汉川汉铁路借款合同》，将路权出卖给帝国主义。清政府出卖路权的罪行，引起湘、鄂、川、粤4省与铁路有紧密联系的广大群众的愤怒，也直接侵犯了地方绅商资产阶级的利益，因此四省迅速掀起具有广泛群众基础的保路运动。运动开始时是由立宪派领导的，采用开会宣传、进京请愿的方式，要求清政府收回成命，力图将运动限制在"文明争路"的范围内。但清政府悍然拒绝并严禁保路运动。广大群众逐渐突破"文明争路"的束缚，长沙、株洲万余工人举行罢工示威，湖北宜昌数千筑路工人与清军发生武装冲突，湖南学生罢课抗议清政府的卖国行径，留日学生与海外华侨也坚决主张和清政府抗争到底。四川的保路运动尤为激烈，各地纷纷成立保路同志会。8月24日成都召开有万人参加的保路大会，号召罢市、罢课、抗粮、抗捐。四川的革命党人和哥老会力图把保路风潮引向武装起义。

9月17日清四川总督赵尔丰诱捕保路同志会代表罗伦、蒲殿俊等，封闭铁路公司，愤怒的群众数万人齐集督署门前要求释放被捕人员，赵尔丰竟下令开枪打死群众几十人，造成流血惨案。消息传出，全省沸腾，各地纷纷组织保路同志军，发动武装斗争，旬日间就有10余万起义军进攻成都。保路运动的猛烈发展使清政府惊恐万状，急忙从湖北调新军入川镇压，湖北新军中的革命党人趁机发动武昌起义。

2. 武昌起义的胜利

1911年10月10日，爆发了武昌起义。起义的发动者是跟同盟会有联系的文学社和共进会。他们在湖北省新军和会党中间，曾经进行了长期的革命宣传和组织工作，吸收了5000多士兵参加组织，占全省新军人数的三分之一左右。在四川省的保路运动发展成为武装斗争的形势鼓舞下，它们决定在10月11日举行武装起义。但10月9日，起义领导机关遭到破坏，起义计划暴露了，革命党人被湖广总督瑞澂大肆捕杀。新军里的革命党人，见事态紧急，决定提前起义。10月10日夜，打响了革命的第一枪，武昌起义开始了。革命军进攻总督衙门，瑞澂等官员仓皇逃走。经过一夜的战斗，革命军占领了武昌。12日，革命军又占领了汉阳、汉口。

武昌起义的胜利，迅速推动了全国各地群众革命热情的高涨。革命党人在各省积极发动新军、会党起义，农民、工人、手工业者和城市贫民掀起自发斗争。11月下旬，已有14个省先后宣布脱离清廷独立。清廷反动统治陷于土崩瓦解的局面。

3. 中华民国的成立

革命党在武昌起义的第二天，10月11日，即筹组政府。他们接受立宪派的建议，推举清新军军官黎元洪做都督，成立湖北军政府。12日，又举立宪派首领汤化龙任民政部长。接着，宣布废除宣统年号，改国号为"中华民国"。革命党人忘记了黎元洪是个极端仇视革命的人，更没有觉悟到应当把政权掌握在自己手里，反而认为需要在社会上有资望的人出来组织政府以号召群众，便轻易地把浴血奋战得来的政权拱手送给了封建官员。在各地起义取得胜利以后，许多立宪派代表人物和旧官员政客，也利用资产阶级革命派的妥协退让，钻进革命政权，篡夺了领导权。江苏巡抚程德全，只是在巡抚衙门挂上军政府招牌，把巡抚改称都督，而对其余一切都无所变更。湖南省宣布脱离清廷后10天，以谘议局议长谭延闿为首的立宪派，竟杀害了革命党人都督焦达峰而篡夺了湖南省的政权。

武昌起义在全国范围内产生了巨大的影响，散布在各个省区的革命党人纷纷发动新军和会党起义响应。从10月中旬到11月下旬的50天时间里，先后就有湖南、陕西、山西、云南、江西、上海、贵州、浙江、江苏、广西、安徽、福建、山东、广东和四川等15个省区宣布起义或独立，脱离了清朝的统治，迅速形成了一个全国性的革命高潮。面对迅猛发展的革命形势，同盟会及其主要领导人缺乏足够的思想准备，没有把革命推向前进的全盘计划，因而未能切实地指导各省区的夺权斗争，致使各地新建立的政权大都缺乏稳固的基础。有的省区，如湖北、浙江、福建和陕西等地，本是资产阶级革命派发动起义，但推翻清朝政权后，却把新成立的军政府的领导大权拱手让与旧军官或立宪派。有的省区，如湖南、贵州和上海，资产阶级革命派起义成功后，虽然掌握了军政府的领导权，但很快就被立宪派和旧官僚通过政变或其他方式夺去。湖南是最先响应武昌起义的省份之一。10月22日，同盟会会员焦达峰、陈作新率领会党和新军攻入长沙，杀死清军统领黄忠浩，驱逐湖南巡抚余诚格，当天建立湖南军政府，焦达峰、陈作新分别被推举为正、副都督。湖南军政府立即派兵北上，支援武汉，增强了首义地区的革命实力。以湖南咨议局议长谭延闿为首的立宪派，不甘心处于无权地位，暗中进行阴谋活动。他们先是以防止革命"专制"为名，强迫焦达峰同意成立以谭延闿为首的参议院，与都督府分庭抗礼，并以湖北为先例，使谭延闿当上了民政部长。随后，他们又收买新军第二十五协的反动军官发动兵变，杀害了焦达峰和陈作新，由谭延闿出任都督，篡夺了政权。有的省区，如江苏、广西、安徽和山东，则是由原来的巡抚宣布脱离清政府而"独立"，改称都督，原班人马执政。其中江苏巡抚程德全，一贯善于看风使舵，他得悉武昌起义和上海光复，知道清王朝的统治已无可挽救。11月5日应苏州绅商的要求，宣布江苏"独立"。他把巡抚衙门改为都督府，又派人用竹竿挑去抚衙大堂屋上的几片檐瓦，表示"革命必须破坏"，就算大功告成。山东巡抚孙宝琦在革命形势的逼迫下，于11月13日同意独立，担任都督，但他却不敢对外正式宣布。到了24日，他又宣布取消独立，山东仍然回到清政府的建制之下。有的省区，如四川、山西、广东等省的都督，都是同盟会会员。但他们掌握一省的军政大权以后，很快与立宪派和旧官僚沆瀣一气，积极扩充自己的势力，逐步成为割据一方的军阀。

各省区的独立和起义，在全国造成了巨大的革命声势，使清朝的统治迅速解体，对辛亥革命取得一定的胜利起了积极的促进作用。然而，大多数省区的新当权者并不是真正的革命党人，他们大都维护旧秩序。并对广大人民群众的革命斗争实行镇压，使革命失去了群众基础，无法继续向纵深发展，从而给整个革命运动造成严重后果。

湖北军政府邀请起义各省代表在武汉商议组织中央政府。12月初，江浙革命联军攻克南京，于是各省代表会议决议以南京为中华民国临时政府所在地。随后，各省代表到南京会集。25日，孙中山从海外回国。各省代表会议选举他为中华民国临时大总统。1912年1月1日，孙中山在南京宣誓就职，宣布"中华民国"成立，改用阳历，称中华民国元年。接着，选举黎元洪为副总统，并在南京成立了临时参议院，作为立法机关。中华民国临时政府的成立，标志着资产阶级共和国的政权建立起来了。

以孙中山为首的南京临时政府是资产阶级民主革命的产物。由于资产阶级革命派的软弱妥协，这个政府实际上是革命派、立宪派和旧官员三派势力组成的临时联合政府。革命派虽然在政府中居于领导地位，但立宪派和旧官员担任内政、实业、交通等部总长，拥有相当大的实力。各省都督多数也为立宪派和旧官员所操纵，而临时政府对他们实际上不能行使中央政府的权力。

南京临时政府曾经颁布许多有关政治、经济和社会改革的法令。主要的如废除刑讯，禁止贩卖华工，废除奴婢，禁止种植和吸食鸦片，奖励兴办工商业和华侨在国内投资，等等，都有利于民主政治和发展资本主义。但它没有触动半殖民地半封建社会的基础，根本不能解决人民切身的基本要求，特别是广大农民的土地要求，它的群众基础是很薄弱的。

4. 辛亥革命的失败

帝国主义势力对中国的革命感到恐惧和仇视。武昌起义以后，它们大力支持清廷，破坏革命。1911 年 10 月中旬，英、美、日、德、法等国军舰 10 余艘聚集在武汉江面，日夜升火待命，威胁革命军。由于革命的迅猛发展，帝国主义者被迫伪装"中立"，实际却进行干涉。它们继续把关税送到北京。英、法、德、美 4 国银行团还贷给清廷白银 300 多万两，它们企图借此维持清廷的腐朽统治。俄国也竭力破坏中国革命，妄图乘机分裂中国。它指使一小撮蒙古王公宣布外蒙"独立"，并出兵强占黑龙江省呼伦道（今海拉尔）、满洲里等地。

由于清廷的迅速瓦解，帝国主义势力便另外寻找新的走狗。它们选中了地主、买办势力的代表袁世凯，对清廷施加压力，要清廷重用他。清廷急忙起用袁世凯为湖广总督，使其统兵，镇压革命。袁世凯为了夺取更多的权力，迟迟不出。11 月，清廷被迫任命袁世凯为内阁总理，皇族内阁也就倒台了。袁世凯掌握军政大权后，派兵攻打武汉革命军，夺取了汉阳。帝国主义国家进一步扶植袁世凯，帮助他策划"南北议和"。上海和谈一开始，英、美、俄、日、法、德 6 国领事就向南北双方的代表提出照会，要他们"尽速成立和解"，以迫使革命派交出政权。混进革命队伍的立宪派也表示拥护袁世凯，极力在革命内部施加压力，制造妥协空气，破坏革命。

革命党人在内外反动力量的压迫下妥协了，同意在清帝退位和袁世凯赞同共和的条件下，把政权让给袁世凯。1912 年 2 月 12 日，清帝溥仪退位，结束了统治中国两千多年的封建君主制度。2 月 13 日，孙中山辞去了临时大总统职务，并由临时参议院选袁世凯为临时大总统。3 月 10 日，袁世凯在北京就任中华民国临时大总统，建立起大地主、大买办阶级的反革命政权。革命的胜利果实被帝国主义势力的走狗袁世凯窃夺了，从此开始了北洋军阀对中国的统治。

在袁世凯就职的第二天，孙中山在南京公布了临时参议院匆忙赶制出来的《中华民国临时约法》。此《临时约法》规定"中华民国之主权，属于国民全体"；人民一律享有言论、出版、集会、结社的自由，有请愿、选举和被选举等项权利。它具有资产阶级共和国宪法的性质，带有革命性、民主性。

但是，中华民国作为资产阶级民主共和国，在历史上只是昙花一现。1911 年资产阶级民主革命被中外反动势力绞杀了。这次革命推翻最后一个封建王朝，但没有推翻帝国主义和封建主义的剥削压迫，中国仍然是半殖民地半封建社会。帝国主义和封建势力继续统治着中国，中国人民反对帝国主义、封建主义的民主革命还远远没有完成。

中国同盟会成立

20 世纪初，各种反清的革命小团体在国内纷纷建立起来。这些革命小团体，大多都互不联合，各自为政，缺乏明确而完备的纲领，没有严密的组织。为了便于"召集同志，合成大团，以图早日发动"，完成革命任务，革命党人已经意识到必须将这些分散的、带有地方性的革命力量尽量联合起来，组成一个全国性的统一的革命组织。

光绪三十一年（1905 年）夏，孙中山由欧洲前往日本。这时的日本东京，已成为中国留日学生从事反清斗争的活动中心，华兴会、光复会、科学补习所等革命团体的一些领导和骨干分子，如黄兴、刘揆一、宋教仁、陈天华等，也先后来到这里。

7 月 19 日，孙中山到达日本后，经日本友人宫崎寅藏介绍，孙中山认识了华兴会领袖黄兴。孙中山建议兴中会与华兴会联合，共同致力革命，对此黄兴欣然应允。孙中山又约华兴会的重要骨干宋教仁、陈天华在《20 世纪之支那》杂志社会面。会见时，孙中山着重强调建立统一的革命组织的重要性，指出："现今之主义，总以互相联络为要"，而不相联络，各自起事，单独行动，"各国乘而干涉之，则中国必亡无疑矣"。

经过孙中山的积极活动，他所提出的建立统一革命组织的设想，得到了在日本的各革命小团体中大多数人的同意。

30 日，孙中山和黄兴派人分头邀请各省有志革命的留日学生，到东京赤坂区桧町三番内田良平的住宅，召开建立统一革命组织的筹备会。到会的有孙中山、黄兴、张继、陈天华、宋教仁、冯自由、居正、胡毅生、曹亚伯、朱执信、宫崎寅藏、内田良平等 70 余人，包括除甘肃在外的国内 17 个省的留学生。会上，孙中山被推为会议主席，并用了大约一个小时的时间演讲革命的道理、革命的形势和革命的方法。接着黄兴等也相继发表演说，说明革命后如何普及教育，如何振兴实业，如何整理内政，如何修睦外交。他们的演讲得到与会者的赞同。在讨论统一后的革命组织的名称时，孙中山提议为"中国革命同盟会"，有人则主张用"对满同盟会"。对此孙中山做了阐述，他认为革命的目的并不专在排满，还要废除封建专制制度，建立共和国。还有人建议，这是个秘密组织，不应明用"革命"二字。经过大家反复讨论，最后定名为"中国同盟会"。在讨论宗旨时，孙中山提议以"驱除鞑虏，恢复中华，创立民国，平均地权"16字作为同盟会的革命宗旨。但有人对"平均地权"表示疑人，要求取消。孙中山当即历举世界革命发展的趋势和社会民生问题的重要性，说明平均地权就是解决社会民生的第一步方法，并指出，作为世界最新的革命党，应高瞻远瞩，不仅仅只去解决种族、政治这两大问题，还应将最大困难的社会问题，一起连带解决，才可建设一个世界上最良最善的富强国家。孙中山解释完，众人鼓掌，表示赞同。于是同盟会宗旨获会议通过。接着，黄兴提议，与会者签订盟书。于是，每人抄写一份，由孙中山带着大家举右手宣誓。誓词是："当天发誓，驱除鞑虏，恢复中华，创建民国，平均地权。矢信矢忠，有始有卒，有渝此盟，任众处罚"。宣誓后，孙中山又到隔壁一屋，分别传授同志相见的握手暗语和3种秘密口号。随后，孙中山与各会员一一握手，并祝贺说："为君等庆贺，自今日起，君等已非清朝人矣！"会议最后推举黄兴、陈天华、马君武等8人起草同盟会章程，准备召开成立大会。

经过20天的筹备后，8月20日下午2时，在东京赤坂区灵南坂阪本金弥住宅内举行了同盟会的正式成立大会。出席会员有100多人。会上，首先由黄兴宣读了同盟会章程草案30条。这个章程明确规定："本会以驱除鞑虏，恢复中华，创立民国，平均地权为宗旨。"设本部在东京。本部机构根据三权分立原则，在总理之下设执行、评议、司法三部。执行部权力最重，由总理直接领导，内分庶务、内务、外务、书记、会议、调查六科。在这六科中，又以庶务科最为重要，如总理不在本部，"庶务"可代行总理职权。另外在评议部里，设有评议长和评议员；在司法部里，设有判事长、判事和检事长。同盟会章程还规定在国内外分设9个支部，接受东京本部的领导。国内有东、南、西、北、中5个支部，国外有南洋支部、美洲支部、欧洲支部、檀岛支部。支部之下还设立各省区的分会。这个章程草案经过讨论修改，被大会通过。接着，在黄兴的倡议下，选举了孙中山为同盟会总理。会上又根据会章选举了同盟会各部职员，黄兴当选为执行部庶务，协助总理处理本部工作；汪精卫被推选为评议长，邓家彦为判事长，宋教仁为检事长。最后，黄兴提议把《20世纪之支那》杂志作为同盟会的机关报，大家一致鼓掌通过。整个会议过程十分热烈。

中国同盟会的成立，基本上结束了各革命小团体分散斗争的局面，中国革命运动开始有了一个统一的领导机关，将推翻帝制的革命推向一个新阶段。

《民报》出版

戊戌变法失败后，康有为、梁启超等旅留日本，奔走檀香山、南洋、澳洲、美洲各地，建立保皇会，创办了《清议报》和《新民丛报》，鼓吹君主立宪，诋毁革命。梁启超还曾佯称愿与孙中山合作，诱骗许多兴中会员（包括孙眉）转入保皇会。光绪二十九年（1903年），梁启超从美国回日本后，宣布"宗旨顿改，标明保皇，力批革命，且声言当与异己者宣战"。

孙中山曾为梁启超的"合作到底，至死不渝"的发誓所欺骗，想和康梁派合作。但是到光绪二十九年（1903年），孙中山到檀香山看到保皇会的严重危害，痛感"非将此毒铲除，断不能做事"。于是相继发表了《敬告同乡书》和《驳保皇报》两文，揭破保皇派的"爱国"是爱虐民媚外的"大清国"，断然指出，"革命、保皇二事决分两途，如黑白之不能混淆，如东西之不能换位。"第二年夏，孙中山到美国几十个城市访问，在华侨中广泛宣传革命，驳斥保皇派谬论。

光绪三十一年（1905年）6月，宋教仁、程家柽等在东京创办《20世纪之支那》杂志，宣传反清革命。8月20日，中国同盟会（简称"同盟会"）在东京召开正式成立大会时，由于《20世纪之支那》杂志社社员有半数加入同盟会，大会根据黄兴提议通过以这个杂志为同盟会的机关刊物。随后，在孙中山的监收下，宋教仁、黄兴办完《20世纪之支那》移交手续，因其第二期载有揭露日本侵华的文章而被全部没收停刊，遂改名为《民报》，另行出版。

是年11月26日，同盟会机关报——《民报》在东京创刊。初定月刊，后为不定期，每期6—8万字。编辑部设在东京新小川町二丁目八番地，发行所设在东京半多摩郡内藤新宿宇番集町三十四番地宫崎寅藏家中。《民报》共发行26期，附号外一张、《天讨》增刊一册。先后署名为编辑兼发行人的有张继、章炳麟（太炎）、陶成章、汪精卫等。实际主编人，前五期是胡汉民；第六至二十四期，主要是章太炎（其中几期由汪东、刘师培代编）；最后两期是汪精卫。光绪三十四年（1908年）10月，出至第二十四期，日本政府受清朝政府请求，下令查禁。宣统二年（1910年）2月1日，汪精卫任主编再刊，秘密刊行第二十五期，标称法国巴黎濮侣街四号出版，实则仍在日本印刷，出至第二十六期即停刊。《民报》以刊载政论文章为主，分论说、时评、译丛、纪事、撰录、图画等栏目，多数稿件由本社成员撰写或编译。主要撰稿人有章太炎、陈天华、胡汉民、汪精卫、汪东、朱执信、廖仲恺、宋教仁、刘师培、黄侃、汤增壁等。

《民报》"以振扬革命理论，阐明三民主义为宗旨"。孙中山在发刊词中，把同盟会的"驱除鞑虏，恢复中华，建立民国，平均地权"十六字纲领阐发为"民族"、"民权"、"民生"三大主义，鲜明地揭示出了三民主义的旗帜。当时，保皇派的《新民丛报》等刊物正在风行，对知识分子有相当大的影响。《民报》的出版，就使得革命派同保皇派的大论战全面展开，推向高潮。《民报》创刊号发表的《论中国宜改创民主政体》、《民族的国民》，点名批判康有为、梁启超的惑众"妖言"和"君主立宪之美"诸种谬论。康、梁立即在《新民丛报》上作出回答，并把他们文章辑成《中国存亡一大问题》小册子，加印万份，散发到社会。两报的大规模论战从光绪三十二年（1906年）四月开始，在《民报》第三期上刊载的《民报之六大主义》，"足为是报详确之宣言"，公开了其基本政治主张；并在长篇政论《希望满洲立宪者曷听诸》中，对《新民丛报》诸论点以逐条批驳。随后又刊行号外，列举《民报》和《新民丛报》根本分歧的十二个问题，表示"自第四期以下，分类辨驳，期与我国民族决此大问题"，论战剧烈展开。《民报》所载的和《新民丛报》论战的文章，集中在第三期到第十七期这十几期上。以革命派的《民报》与保皇派的《新民丛报》为主要阵地，同时有广州、上海、天津、香港以及新加坡、曼谷、仰光、檀香山、旧金山、温哥华等国外各地，双方的二十多种报刊参加论战，直至光绪三十三年（1907年）《新民丛报》停刊，保皇派"气为所摄"、"口为所钳"。这场大论战实际内容主要是三个问题：一、要不要以暴力革命推翻"洋奴"清朝政府；二、要不要实行民主政治，建立共和政权；三、要不要进行社会革命，解决土地问题。《民报》驳斥了保皇、"开明专制"、反对平均地权、向清政府请愿等主张；传播了反对清朝封建专制，建立民主共和国，实行平均地权，武装起义等革命主张。但在论战中，把革命限于"排满"，害怕"自发暴动"会招致"内乱"、"瓜分"，不去触动西方列强在华特权。《民报》还积极介绍了马克思主义、社会主义、无政府主义、光绪三十一年（1905年）俄国革命等。《民报》出版后，风行国内外。创刊号重印七版，发刊达六千册；其余各期也多次重版，销数达四、五万册以上。《民报》扩大了革命影响，为即将到来的辛亥革命做了进一步的舆论准备。

革命派与改良派

以孙中山为代表的革命派同以康有为、梁启超为代表的改良派关于民主革命的论争，在光绪二十九年（1903年）前后已初露端倪。至光绪三十一年（1905年）十一月《民报》创刊而全面展开。

从《民报》创刊开始，革命派就主动向改良派发起进攻。孙中山在创刊号的《发刊词中》从正面阐发了同盟会的革命纲领，其余的大部分文章从不同角度对改良派的"保皇"论调进行了批判。汪精卫著的《民族的国民》，从"民族主义""国民主义"方面，驳斥了改良派的"满汉不分，君民同体"的主张。朱执信著的《论满洲政府虽欲立宪而不能》，则从历史经验的角度，驳斥了改良派的"立宪易，革命难"的谬论。陈天华用思黄笔名撰写《论中国宜改创民主政体》，批判改良派的"欧美可以行民主，中国不可以行民主"的谬论。陈天华的另一篇文章《中国革命史论》，则系统地论证了秦末以来革命斗争的史实，批判了改良派的"中国不如泰西，泰西可革命，中国不可革命"的谬论。之后革命派旗帜鲜明地向改良派发起了猛烈的进攻。

论战之初，改良派在舆论界的活动能量非常大，他们对革命派的挑战并不示弱。康有为、梁启超经常在《新民丛报》上标明观点。并把在该报上发表过的阐明他们观点的有代表性的一些文章，辑成一本题为《中国存亡一大问题》的小册子，加印一万多份，在社会上广为散发，并对《民报》进行了较为强硬的应战。此时革命派为了与改良派"划清界限，不使混淆"，以便更有力地给改良派当头一棒。光绪三十二年（1906年）4月28日出版的《民报》第三期上，首先发表了汪精卫写的长篇政论《希望满洲立宪者盍听诸》，列举《新民丛报》文章中的一些论点，逐条地进行批驳。这篇文章洋洋数万言，分载于《民报》第三、第五两期，发表的时候，还在正题下面增添了一个副题即"附驳《新民丛报》"，是《民报》所刊系统批判《新民丛报》各种观点的第一篇文章。同时，这一期还以号外的形式，单独印行《〈民报〉与〈新民丛报〉辩驳之纲领》。列举了双方在12个问题上的根本分歧：

一、《民报》主共和；《新民丛报》主专制。

二、《民报》望国民以民权立宪；《新民丛报》望政府以开明专制。

三、《民报》以政府恶劣，故望国民之革命；《新民丛报》以国民恶劣，故望政府以专制。

四、《民报》望国民以民权立宪，故鼓吹教育与革命，以求达其目的；《新民丛报》望政府以开明专制，不知如何方副其希望。

五、《民报》主张政治革命，同时主张种族革命；《新民丛报》主张政府开明专制，同时主张政治革命。

六、《民报》以为国民革命自颠覆专制而观则为政治革命，自驱除异族而观则为种族革命；《新民丛报》以为种族革命与政治革命不能相容。

七、《民报》以为政治革命必须实力；《新民丛报》以为政治革命只须要求。

八、《民报》以为革命事业专主实力，不取要求；《新民丛报》以为要求不遂，继以惩警。

九、《新民丛报》以为惩警之法在不纳租税与暗杀；《民报》以为不纳租税与暗杀不过革命实力之一端，革命须有全副事业。

十、《新民丛报》诋毁革命，而鼓吹虚无党；《民报》以为凡虚无党皆以革命为宗旨，非仅以刺客为事。

十一、《民报》以为革命以求共和；《新民丛报》以为革命仅以得专制。

十二、《民报》鉴于世界前途，知社会问题必须解决，故提倡社会主义；《新民丛报》以为社会主义不过煽动乞丐流民之具。

革命派宣告"本报以中国存亡诚一大问题，然使如《新民丛报》所云，则可以立亡中国。故自第四期以下，分类辩驳，欺与我国民解决此大问题。"这样革命派以《民报》为主要阵地，改良派以《新民丛报》为主要喉舌在中国近代史上展开了一场规模空前的思想论战。

在这期间，《民报》发表的要和《新民丛报》辩论的主要文章有《驳新民丛报最近之非革命论》《斥新民丛报之谬妄》《就伦理学驳新民丛报之论革命》《驳革命可以召瓜分说》《再驳新民丛报之政治革命论》《新民丛报之怪状》《驳革命可以生内乱说》《答新民难》《杂驳新民丛报第十二号》《新民丛报杂说辨》《杂驳新民丛报》《斥新民丛报土地国有之谬》等数十篇。而《新民丛报》也先后发表了《开明专制论》《申论种族革命与政治革命之得失》《答某报第四号对于本报之驳论》《暴动与外国干涉》《杂答某报》《驳某报之土地国有论》《再驳某报之土地国有论》等20多篇。

双方论战主要问题有三：一是革命还是"保皇"，也就是要不要以暴力推翻清王朝，即关于所谓"种族革命"的论战。二是建立民主共和国还是实行君主立宪制，即关于所谓"政治革命"的论战。三是要不要改变封建土地所有制，实行平均地权，即所谓关于"社会革命"的论战。

革命派与改良派的论战，规模大，时间长，两军对垒，阵线分明。论战不仅全面展开，而且向纵深发展，除《民报》和《新民丛报》在东京的对垒外，在南洋有革命派的《中兴日报》与改良派的《商报》论战；在香港有革命派的《中国日报》与改良派的《香港商报》论战；在旧金山有革命派的《大同日报》与改良派的《文兴报》论战；在温哥华有革命派的《华兴日报》与改良派的《日新报》论战；在檀香山有革命派的《檀香新报》与改良派的《新中国报》论战；在新加坡有革命派的《中兴日报》与改良派的《南洋总汇报》论战；在泰国有革命派的《华暹日报》与改良派的《启南日报》论战；在印尼有革命派的《泗滨日报》与改良派的《鸟岛日报》论战，等等。它们各自和《民报》及《新民丛报》保持密切联系，就大体和两报辩驳相同的一些题目，相互间展开了激烈的论战。

在革命派与改良派论战期间，孙中山除曾去南洋一带筹款和为进行武装起义做发动工作外，始终坐镇东京，指挥战斗。他除了出题目组织专人写作批判文章外，还经常用口授大意、提供论点论据的办法，让别人执笔，写成专文，参加论战。《民报》第十二期署名民意的文章《告非艰民生主义者》，第十五、十六期署名县解的《土地国有与财政》等，都是用这种方法在他的直接指导下写出来的。在孙中山的领导下，《民报》方面参加论战的有汪精卫、胡汉民、朱执信、汪东、廖仲恺、章太炎等，都是同盟会宣传战线上的一时之选。相形之下，《新民丛报》方面力量就显得单薄得多了。编辑部里能够披坚执锐和《民报》诸人进行的只有梁启超一人了。

对革命党人的"其势益张"和革命报刊宣传日益"播种于此间而蔓延于内地"，梁启超自然是不甘心的。他曾经在给康有为的信中表示："今者我党与政府死战犹是第二义，与革命死战，乃是第一义，有彼则无我，有我则无彼。"大有和革命派及其报刊周旋到底的意思。但是，由于人心向背，论战的形势越来越不利，胜利的希望越来越渺茫，他不得不改变计划，实行退却方针。

光绪三十二年（1906年），《新民丛报》上首先刊出了徐佛苏以佛公笔名写的"来函"《劝告停止驳论意见书》，以第三者的身份出来调停，希望论战双方"逐渐恢复秩序"。这封名为来函的稿件完全是在梁启超的示意下炮制出来的。

次年年初，梁启超又找出徐应奎，通过宋教仁向《民报》要求"调和"。解释说：以前和《民报》论战是出于"不得已"，希望双方"以后和平发言，不互相攻击"。

在此期间，梁启超还亲自出马，"私见汪精卫，欲以乡谊动之"，希望《民报》方面降低温度，停止辩论。

但是《民报》方面却不肯就此善罢甘休。针对《新民丛报》的《劝告停止驳论意见书》，光绪三十二年（1906年）出版的第十期《民报》上刊出了汪东化名"弹佛"写的《驳劝告停止驳论意见书》，揭发号称第三者的"佛公"并不是什么"局外之人"，而是"党于新民者也"，表示论战既已开始，就不能"以一纸息其争"，要求《民报》"犁庭扫穴，不留余种"地干下去，不获全胜，誓不罢休。对梁启超通过徐应奎进行的那次试探，孙中山的回答是明确的，他反对"可以许其调和"的主张，坚持把论战进行到底。汪精卫也以"仆等与《新民丛报》宗旨不同，感情何能相洽"为词，拒绝了停止驳论的建议。因此，在《民报》占很大优势的情况下，论战又持续了一个时期。

次年夏，梁启超在《新民丛报》第九十二期上发表了《论中国现在之党派及将来之政党》一文，哀叹说："数年以来，革命论盛行于国中……其旗帜益鲜明，其壁垒益森严，其势力益磅礴而郁积，下至贩夫走卒，莫不口谈革命而身行破坏……革命党政府为集权，詈立宪为卖国，而人士之怀疑不决者，不敢党与立宪。遂致革命党者，公然为事实上之进行，立宪党者，不过为名义上之鼓吹，气为所慑，而口为所钳。"实际上是给论战做了一个小结。梁启超在"凄然""泪眼"下无可奈何地承认了自己的失败。

萍浏醴起义

光绪三十年（1904年）华兴会长沙起义失败后，哥老会首领马福益于次年被杀。他的牺牲，大大地加深了会党对清政府的仇恨。会党群众"誓复仇，益倾向革命，继续图大举"。其旧部肖克昌、李金奇在安源煤矿联络矿工数千人。哥老会另一首领龚春台在浏阳、醴陵一带继续发动会员，准备再次起义。光绪三十二年（1906年）春同盟会本部派刘道一、蔡绍南从日本回国返湘，运动军队、联络会党，为起义做准备。刘道一回长沙不久，便约集蒋翊武、龚春台、刘重、刘崧衡等30多位志士，在长沙水陆洲附近的一条船上秘密集会，讨论起义的策略方针、发动起义的步骤，并就联络会党、运动军队等事项作了具体分工，议定于阴历十二月夜在清朝官署封印时举行起义。会后，刘道一留长沙全盘负责筹备工作，并和同盟会东京本部联系。蔡绍南回萍乡上栗市，同原先一起在那里从事会党工作的魏宗铨会合，同时加紧进行活动。

为了把各派力量联合起来，纳入同盟会的领导下，蔡绍南与龚春台、魏宗铨商量，邀约萍浏醴一带的会党首领共几百人，在萍乡蕉园集会，以延请道士替亡故的友人作冥寿为借口，举行开山堂大教典，以原来于湘、鄂、赣、闽各地的洪江会为基础，将哥老会其他支部和武教师会等并入，歃血为盟，统称"六龙山洪江会"，推举龚春台为"大哥"，以"忠孝仁义堂"为最高机关，下分文案、钱库、总管、训练、执法、交通、武库、巡查，为"内八堂"，各司其职。又设第一、二、三、四、五、六、七、八路码头官，为"外八堂"。再次则设红旗、跑风等职，号召同志入会。统一后的会党组织，"称奉孙中山先生命，组织机关，以备驱策"。其誓词云："誓遵中华民国宗旨，服从大哥命令，同心同德，灭满兴汉。如渝此盟，人神共殛"。接着开始大力宣传革命。

这年7月，蔡绍南、龚春台等召集各路码头官在萍乡慧历寺商议武装起义的具体问题，决定分头筹集资金，购买军械火药，派人联络哥老会另一大头目冯乃古和洪福会首领姜守旦并邀请他们共同举义。蔡绍南、魏宗铨去上海、广州、香港联络各处革命党人响应，同时去日本向孙中山报告工作，要求接济军械，请示举义日期。

萍浏醴地区会党的反清活动，引起了地主豪绅的警觉与恐慌，他们相继请求官府派兵镇压。十月七日，萍浏醴三县官厅调派兵勇突袭麻石的"洪江会"总机关，李金奇、肖克昌等会党领袖牺牲，总机关也被查封。龚春台急电已到上海的蔡绍南返湘，共同研究对策。

清政府的屠杀政策，大大地激怒了会党群众。萍乡的矿工，浏阳、醴陵的会党纷纷要求提前起义。鉴于此，龚春台、蔡绍南召集各路会党首领在萍乡高家台举行紧急会议，商讨发难日期及其办法。会上，蔡绍南、龚春台、魏宗铨等人"以军械不足主稍缓以待后援"。而各路码头官则出于义愤，主张"乘清军尚未准备之时，急速发动"。双方久持不下。洪江会头目廖叔保不耐再拖延下去，于12月3日独自在麻石集众二三千人，高举"大汉"白旗，率先发难。事已至此，蔡、龚、魏等人只好改变旧议。第二天，通知各路码头官立即率众起义。

起义军很快占领了麻石、高家头、金刚头、高家台等处。进据上栗市后起义军进行了整编，定名为"中华国民军南军革命先锋队"，由龚春台任都督，蔡绍南为左卫都统兼文案司，魏宗铨为右卫都统兼钱库督粮司，廖叔保为前营统带，沈益古为后营统带。随即发布了《中华国民军起义檄文》。《檄文》列举了清政府的"十大罪状"，宣称要"破除数千年之专制政体""建立共和民国""与四万万同胞享平等之利益，获自由之幸福"，"使地权与民平均，不致富得愈富，成不平等之社会"。《檄文》还强调，起义军"毫无帝王思想存于其间，非中国历来之草昧英雄以国家为一己之私产者所比"，因而受到广大人民群众的拥护。各地会党纷纷响应，数日间起义军增至3万多人，安源矿工成为战斗的主力。起义军分3路进军：一路据浏、醴进攻长沙；一路以安源矿工为主，以安源路矿为根据地；一路由江西宜春、万载东出瑞昌，攻南昌以进取江西。起义军陆续攻占浏阳、文家市、上栗市、桐木、宜春等地，威震长江流域。

起义军的浩大声势，震动了长江中游各省，严重地威胁着清朝的统治。湘赣两省地方官乱作一团，兵勇倾巢而出，清廷更是忧心如焚，连下"上谕"，急命两江总督张之洞、湖广总督端方、湖南巡抚岑春蓂速派精锐军队，"飞驰会剿"。相继调遣湖北、湖南、江西、江苏4省军队，加上地方驻军及"团勇"等5万人，狼奔豕突，麇集于萍浏醴一带围攻起义军。

起义军在清军的四面夹击下接战20余次，苦战数月。12月8日、11日龚春台部两次进攻浏阳县城，均未得胜。10日，清军攻到上栗，留守的起义军与敌军麇战半日，终因力量不敌，致使上栗市失陷。12月，清军猛攻浏阳境内的起义军。龚春台、蔡绍南战败后，往投普迹市冯乃古处。龚在普迹得知冯乃古已被杀害，只好潜往长沙。14日后，姜守旦的洪福会起义，起义军与清军交战数次，均失利，之后姜逃往江西义宁县境。至此，清政府又颁布清乡章程，进行了长达3个月的清乡活动。萍浏醴及其附近各县惨遭杀害的不下万人。12月下旬，刘道一在长沙被捕，31日英勇就义于浏阳门外。1907年，魏宗铨也遭残杀。

当萍、浏、醴起义消息传到日本，同盟会员纷纷请求回国参加。孙中山、黄兴先后派宁调元、胡瑛、朱子龙等回国到各省策应，但他们回国后；起义已经失败，清政府正到处搜捕起义人员。结果，宁调元在岳州被捕，胡瑛、朱子龙、刘静庵、张难先等也先后在汉阳被捕。

保路运动

粤汉、川汉铁路是沟通南北深入内地的两条重要干线。光绪二十四年（1898年），清政府督办铁路大臣盛宣怀向美国借款4000万美金，将粤汉、川汉铁路的修筑权让给美国。这一行为遭到四省民众的强烈反对。因此，光绪二十九年（1903年），清政府被迫支付一笔赎金后收归自办，成立了官办的川汉、粤汉铁路公司。由于资金不足，四川工商界决定以广泛征集民股的办法，由商办修筑川汉铁路。宣统元年（1909年），张之洞任军机大臣并督办粤汉铁路兼鄂境川汉铁路大臣时，认为修筑铁路非依靠外国人力量不可。宣统三年（1911年），清政府采纳了邮传部大臣盛宣怀"利用外资开发实业"的建议，再次举借外债，5月9日，宣布铁路"国有"。随后清政府与英、法、德、美4国银行团签订了《粤汉、川汉铁路借款合同》，这个合同不仅把4省几年前争回的路权再次出卖，而且还趁机侵吞各省民众筹集的股金，从而引起了川、鄂、湘、粤4省民众强烈反对，保路运动正式爆发。

5月14日，湖南长沙举行了3万人集会。会上，各界代表纷纷上台演说，抗议清政府出卖4省路权。提出"路权必争，必争到底！"16日，长沙至株洲的一万多铁路工人罢工，并号召商人罢市、学生罢课，号召农民拒交租税，以示抗议。接着又成立了湖南的保路团体。在湖北，商民群起抗争，《大江报》发表了革命党人詹大悲的《大乱者救中国之药石也》，鼓吹以暴力斗争手段反对清政府的卖国政策。之后，宜昌的铁路工人组织护路队，与清军展开搏斗，打死清军20多人。在广东，各界商民纷纷持币领银，拒用官发纸币，掀起"挤兑风潮"以示抵抗。留日学生纷纷回到广东，开展保路宣传，提出"路存与存、路亡与亡"的口号。四川的反抗斗争最为激烈。5月18日，当清廷与4国银行借款筑路的签字合同下发后，首先闻讯的川汉铁路公司各法团的代表及谘议局常驻议员们无不愤慨不已，当即决定，采取以前的文字争辩奏文争取的方式已不是办法，只有进行破格的斗争。于是决定通知各地，成立保路同志会。5月21日，保路同志会正式成立，参加大会的有5000人以上。会上选举原询问议局议员蒲殿俊、罗伦恒为正、副会长。同志会下设总务、讲演、交涉、文牍四部，许多人自告奋勇担任这四部部长。为扩大宣传还出版了《保路同志会会刊》，初时为三日刊，后改为日刊。成都保路同志会成立后，全省各地积极响应。

学生界成立"学界保路同志会",妇女界成立了"女子保路同志会",重庆市也成立了保路同志会,各州、县、街、乡、镇都成立了各级保路同志会,参加者在两个月内达10万人左右,保路同志会采取了避免直接攻击清廷,将斗争锋芒指向盛宣怀等人,并追思光绪帝的"文明保路"政策等措施,得到了四川代理都督王人文的支持。八月,保路同志会号召成都全城罢市。不久,发展到全省范围的抗捐抗粮斗争。接着各地贫民举行暴动,捣毁了经征局、自治局、巡警分署及外国教堂,并与警察发生冲突。这时,刚赴任的四川总督赵尔丰不断接到清廷电示,下令对民变进行镇压。九月七日,赵尔丰诱捕保路同志会代表罗伦、蒲殿俊等9名代表,封闭川汉铁路公司,命令军队向去总督府请愿的群众开枪,当场打死打伤数百人。第二天,清廷再次电示赵尔丰"切实弹压"。接着,清军开始各处查捕保路同志会各级领导人,解散了各级保路同志会。

四川民众愤怒至极,便自行组织起来,捣毁电线,沿途设卡,绝断官府来往文书。同盟会会员龙鸣剑、王天杰等乘机组织同志军在各县发动武装起义。起义军遍布成都附近10多个县,人数达20万人,包围了成都。清政府急调云、贵、鄂、湘、陕五省军队增援川军,镇压同志军。在龙鸣剑和王天杰领导下,同志军与清军英勇作战。九月二十五日,荣县宣布独立。鼓山、眉州、青神等县相继响应;接着,成都附近各县同志军并起。川南同志军在下渡口大败清军;川东北的同志军在李绍伊的领导下,攻占了邻水、垫江、达县等地,还配合广安义军向川北的南充、岳池等县发展。九月底,川东巫山一带铁路工人举行暴动;川北的江油、绵州等地人民亦普遍组织起来,开展武装斗争,将保路运动推向高潮。

保路运动沉重打击了清朝统治,成为辛亥革命的前奏。

武昌起义

武汉素称"九省通衢",各种矛盾尖锐集中。武昌起义前,武汉地区的革命团体主要是文学社和共进会,其成员大部分是湖北新军中的士兵。1911年9月,为镇压四川保路运动,清政府抽调一部分鄂兵入川,造成湖北统治的空虚,为发动武装起义提供了有利条件。

9月14日,在同盟会的策动下,文学社和共进会两个革命团体召开联合会议,决定联合行动,在武昌发动起义。会上,文学社领导人蒋翊武被推为革命军总指挥,共进会领导人孙武为参谋长,24日,文学社和共进会又联合召开会议,详细讨论制定了起义计划并分配了任务,决定利用中秋节(10月6日)休假时间举事,以左臂缠白布为记号。不料,起义的消息被泄漏出去,武汉的街头巷尾传遍了中秋起义杀鞑子的消息。清军为此而加强了防务,起义未能按期举行。同时，上海的同盟会中部总会负责人及在香港的黄兴得到报告后，也不同意马上起义，建议推迟半个月，等待 11 省同时发动。

10月9日，孙武等在汉口俄租界宝善里机关部配制炸药，由于不慎引起爆炸，孙武头部受伤，在同伴掩护下逃离现场。俄国巡捕闻声前来搜查。机关内的旗帜、文告、印信、名册、符号、弹药等，均被搜走。鉴于起义计划暴露，情况紧急，蒋翊武便以总司令的名义，于下午 5 时在小朝街 85 号发出紧急命令 10 条，决定半夜 12 点以炮声为令，同时行动。命令被复写 20 余份，派人分头传送新军各标、营。但是，由于给炮队的命令没有送到，夜里 12 点，炮声未响。尽管其他标营的新军革命党人都做好了准备，起义仍然未能按时举行。就在这一夜，清政府开始了大搜捕。小朝街的起义总部和其他许多机关，都被破获，蒋翊武逃脱，彭楚藩、刘复基、杨宏胜等 30 多人被捕。3 人当夜受到审问，次日早晨先后英勇就义，史称辛亥三烈士。清政府湖北当局在杀害三烈士后，又下令紧闭城门，封锁营门，禁止士兵出入，并根据所获名册搜捕革命党人。由于起义未能按时举行，当时的武昌形势已是十分危急。这时，革命基础比较雄厚的新军第八镇工程第八营的革命党人总代表熊秉坤，秘密联络三十标和二十九标的革命士兵，相约在 10 日晚上二道名时，鸣枪为号，发动起义。

10 日晚，工程第八营后队二排排长陶启胜在巡查中，看见士兵金兆龙行动有疑，就厉声呵斥，并命令将金兆龙捆绑起来，金兆龙大喊道："今不动手，尚待何时？"士兵程定国举枪托击陶头部，继开一枪，起义的第一枪打响了，参加起义的士兵纷纷持枪，反动军官或被击毙，或闻风而逃。起义士兵 40 余人，在熊秉坤的率领下，向楚望台军械所进攻。守卫军械所的士兵也响应起义，军械所很快被工程八营的革命党人占领。在枪声与炮声中，武昌城各处的步兵、炮兵、辎重各营及陆军测绘学堂的学生，也不断奔赴楚望台。午夜，集中起来的起义军拥戴工八营左队队官吴兆麟为临时总指挥。吴兆麟根据当时情况，提出作战方针，并宣布纪律。在他的指挥下，发起了对湖广总督署的 3 次进攻。清军死力抵抗，起义军步炮工兵合力围攻，举火照明，大炮击中总督衙署，总督瑞澂等挖后墙，逃到停泊在长江的兵舰上，第八镇统领张彪继续负隅顽抗。这时，由革命士兵组成的敢死队冲在前边，占领了湖广总督署。张彪逃往汉阳，后转至汉口日租界。经过一夜的激战，到 11 日晨，武昌城里自藩属以下各官署、各城门，全部都由革命军占领。汉口和汉阳的革命军也响应武昌起义。至12 日上午，武汉三镇全部光复，红底十八星大旗飘扬在武汉三镇的上空。

起义胜利后，同盟会的主要领导人都不在武汉，而直接组织这次起义的文学社和共进会的领导者，有的遭杀害，有的受伤，有的被迫逃亡。这样，11日下午，在谘议局召开的一次会议上，被革命士兵用枪口威胁来参加会议的原新军二十一混成协统领黎元洪，被推为湖北军政府都督。可他直到 16 日才正式就职。所以，最初几天里军政府的一切大事是由 11 日成立的谋略处来决定的。

12 日，由谋略处以黎元洪的名义，通电全国，宣告武昌光复。

武昌起义胜利的消息传出后，得到许多省区的响应。湖南、陕西、江西等省区相继发动起义。至 11 月下旬，仅一个月的时间，清政府所统辖的全国 24 个省区，就有 15 个宣布脱离清政府，没有独立的省区，也积极在行动，清政府面临着最后的崩溃。

辛亥南北议和

宣统三年（1911 年）武昌起义后，清政府急调北洋军"赴鄂剿办"，接着又复请袁世凯出山，袁世凯在向清政府讨价还价后，就下令北洋军向汉口发动猛烈进攻，不久北洋军占领汉口。袁世凯一面奏请停止进攻，一面与黎元洪进行联系，向革命阵营进行试探。他先是让其幕僚刘承恩，以同乡关系给黎元洪写了 3 封信，希望黎袁之间能和平了结，早息兵争。而后又派刘承恩、蔡廷干为代表，亲赴武昌与黎元洪会晤。11 月 11 日，黎元洪接待了刘、蔡二位，刘、蔡要求暂息兵端，实行君主立宪。黎元洪表示不同意保持清朝皇帝的君主立宪，但希望袁世凯能赞助共和，并说以袁世凯的威望，"将来大功告成，选举总统，当推首选"，经过这次议和试探，袁世凯已经刺探到革命阵营中的虚实。11 月 13 日，他北上组织内阁，清政府的军政大权全部落入他手中。

11 月 26 日，袁世凯在北京和英国公使朱尔典会晤，表示愿意与黎元洪在双方满意的条件下求得停战，并要求英国人将此意转达给黎元洪。朱尔典于当天立即电告英国驻汉口的总领事出面调停。同时，袁世凯向革命军施加军事压力。27 日，北洋军攻陷汉阳，并隔江炮轰武昌。这时，袁世凯是想利用南北对峙的局面，"挟北方势力与南方接洽，借南方势方以胁制北方"。

经英国人从中斡旋，南北双方决定从 12 月 3 日起在武汉地区停战 3 天，期满后又顺延 3 天。11 月 30 日至 12 月 7 日，在汉口英租界为商议成立中央临时政府而召开的各省都督府代表会议上，接受了由英国人转达的袁世凯的建议，决定在第二个 3 天停战期满后，继续在全国范围内停战 15 天，并同意袁世凯、唐绍仪为代表与黎元洪或其代表讨论时局。12 月 9 日，黎元洪电告伍廷芳为各省一致同意的南方议和代表。

12 月 11 日，唐绍仪到达原定议和地点汉口，但伍廷芳表示不愿离开上海。为此又特求助于英国驻上海总领事周旋，议和地点遂改在上海。17 日，唐绍仪及其随员 48 人由鄂抵沪。18 日，以伍廷芳和唐绍仪为代表的"南北议和"在上海英租界市政厅正式开始。会上，伍廷芳首先提出，在双方约定的停战期内，山西、陕西、安徽、山东等地均遭清军进攻，北方如此违约，和议无法进行，除非得确实停战承诺后，始可开议。并指出，既要停战，就不应有例外的地区。唐绍仪则急于要求南方使停战状态继续保持下去，所以就表示同意。于是，双方通知交战地区各自的军队一律停战。

12月20日，双方举行了第二次会议，决定有预备的停战期满后，继续停战7天，拟定了停战条文。在这一天的和议中，双方还就国体和召开国民会议进行了磋商。伍廷芳提出，根据当时中国人心皆共和的情形，应使君主逊位，优待满人，实行共和立宪。唐绍仪则表示，他对共和立宪并无反对意向，同时还放出空气，袁世凯也赞成共和，只不过不能说出口，现在的问题只在于"宜筹一善法，使和平解决，免致清廷横生阻力"，也"使清廷易于下台，使袁氏易于转移"。对此，伍廷芳表示，只要北方承认共和，其他一切事情都可商量。最后唐绍仪建议，召开国民大会，以少数服从多数的办法，来决定是实行君主还是共和，伍廷芳表示同意。

会后，唐绍仪致电袁世凯，告知谈判内容。袁世凯得知消息后，便要求召集宗室王公，对国体问题表态。12月18日，清廷经过御前会议讨论后，发布谕旨，同意召开临时国会付之公议。

这样，12月29日，双方又举行了第三次会议。会上伍廷芳提出7条议案。双方商讨的主要问题是关于退兵，并达成协议。

第二天，又举行第四次会议，就伍廷芳的7条议案继续进行谈判。双方争论的主要问题是召开国民会议的地点、选举及借外款。关于开会地点，双方各持己见，争执不下。伍廷芳提议在上海或香港，唐绍仪则主张在北京或汉口、威海卫、烟台。对于借外款之事，这次会议也未达成协议，但就召开国民会议如何选派代表作出了规定，决定由南北各省包括内外蒙古、西藏各派3名代表，每人都有表决权，还规定了召集、通知各省代表的办法。

12月31日，双方再一次举行会议。这是伍廷芳与唐绍仪之间举行的最后一次谈判。这次谈判仍是就第三、第四次会议上没有达成协议的借款和开会地点问题进行争讨。双方议定于1912年1月8日在上海召开国民会议。至于借外款一项，双方决定南三北二分成。

从12月18日到31日，在整个和议过程中，双方的公开谈判及报刊刊载的电文只不过是一些表面文章，实质性的问题及私人之电都秘而不宣。双方代表在议场时，神情严肃，打着官腔，但在夜间则到"惜阴堂"赵凤昌寓所再行商洽。

1912年1月1日，孙中山在南京宣誓就职中华民国临时大总统。同日，唐绍仪按照袁世凯的旨意，请求辞职。第二天，袁世凯批准，同时电告伍廷芳，宣称唐绍仪超越了只以讨论为范围的权限，签订了他所不能承认的协议。他要求同伍廷芳通过电报继续进行谈判。第二天，袁世凯又指使他的部将冯国璋等48名将领联名电告伍廷芳，声称他们反对共和，拥护君主立宪。这时，西方诸国也对南京政府施加压力，胁迫孙中山让位。

从表面上看南北议和一时陷于停顿状态，但是唐绍仪并未离开上海，而是以袁世凯个人密使的身份继续与伍廷芳秘密联系。实质性的问题还是通过密电来商谈的。这时，双方争议的中心，是如何结束南北两个政权的对立局面。在内外压力下，孙中山于1月15日致电伍廷芳，再次表示，如果清帝退位，宣布共和，他就让位于袁世凯。袁世凯在得到这个许诺后，马上加紧进行"逼宫"。从1月17日起，清廷连开几次御前会议，最后万般无奈，2月3日授予袁世凯全权，要他同南京政府磋商退位条件。经过南北双方的多次交涉，确定了优待皇室条件8款、优待皇族条件4款、优待满蒙回藏各族条件7款。2月12日，朝廷接受了这些条件，溥仪退位。第二天，孙中山承守诺言，提出辞职咨文。15日，临时参议院选举袁世凯为临时大总统。南北议和以袁世凯篡夺政权而告终。

袁世凯的窃国复辟

武昌起义爆发后，清政府的灭亡已不可避免。为了苟延残喘，清政府重新起用袁世凯，任命他为内阁总理大臣。帝国主义为了维护在中国的既得利益，也极力推崇这个新的代理人。

袁世凯（1859—1916年）是河南项城人。早年他混进军队，替清朝卖力，很快成了大卖国贼李鸿章的"得意门生"。1895年，袁世凯受清政府的委派，到天津附近的小站训练新建陆军。他凭借这支军队，忠实地为反动统治阶级效劳，血腥地镇压义和团运动。1901年李鸿章死后，他当上直隶总督兼北洋大臣，成了帝国主义和清王朝的宠儿。因为他把持着清朝的军政大权，逐渐引起清朝贵族的疑忌。1909年，清朝统治者以袁世凯有"脚病"为理由，撤销了他的职务，让他回河南彰德（今安阳）"养病"。可是北洋军依然控制在袁世凯的亲信冯国璋、段祺瑞等人手里。

武昌起义爆发，清政府不得不利用袁世凯的势力。袁世凯为了捞取政治资本，进一步施展反革命两手：一面在长江北岸用大炮轰击武昌，攻而不占；一面请帝国主义出面调停，搞假"和谈"，以此向清政府讨价还价；强迫革命党人妥协退让。软弱的资产阶级被迫答应；只要袁世凯宣布赞成共和，迫使清朝皇帝退位，就可以把政权让给他。袁世凯得到让权的保证，立即利用革命的声势，逼迫清朝末代皇帝溥仪退位。辛亥革命的成果被袁世凯窃取了。1912年3月，他当了中华民国临时大总统，在北京建立了第一个北洋军阀政府，开始了独裁卖国的反动统治。

袁世凯曾虚伪地宣称："共和为最良国体，世界所公认"，要"永不使君主政体再行于中国"，表示愿意实行议会政治。但是，当国民党在国会选举中获得多数席位，妨碍他的独裁统治时，竟派人在上海暗杀了国民党领导人宋教仁。宋教仁被害，惊醒了孙中山和一部分国民党人，打破了他们对袁世凯的幻想。他们主张兴师讨袁，发动"二次革命"。但这时的国民党已不是过去的同盟会了。不少官僚、政客和立宪派人士混了进来，内部四分五裂。在"二次革命"中，他们不去发动群众，不能团结对敌，结果不到两个月，南方各省的民主势力就被袁世凯镇压下去。"二次革命"宣告失败。

镇压了"二次革命"后，袁世凯就迫不及待地开始了复辟封建帝制的活动。从临时大总统到正式大总统，是袁世凯复辟帝制的第一步。急于当正式大总统的袁世凯，破坏临时参议院"先定宪法，后选总统"的规定，指使御用党人迫使国会先选总统，后定宪法。1913 年 10 月 6 日，国会在数千便衣军警和地痞流氓的包围下，从早 8 时到晚 10 时，议员们忍饥挨饿，被迫投票 3 次，才勉强选袁世凯为正式大总统。

从正式大总统到终身大总统，是袁世凯复辟帝制的第二步。袁世凯当了正式大总统之后，不到一个月就下令解散国民党，接着又取消国会，并将进步党内阁一脚踢开。1914 年 5 月 1 日，他宣布废除孙中山制定的《临时约法》，公布袁记《中华民国约法》，取消了责任内阁制和国会对总统行使权力的一切限制，使大总统独揽政权，抛弃了资产阶级民主共和国最后的一点象征。12 月又抛出《修正大总统选举法》，规定总统任期 10 年，并可连选连任；必要时可以不选亦连任；总统有权推荐继承人。至此，袁世凯不仅成了终身大总统，而且还可将大总统宝座传子传孙，与封建帝王已经没有什么不同了。

从终身大总统到洪宪皇帝，是袁世凯复辟帝制的第三步。在复辟的道路上越走越远的袁世凯，为了取得帝国主义支持其复辟帝制的活动，竟利令智昏，到处派使团与帝国主义国家秘密谈判订约，出卖国家主权。1915 年 1 月，日本乘机向中国提出"二十一条"要求。二十一条的主要内容是：（1）承认日本享有德国在山东的一切特权，并加以扩大；（2）要求承认日本在南满和蒙古东部享有各种特殊权利；（3）中日合办汉冶萍公司，附近矿山不得让与他人开采；（4）中国沿海港湾和岛屿不得割让或租借给它国；（5）中国政府必须聘用日本人作政治、军事、财政顾问，中日合办中国警政和军火工业，日本享有在江西、浙江、福建等省的筑路、开矿等特权。5 月 9 日，袁世凯几乎全部接受了"二十一条"的要求，仅将第五项改为日后另行协商。在取得日本等帝国主义国家的支持后，袁世凯加快了复辟步伐。1915 年 8 月，他授意他的宪法顾问美国人古德诺发表文章，诬蔑中国人民知识水平太低，"率行共和制，断无善果"，并提出在中国以实行君主制为宜的谬论，为袁世凯复辟帝制鸣锣开道。接着，袁世凯指使杨度、孙毓筠等人以古德诺的谬论为据，发起组织筹安会为袁氏称帝摇旗呐喊；梁士诒出面组织"全国请愿联合团"，召开"国民代表会"，举行"国体投票"，通过了改行君主政体的决议，并向袁世凯献上《推戴书》，拥戴其为"中华帝国皇帝"。1915 年 12 月 12 日，袁世凯宣布承认帝制，改国号为"中华帝国"。翌日，在居仁堂接受百官朝贺，大加封赏，下令改 1916 年为"洪宪元年"，并决定于元旦登基。

讨袁战争

又称"二次革命""癸丑之役"。1913 年，以孙中山为首的革命党人领导的反对袁世凯专制统治，维护民主共和制度，在江西、江苏、上海等地进行的革命战争。

袁世凯出任中华民国临时大总统后，建立了北洋军阀政权，破坏民主共和，推行武力统一政策，筹划消灭南方各省革命势力，为建立专制独裁统治，复辟帝制排除障碍。1913 年春孙中山去日本访问，国民党推选宋教仁为代理理事长。宋教仁主张"议会政治"和"政党内阁"，企图以责任内阁制度来削弱袁世凯的权力。当时，国民党在议会选举中获得胜利，成为国会内第一大党。宋教仁立即在南方各省奔走呼号，抨击时政，踌躇满志地启程去京组织责任内阁。袁世凯授意内阁总理赵秉钧派遣特务武士英，于 3 月 20 日在上海火车站枪杀了宋教仁。4 月，袁世凯不顾全国人民的强烈反对，不惜出卖国家权益，以盐税和海关税收做抵押，悍然向美、法、德、日、俄 5 国银行团借款 2500 万英镑，以扩充军备。5 月 1 日以陆军总长段祺瑞取代赵秉钧任代国务总理，组成战时内阁。3 日，袁世凯公然发布"除暴安良"令，矛头直指孙中山、黄兴等革命派领袖。6 日，秘密召开军事会议，制定作战总方针，决定以赣、苏为用兵重点，控制京汉铁路（北京—汉口）、津浦铁路（天津—浦口）两干线；以湖北为攻赣通道；派北洋军主力部队进攻江西、江苏；以广西陆荣廷、龙济光及滇、黔军队从侧背牵制南方革命军队；以海军策应陆军作战。此时，袁军第六师已部署在湖北兴国（今阳新）、蕲春、田家镇一带，前锋抵达武穴，与赣军隔江对峙。6 月，以不服从中央为借口，将通电反对大借款的国民党人江西李烈钧、广东胡汉民、安徽柏文蔚 3 位都督下令免职。7 月初，袁军第六师师长李纯率部由鄂入赣、占据九江外围诸要点，对九江城形成包围态势，宋案发生后，孙中山于 3 月 25 日回到上海，当晚召开党内领导人会议，讨论解决宋案问题。孙中山主张以武力解决，立即兴师讨袁，黄兴等对武力讨袁缺少信心，主张以法律程序推倒袁世凯，在重大策略问题上意见分歧，争执不下，迟疑不决。4—6 月，孙中山又曾三次召集军事会议，继续研究讨袁事宜，并敦促南方各省独立，但均无结果。直到 7 月在袁世凯陆续派兵南下，危及革命党人生存之际，李烈钧接受孙中山的指令，12 日，在江西湖口率先宣告江西独立，组成讨袁军。15 日，黄兴入南京，迫使江苏都督程德全 16 日通电独立，兴师讨袁。接着，皖、粤、闽、湘、川等省及上海等地相继宣布独立，加入讨袁行列。

袁军以第一军军长段芝贵指挥第六师全部、第二师一个混成旅共约1.5万人，进攻江西；第二军军长冯国璋率禁卫军一个旅、直隶第一混成旅、第四、第五、第二十师各一部及武卫军（张勋部）共2.5万人，沿津浦铁路南下，进逼苏、皖，攻取南京；海军中将郑汝成率"应瑞""肇和"等舰并载运陆军两个团到沪，控制上海和苏南地区；海军次长汤芗铭率"飞鹰"等军舰4艘沿长江赴江西策应第一军进攻九江。江西讨袁军总司令李烈钧以赣军第一师第一旅旅长林虎为左翼军司令，指挥第一、第二、第五团从德安方向进攻九江；以混成旅旅长方声涛为右翼军司令，率所部第九团及独立营从姑塘进攻九江；以水巡总监何子奇为湖口守备司令，指挥第十团守备湖口。企图扼守湖口，夺取九江，伺机跨江北征。江苏讨袁军总司令黄兴以第三师扼守徐州，并派第八师混成旅由南京开赴徐州加强防务，控制津浦铁路，阻止冯国璋部南下；以第一、第二师布防于淮、扬州一带，阻止张勋部进攻。

江西作战

7月11日，袁军第六师第二十三团越过沙河一线，不断向赣军开炮挑衅。次日拂晓，讨袁军林虎左翼军由德安向九江沙河镇反击，首战告捷，毙伤袁军第二十三团300余人，占领沙河镇、铜鼓岭、骆驼山等地，迫敌退守瓜子岭。袁军第六师师长李纯惊慌失措，急电袁世凯迅速派兵增援，以救危局。当时，林虎左翼军未乘胜追击，又因方声涛右翼军行动迟缓，当林部与袁军苦战时，方部尚未进入攻击阵地，驻九江城内的讨袁军亦按兵不动，丧失了集中优势兵力歼灭袁军第六师的良好机会。13日，两军复激战竟日，不分胜负。14日拂晓，李纯集中3个团向沙河镇苗家湾一线发起进攻，林虎部顽强抵抗，战到下午不支，向蓝桥方向撤退。15日，黎元洪令袁军第二师迅速由鄂开赴九江，攻击湖口，配合第六师进攻德安。16日，讨袁军右翼军向金鸡坡炮台发起进攻，在八里坡一线激战，袁军竭力抵抗，势几不支。李纯急调两个营抄袭方部左侧，战至傍晚，方部失利，被迫退却。方部退却途中，第九团团长被叛徒枪杀，第一、第三营及炮队、机关枪队投敌。右翼军遭此挫折，丧失了进攻能力。李烈钧见左、右两翼军失利，遂将司令部由湖口移往吴城，部署节节抵抗，以待湘、粤援军。由于湘、粤援军迟迟不发，江西战场力量对比发生逆转。17日，袁军第二师开赴九江。23日，袁军分3路向湖口一线展开攻击，海军次长汤芗铭率"飞鹰"等舰支援。25日袁军攻陷湖口，次日，占领姑塘。此时讨袁军左翼仍扼守瑞昌、蓝桥一线，右翼军退守南康（今星子）、吴城。7月30日，袁军分3路从九江、湖口、姑塘向瑞昌、南康、德安攻击讨袁军，8月1日，占瑞昌、南康。李纯率部正面攻击讨袁军左翼军，林虎率部边战边撤，在黄老门作战中，利用有利地形，予袁军以重大杀伤，但终因寡不敌众，放弃黄老门经德安、建昌（今永修）、奉新向赣湘边境转移。袁军8月8日陷吴城，10日，占建昌。李烈钧率方声涛余部弃吴城后退往南昌，将所剩两个营及南昌城守军两个营布置在城北乐化、樵舍，组织防御。16日，李纯令第十一旅及第二十二团分两路向南昌进攻，讨袁军已无力反击，遂撤离南昌城，18日，南昌陷落。李烈钧、林虎率余部退往湖南、方声涛率余部退上饶。江西讨袁宣告失败。

徐州地区作战

7月15日，江苏讨袁军第三师占领利国驿。16日，向韩庄袁军第五师方玉普旅发动进攻，企图一举占领韩庄。方部坚守待援。次日，讨袁军继续猛攻，亦未得手。张勋派武卫前军统领张文生率部驰援，向第三师猛烈反击，讨袁军不支，撤至柳泉。黄兴急令第八师混成旅等部增援，会合第三师反攻制胜，19日，又将袁军击退至韩庄一线。后因混成旅回守六合，前线力量削弱，加上第三师骑兵团团长张宗昌率部投袁，并向撤退途中的讨袁军攻击。第三师腹背受敌，无力抵抗，遂放弃徐州，向蚌埠退却。24日，袁军未遇抵抗，占领徐州，至月底占领淮阴、扬州，直逼镇江。黄兴获悉徐州失守，湖口兵败，28日夜，乘日轮离宁赴沪，因无法上岸，遂前往日本。程德全立即宣布江苏取消独立。黄兴出走后，讨袁军主要将领亦相继离去，南京陷入"三军无主"的局面。8月初，冯国璋部攻占蚌埠、临淮关、滁县等地。

南京保卫战

8月8日，国民党人何海鸣潜入南京，宣布江苏第二次独立，自任讨袁军总司令，推第八师师长陈之骥为江苏都督。当晚陈拘何于第八师司令部，再次取消独立。11月，何被第一师官兵解救出，第三次宣布江苏独立。何组织第一、第八师等余部分守富贵山、雨花台高地及狮子山、天堡城诸炮台和城门，决心固守南京。14日，张勋部与徐宝珍师突袭紫金山，守军叛变，袁军不战而克。讨袁军第八师等部发起反击，夺回天堡城，轰击紫金山。16日后，两军反复争夺天堡城，战斗异常激烈，双方伤亡惨重。天堡城五易其手，至21日终被袁军占领，南京失去屏障。27日，张勋、冯国璋部向太平门、朝阳门（今中山门）、神策门、雨花台进攻，刘冠雄以舰炮配合冯部进攻狮子山。讨袁军固守阵地，大量杀伤袁军，袁军进攻受阻。29日，袁军完成了对南京城的全面包围。31日发起总攻。9月1日，张勋部用地雷轰开太平门、朝阳门之间的城垣，蜂拥而入，相继攻占神策门、通济门。讨袁军被迫撤出城外。下关、狮子山炮台亦相继失守。南京守军与袁军在众寡悬殊、孤立无援的条件下，进行了20多天的顽强奋战，最后终于失陷。南京保卫战是整个讨袁战争中最为悲壮的一幕，守城官兵英勇无畏、誓死抗敌的战斗精神，为讨袁战争谱下了最光荣的一页。袁军入城后大掠3日，肆意抢劫，奸淫掳掠，无所不为。冯国璋部纵火焚烧了下关，烈火数日不熄。南京人民遭到惨重蹂躏。

上海及其他省市的作战

7月18日，上海宣布独立，陈其美任讨袁军总司令。23日，指挥第六十一、第三十七团及松军等部向上海军事重地——江南制造局进攻。袁军在海军巨炮的支援下，击退讨袁军。当晚，讨袁军再攻，仍未奏效。以后数日连攻不克，伤亡惨重。30日，讨袁军一部退往闸北被租界英军缴械；一部退往吴淞、宝山一带。8月2日，孙中山见宁、沪战事失利离沪赴粤，后在福州改道台湾，流亡日本。8月13日，袁海军占吴淞，讨袁军退往嘉定，随即解体。陈其美逃往日本。

7月17日，安徽宣布独立，柏文蔚任讨袁军总司令，第一师师长胡万泰代理都督。8月初，袁军倪嗣冲部攻占凤台、寿州、正阳等地。7日，胡万泰倒戈，宣布取消独立，率部攻打都督府，继攻芜湖，柏文蔚率部坚持战斗数日，后出走南京。安徽讨袁作战遂告失败。广东方面。7月18日，广东都督陈炯明宣布独立，通电讨袁，陈任都督兼讨袁军总司令。22日，袁世凯密令广西都督陆荣廷和巡防营统领龙济光入粤讨陈。龙部即由梧川东下，直趋广州。8月4日，广东讨袁军炮兵团、辎重营等部倒戈拥袁，炮轰都督府，陈炯明逃往香港。第一、第二师师长及第五旅旅长等当即宣布取消独立，广东讨袁也遭失败。

7月25日，湖南都督谭延闿在湖南革命派反袁情绪高涨的形势压力下，被迫宣布独立，响应讨袁，后见赣、皖、苏3省讨袁接连失利，遂于8月13日宣布取消独立。

7月19日，第十四师师长许崇智迫使都督孙道仁宣布独立，孙仍任都督，许任讨袁军总司令。许曾准备派兵援赣，但军队不愿出省作战，难以调动，加之赣、沪等地讨袁军屡遭挫败，许崇智离省逃往香港。8月13日，孙道仁宣布取消脱离袁政府。

8月4日，第五师师长熊克武宣布重庆独立。同日，革命党人张百群在川西组织讨袁军。川督胡景伊派川东宣抚使王陵基率部向讨袁军进攻，并派4个师围攻重庆。袁世凯令拿办熊克武，并令鄂、陕、滇、黔4位都督派军队会合征剿。熊部奋战月余，终因寡不敌众，各路战事均告失败。9月8日，王陵基部向重庆北面门户合川发动进攻，熊率数千人与之大战，结果败北，11日，熊克武出走，后流亡日本。其他各省也有些小规模的起义，如湖北沙洋驻军第三十二团团长刘铁，广西柳州巡防营统领刘古香，浙江宁波顾乃斌等，一度宣布独立，都旋起旋灭，没有发展成一支较大的势力。

护国战争

又称"云南起义"。1915年12月至1916年6月，云南等省为反对袁世凯复辟帝制，维护中华民国民主共和制度而组织的护国军，与袁统辖的军队，在四川、湖南等地进行的战争。

讨袁战争失败后，中华民国大总统袁世凯更加有恃无恐，下令取缔国民党，解散国会，图谋复辟帝制。为取得日本政府对复辟的支持，1915年5月与其签订包括承认日本在山东一切权利等内容的卖国"二十一条"。8月，指使其亲信、幕僚成立进行复辟帝制活动的"筹安会"。12月12日，申令接受国民"推戴"为中华帝国皇帝，旋下令改民国五年为洪宪元年。

在袁准备称帝期间，孙中山领导的中华革命党和以梁启超为代表的进步党等组织，曾分别派人赴云南策动武装起义。在反袁各派的策动下，云南部分高、中级军官，多次举行秘密会议，并着手组织武装讨袁。在袁世凯称帝的前几天，即派出步兵第一、第七团（云南独立后，改编为护国军第一军第一梯团第一、第二支队），以剿匪为名，向滇川边境开进，企图配合后续部队夺取四川。12月25日，前云南都督蔡锷与云南将军唐继尧等人，在昆明宣布云南独立，旋即建立云南都督府，并在原有两个师一个旅的基础上，迅速扩编成三十六个团共约两万人的讨袁护国军。蔡锷、李烈钧分任第一、第二军总司令，唐继尧任都督府都督兼第三军总司令。每个军下辖梯团（相当于旅）不等。每个梯团下辖两个支队（相当于团）。计划第一军攻川，第二军出桂，东征粤、浙，第四军留守云南乘机经黔入湘。尔后各军在武汉会师北伐。另由都督府左参赞戴戡率一部兵力入黔，策动贵州独立。

云南独立后，袁世凯急令北洋军和川、湘、粤等省军队共约8万人，从川、湘、桂3路征滇，企图一举歼灭云南护国军。计划由第一路司令马继增率北洋陆军第六、第三、第二十师各一部及部分混成旅，从湘西经贵川由东面攻入云南；第二路司令张敬尧率北洋陆军第七师和第三、第六、第八师各一部，与驻川北洋军和川军会合后，从北面进攻云南；第三路由广东陆军第一师师长、新任云南查办使龙觐光率部出粤经桂入滇，攻击护国军后方。

四川之役

四川是护国军与袁军交战的主要战场，亦为双方必争之地。1915年2月，袁世凯就派其亲信、陆军参谋次长陈宦督理四川军务，并调中央直属第四、第十三、第十六混成旅随陈入川，加强四川防务，连同川军含各地警备部队，共约4万人。1916年1月16日，蔡锷所部刘云峰梯团抵达滇川接壤的新场（盐津县南）一带。17日，向防守川南的第四混成旅旅长、新任川南镇守使伍祥祯部发动进攻，一举攻占燕子坡、黄坡耳、捧印村等地。19日，刘云峰以第一支队在正面实施佯攻，第二支队利用夜暗迂回至安边侧后，突然发起攻击，安边守军不支，向叙州（今宜宾）溃逃。护国军乘胜追击。伍祥祯见安边已失，率部弃城逃走。21日，护国军不战而下叙州。袁世凯对叙州失守，大为震怒，下令褫夺伍祥祯川南镇守使职，并令陈宦调整部署，组织四路部队向叙州反攻。护国军依托有利地形，实行积极防御，灵活运用截击、阻击和适时出击等手段，战至2月7日，击败袁军的反攻，赢得叙州保卫战的胜利。后因部分兵力往援纳溪，刘率余部退守横江。

1月24日，戴戡率一部滇军抵达贵阳。27日，贵州护军使刘显世宣布独立，旋即将黔军第五、第六团与戴所部滇军，合编为护国军右翼军（亦称滇黔联军右翼军），归蔡锷节制，以戴任总司令，向川东进攻；以黔军第一至第三团编为右翼军东路军，王文化任司令，率部进击湘西。2月13日，戴部抵达川黔边境松坎（属桐梓）一带，次日分三路向綦江以南的九盘子、青羊寺和东溪发起攻击，与防守綦江地区的川军第一师所部激战一昼夜，15日，连克上述要地，俘袁军128人，毙伤一部，后继续向北推进；前锋已抵距綦城仅10余公里，袁军为改变不利态势，陆续调集第三、第八师等部各一部兵力往援綦江，并多次发动反攻，戴部终因寡不敌众，被迫于3月中旬退守松坎一带，夺取綦江进而占领重庆的计划未能实现。

1月26日，蔡锷所部赵又新梯团第三支队支队长董鸿勋，率部抵达毕节后，奉蔡之命昼夜兼程，赶赴永宁联络川军第二师刘存厚部起义。2月5日，董鸿勋部与起义川军联合向泸州发起攻击。次日占领蓝田坝、月亮岩等要点，与泸州隔江对峙。9日，因防守月亮岩部队疏于戒备，又被袁军夺回。后虽进行多次反击，均未奏效，刘、董两部分别退守江安、纳溪。14日，袁军两万余人，从纳溪两翼向护国军反攻。蔡锷率主力驰抵纳溪后，组织几次较大规模的反击，给袁军以重大杀伤，而护国军亦因弹药不济，人员疲惫，于3月6日，分路撤出纳溪至叙蓬溪（今护国镇）一带有利地形休整。15日，蔡锷乘广西独立，云南解除后顾之忧，以及袁军官兵厌战、物资补给极其困难之机，决定集中主要兵力分3路反攻泸（州）纳（溪）。17日，担任主攻的右翼赵又新梯团从纳溪以东之白节滩发起攻击；中路顾品珍梯团在正面牵制敌军；左翼刘存厚部攻占江安，保障主力侧翼安全。19日，护国军全线突破袁军前沿阵地，歼其一部。22日，袁世凯迫于内外交困，宣布取消帝制，仍居大总统位。蔡锷坚持迫袁下台，继续指挥所部顽强作战。至3月底，连克江安、南溪等地，重新夺回纳溪。袁军伤亡甚大，无力继续作战。陈宦派人向护国军要求停战议和。双方议定从31日到4月6日停战一周，后又派代表商谈，继续休战，反攻泸州计划未能实现。

湘西之战

护国军右翼军东路司令王文华率三个团，于1月下旬进抵黔湘边境后，立即分路向湘西袁军发动进攻。2月2日晚，第一团趁晃州（今老晃，属新晃）城袁军欢度旧年除夕，疏于防备之机，借夜幕掩护，以迅猛动作冲入城内，正在饮酒作乐的袁军顿时慌乱一团，稍作抵抗，便向晃州以东的蜈蚣关溃逃。护国军乘胜追击。次日拂晓，袁军第五混成旅和镇远道守备部队各一部在蜈蚣关据险顽抗，护国军奋力猛攻，下午攻克该地，毙敌80余名，首战告捷。第三团亦于2月3日向黔阳袁军发起攻击，当日占领部分据点，5日，克黔阳，6日，占领洪江，共俘敌250余名，缴获武器弹药一批。期间，向麻阳进攻的第二团，因城内防守严密，且地势险要，周围多悬崖绝壁，多次攻城不果。加之袁军第三、第六师各以一部兵力，分别从辰溪、沅州（今芷江）增援麻阳，使第三团处于被围歼的险恶态势。王文华冷静地分析敌我态势，决心乘辰、沅袁军往援麻阳之机，令第二团改攻为守，就地牵制袁军，令第一、第三团于13日联合向沅州发起攻击，袁军弃城逃走，14日，护国军占领沅州。

护国军夺取沅州后，王文华急令第一团以一部兵力迂回至麻阳侧后，协同第二团再攻麻阳。15日晚，民军敢死队攀云梯爬入城内，与护国军内外夹攻，袁军相互失去联络，纷纷向辰溪方向溃逃。16日，护国军占领麻阳。至2月下旬，护国军在当地人民的支援下，连克靖县、通道、绥宁等地，击溃袁军约3个混成团兵力。3月中旬，袁军向麻阳、黔阳等地发动全面反攻。护国黔军顽强抗击，牵制湘西袁军向主要方向四川转移兵力。战至4月6日，王奉蔡锷之命停战，与袁军形成对峙。

滇桂边境作战

1月中旬，龙觐光率所部约4000人（沿途招募4000人）由粤出发，下旬抵达滇桂边境后，以李文富为第一路军司令，率部由百色进攻云南剥隘；黄恩锡为第二路军司令率部经西林（今定安）绕攻广南；朱朝瑛、张跃山等各率一部兵力，分别在百色和西隆（今隆林）等地，阻击由黔入桂的护国军和第一路龙军的进攻。另由龙体乾潜回云南，在滇南一带组织土匪武装，发动暴乱。从而达成了对即将入桂的护国第二军的包围态势。

李烈钧率护国第二军约2000人，于2月20日由昆明出发，向广西开进。途中得知龙军进抵滇桂边境并占领部分据点的情报，一面令张开儒、方声涛两个梯团，迅速在富州（今富宁）、广南地区组织防御，阻击来犯之敌；一面根据湘西战事进展比较顺利，报经唐继尧同意，将企图援湘并已进至贵州境内的第三军赵钟奇梯团（欠一个支队）和黄毓成挺进军折入广西，从外线达成对龙军的反包围态势。

3月初，护国第二军与袁军在广南、富宁地区展开激战。张开儒梯团于富宁东面之皈朝一带击退龙军李文富部多次进攻，双方成僵持局面。方声涛梯团与黄恩锡部在广南以北龙潭地区激战数日，将黄部击退，并歼其一部，亦呈胶着状态。15日，广西将军陆荣廷宣布广西独立，护国军士气大振。16日，方声涛指挥所部向黄恩锡部发起反攻，已进抵西隆的赵钟奇梯团，此时亦由北向南压迫黄部。黄军腹背受击，被歼一部后，仓皇逃窜。与此同时，经潞城向百色机动的黄毓成挺进军，途中击溃朱朝瑛部后，直趋百色，协同桂军包围龙觐光指挥部，迫使龙军缴械投降。在皈朝的李文富见大势已去，亦被迫向张开儒投降。护国军先后共俘龙军2000余人。窜到蒙自、临安（今建水）一带的龙体乾土匪武装，遭第三军刘祖武等部痛击后，部分被歼，部分逃离滇境。

袁世凯3路征滇计划虽告破产，护国军却未放松警惕，坚持迫袁下台。为彻底推翻袁的独裁统治，5月8日，已独立的滇、黔、桂、粤等省，在广东肇庆成立对抗北洋政府的军务院。不久，陕西、四川、湖南等省相继宣布独立。袁益陷窘境，6月6日病死。护国战争结束。

洪宪帝制的覆灭

声势浩大的反袁护国运动使原来支持袁世凯复辟帝制的帝国主义国家纷纷改变态度，也使北洋军阀内部发生分裂，段祺瑞、冯国璋乘机各自进行谋取权力的活动。在内外交困之中，袁世凯被迫于1916年3月22日宣布取消帝制。

帝制撤销后，袁世凯还想保持总统地位。他任命段祺瑞组阁，段上台后步步进逼，迫袁交出政权；西南护国军反对袁世凯任大总统，1916年5月，滇、桂、黔、粤等省组成军务院继续讨袁；袁世凯的心腹四川督军陈宧、湖南督军汤芗铭亦宣布独立。袁世凯陷入四面楚歌的绝境，6月6日，在全国人民的唾骂声中一命呜呼。

袁世凯死后，历时两年的护国运动即告结束。护国运动挫败了袁世凯复辟帝制的阴谋，恢复了资产阶级共和国的形式。以孙中山为首的革命派在护国运动中表现了坚韧的革命精神。但是，护国运动并没有改变中国半殖民地半封建的社会地位。

帝国主义操纵下的军阀割据

北洋军阀的分裂

袁世凯死后，北洋军阀失去了总头子。北洋军阀分裂成几个派系，各自依靠不同帝国主义的支持；另外一些地方军阀在护国战争中借反袁名义纷纷宣布独立，乘机谋取地盘和权力，也以帝国主义为背景，拥兵自重。这样，中国出现了各派军阀割据和相互争斗的局面。

当时全国从中央到地方的各派军阀主要属两大军阀集团：即北洋军阀集团和西南军阀集团。在北洋军阀系统中，势力最大的是以段祺瑞为首的皖系和以冯国璋为首的直系。皖系军阀投靠日本帝国主义，控制安徽、山东、浙江、陕西、福建等省。直系军阀投靠英、美帝国主义，控制江苏、江西、直隶等省。另一个大的派系是张作霖为首的奉系，投靠日本帝国主义，控制东北三省，成为皖、直两系外的一支举足轻重的势力。非北洋系的地方军阀，在北方，主要有割据山西的晋系阎锡山。在南方，北洋军阀的势力尚未达到或尚未完全达到，逐步形成了相对独立的诸多派系的地方军阀，历史上称为西南军阀。皖、直、奉军阀，在帝国主义的支持下，割据争雄，曾先后控制北京政权。而皖系军阀段祺瑞，依靠日本帝国主义的支持，凭借他利用陆军总长的职务在北洋军阀中所掌握的实力以及国务总理的地位，首先取得了北京政权。

张勋复辟

袁世凯一死，各派军阀在大总统继任问题上展开了一番激烈的争斗后，1916 年 6 月，由黎元洪继任大总统，冯国璋为副总统，段祺瑞为国务总理。段祺瑞把持了北京政府的实权。1917 年，总统与总理在是否参加第一次世界大战的问题上发生分歧。日本帝国主义支持段祺瑞参战，美帝国主义指使黎元洪反对，形成所谓"府院之争"。段祺瑞以武力胁迫黎元洪解散国会，黎元洪则免去段祺瑞国务总理职务。清朝封建余孽"辫帅"张勋以调停双方冲突为名，率兵闯进北京，把废帝溥仪又扶上皇帝的宝座，改民国六年为宣统九年。演出一场复辟闹剧。

段祺瑞"再造共和"与"毁法"

段祺瑞在日本帝国主义的支持下，借"保护共和"之名，赶走张勋，取消复辟。此后，段祺瑞以"再造民国"的"功臣"自居，重新控制了北洋军阀政府的实权。段祺瑞继承袁世凯的衣钵，建立起封建专制独裁的政权，实行对外卖国、对内专制的政策。

对外，段祺瑞政府继续实行亲日外交。1917 年 8 月，段祺瑞政府正式对德、奥宣战。1917—1918 年间，段祺瑞不惜出卖东北、内蒙古和山东等地的铁路、矿山、森林开采权、经营权，大量向日本借款，总额在 3 亿日元以上。其中仅由段政府的日本顾问西原龟三经办的 8 次借款，即所谓"西原借款"，即达 1.45 亿日元，数额远远超过整个袁世凯统治时期向日本借款的总额。1918 年，段祺瑞又与日本订立陆、海军的两个所谓"共同防敌"的军事协定,使日本帝国主义得以进一步控制中国东北和内蒙古的广大地区,掠夺中国的资源,控制中国的军事。当日本提出霸占山东各项权利的要求时,段政府的代表竟表示"欣然同意"。段祺瑞的卖国行径,加剧了中华民族和帝国主义特别是与日本帝国主义的矛盾,加剧了人民大众和封建主义尤其是亲日派封建军阀的矛盾。

对内,段祺瑞拒绝恢复被张勋解散的国会,下令毁弃《临时约法》,准备另行组织由各省督军指派的"临时参议院",作为推行独裁统治的工具。同时,大力搜刮民财,并高唱"武力统一",企图以内战方式重建袁世凯式的独裁统治。

孙中山"护法"运动的失败

在段祺瑞继承袁世凯衣钵大肆卖国、实行反动统治时,孙中山于1917年7月发起了护法运动,提出了打倒假共和,建设真共和的主张,号召恢复《临时约法》和国会。8月,在广州召开非常国会。9月,成立护法军政府,孙中山任大元帅,唐继尧、陆荣廷为元帅,宣布段祺瑞为民国叛逆,出兵北伐,开始了护法战争。军政府的成立,标志着护法运动的正式开始,也标志着南北分立对峙局面的形成。护法战争开始后不到3个月,北京政府内部发生了分裂。对于南方护法军政府,段祺瑞主张武力讨伐,调直系军队打前锋。

1917年10月,直系军队进入湖南,南方军队也开入湖南与之对抗。直系军阀为了保存实力,排斥段祺瑞,与西南军阀勾结,主张停战息兵,和平解决。11月,段祺瑞被迫辞职。与此同时,南方护法军政府内部也发生了重大分裂。滇、桂军阀赞成孙中山的护法,本意在利用孙中山"护法"的旗号,对抗北洋军阀以图自保。直系主和之议一起,便图谋排挤孙中山,分裂护法军政府。

1918年5月,孙中山愤而辞职,离开了广州去上海。他在辞职通电中愤懑地指出:"吾国之大患,莫大于武人之争雄,南与北如一丘之貉。"5月21日,孙中山乘大阪商轮苏州丸号离开了广州,经日本前往上海。护法战争宣告失败。中国资产阶级革命已陷入绝境。

南北对峙和南北议和

段祺瑞辞去国务总理职务后,又被任命为参战督办。他以此名义继续向日本借款,扩充其参战军,并组织了以徐树铮、王揖唐为首的"安福俱乐部",操纵新国会,进行"合法倒冯"。1918年3月,段祺瑞勾结奉系军阀入关声援,皖系各省督军也要求段祺瑞复职。冯国璋被迫再次任命其为国务总理。直系军阀曹锟、吴佩孚在湖南取得胜利,段祺瑞却任命皖系军阀张敬尧为湖南督军,曹、吴对此极端不满。8月,吴佩孚等通电主和,与西南军阀联合,共同对抗皖系。9月,安福国会选举徐世昌为大总统,钱能训为国务总理,把以冯国璋为首的直系势力排挤出中央政府。安福国会是段祺瑞的御用工具，他通过这个工具控制着内阁，利用参战督办的名义实行专制独裁统治。1919年12月，冯国璋死后，曹锟、吴佩孚成为直系的首领，与南方军阀建立了更加密切的联系，并进一步取得英、美的支持，直皖矛盾更加尖锐。1918年10月，第一次世界大战即将结束，全国人民和各界人士都要求消除战争，南北议和。西方帝国主义为了反对日本支持段祺瑞，推行武力统一，以便独霸中国，赞成中国南北议和。10、11月间，美国先后向北京政府和护法军政府提出"劝告"。日本在英、美的压力下被迫同意美国提出的南北议和主张。1919年2月，南北双方在上海举行和平会议。由于英、美和日本争夺激烈，各派军阀矛盾重重，至5月谈判宣告破裂。此后，更大规模的军阀混战连年不断。

护法战争

又称"南北战争"。1917年8月至1918年5月，孙中山为维护与恢复标志共和国体的《中华民国临时约法》和国会，发动和领导的反对北洋军阀的战争。

1917年7月1日，张勋拥清废帝溥仪复辟。6日，孙中山偕廖仲恺、朱执信等人由上海乘"海琛"号军舰启程赴粤，计划以广东为基地，组织武力讨伐张勋。孙中山等尚未抵粤，张勋辫子军已被原国务总理、皖系军阀段祺瑞组织的讨逆军击败，复辟被粉碎。段复任国务总理，重掌北洋政府大权后，通电各省拒绝恢复约法和国会，并派北洋军第8、第二十师随皖系前陆军部次长、新任湖南督军傅良佐入湘，镇压南方革命。17日，孙中山等抵达广州后，电邀国会议员赴粤，并致电和派人联络西南军阀陆荣廷、唐继尧等人，共图推翻以段为首的北洋政府。桂、滇军阀亦企图借护法旗帜，猎取湖南、四川等地盘，以便对抗段的武力统一政策。8、9月间，在广州召开的国会非常会议，选举孙中山为海陆军大元帅，陆荣廷、唐继尧为元帅，建立中华民国政府，兴师讨伐段祺瑞。计划以滇、黔、桂、粤等省陆军和海军一部，共约15万人，分从湘、川和闽浙3路会攻北京。中路由广西督军谭浩明为两广护国联军总司令，率部出湘入鄂；左路由云南督军唐继尧任滇黔靖国联军总司令，指挥所部攻川，得手后与中路会攻武汉；右路由海军总长程璧光等指挥粤军和驻粤滇、桂军及海军，先取闽浙，再图沪、宁，后由海路北上，与中路、左路并进。段祺瑞调集北洋军和湘、粤、闽等省军队近20万人，企图以主要兵力入湘，制服两广，以一部兵力夺取四川，制服滇、黔，进而消灭南方革命势力，实现武力统一全国的计划。

第一次湘战

9月18日，被傅良佐免职的革命党人湖南零陵镇守使刘建藩、湘军第一师第二旅旅长林修梅，联衔宣布湘南自主，参加护法。接着，湖南第一、第二区守备司令吴剑学、周伟等也相继宣布独立。傅良佐奉段之命，令湘军第一师代理师长李佑文率第一旅开赴衡山，镇压刘、林护法军。下旬，该旅第一团在衡山七里滩等地与林部交战，第三营官兵反对"以湘治湘"，宣布起义，加入护法军。该团和第二团大部官兵随即响应护法，李逃回长沙。傅急令第八师师长王汝贤为湘南司令，指挥第八师王汝勤旅、第二十师张纪旅进攻衡山；湘军第二师朱泽黄旅往永丰（今双峰）策应王部作战。10月6日，王汝勤不待张纪旅到达，针对护法军防守正面较宽、兵力分散等弱点，采用多路小群率制，集中兵力逐点攻击等手段，向衡山以北地区发起攻击，一举占领白石铺、护湘关等要点，续向衡山外围进攻。11日，护法军不支，退守衡山与衡阳间的贺家山一带。14日，由湘潭经株洲沿湘江东岸进攻衡山的张纪旅进抵衡山。15日，王、张两部联合向贺家山发起进攻。湘南护法军总司令程潜（旋任湘军总司令）等人，汲取衡山防御战中兵力过散的教训，指挥护法部队集中火力封锁山下的开阔地带，北军死伤甚众，多次攻击受挫，便改攻为守，与护法军形成对峙。

为打破南北两军在贺家山地区的僵持局面，加之两广护国军陆续入湘，10月21日，程潜与桂军陆裕光等将领商定，以一部兵力就地牵制北军，主力向西转移，进行宝（庆）永（丰）作战。到11月11日，护法联军攻克宝庆、永丰等地。14日，直系王汝贤等不愿继续为皖系作战，发出南北议和通电，旋即率部北撤。护法联军乘胜追击，20日，占领长沙，北军向岳阳逃窜。28日，谭浩明在陆荣廷的授意下，擅自发出与北军议和的通电，屯兵不前，与程潜等人发生矛盾，因此迟至1918年1月23日，才开始进攻岳阳，27日占领该地，俘敌千余人。

四川靖国之役

早在1917年4月，川军第二师师长刘存厚，因对滇军将领、四川督军罗佩金裁编川军不满，联络其他川军发动"刘罗之战"。后经调停，滇军由成都撤至川南。7月1日，张勋复辟，溥仪委任刘存厚为四川巡抚。中旬，唐继尧即以护法讨逆名义，将滇军改称靖国军，编成第一至第六军，（后又增编第七、第八军）自任总司令，通电讨伐刘存厚，发动靖国之役，旋令罗佩金指挥驻川滇军向成都进攻。滇军在青（神）眉（山）一带同川军激战数日，伤亡甚众，退回川南。8月初，北洋政府派长江上游总司令吴光新为四川查办使，率两个旅入川支援刘存厚，不久又令陕南镇守使管金聚率一个混成旅往援川军，企图将滇黔军逐出四川。11月上旬，依附北洋集团的川军第二师和第一、第三十一师各一部，向川南靖国滇军发动全面反攻，下旬占领泸州、叙州（今宜宾）等要地，滇军节节向南败退，情况十分危急。

唐继尧为扭转败局，决心以大部兵力坚守川南，牵制川军主力向川东移动，以第四军李友勋旅、第一军何海清旅，分出合江、永川，秘密进入江津，协同在綦江地区的黔军和四川靖国军，向防守比较薄弱的重庆方向进攻，切断北洋军援川的重要通道，孤立川南川军，得手后，再由东向西，与川南靖国军夹击川军主力，进而夺取成都。11月12日，黔川靖国军由綦江分两路向重庆方向发起攻击，一度受挫，后在滇军的协同下，夺取重庆外围部分据点。30日，黔、川军由重庆东南，滇军从西南夹击重庆。战到12月3日，又攻克铜罐驿、白市驿等要点，进迫浮图关。吴光新等见大势已去，弃城逃走。4日，滇黔川靖国联军进占重庆。嗣后，联军分3路向成都方向开进，协同川南滇军主力进击成都和反攻泸（州）纳（溪）地区。战至1918年1月底，联军收复纳溪、泸州、永川、荣昌、遂宁等地后，川军主力被压缩在嘉定（今乐山）、简阳、成都之间的狭小地带。川军大部倒戈。刘存厚率残部退往川北。2月20日，联军进占成都。靖国之役至此告一段落。

闽、粤地区作战

1917年9月，北洋政府在派兵入湘的同时，就指使福建督军李厚基和龙济光等人，率部对广东发动进攻，策应湘省作战，不久，又策动广东潮梅镇守使莫擎宇脱离广东省政府，并派兵攻打惠州。10月23日，莫擎宇宣告独立，反对护法。军政府潮梅军和平潮军旋即进剿莫擎宇部。至12月中旬，攻克汕头、五华等地，莫率残部退往闽境。李厚基派汀漳镇守使臧致平率部支援莫擎宇。军政府令授闽粤军总司令陈炯明率20营粤军入闽作战。1918年1月下旬，陈率部由广州启程，2月中旬，进抵潮汕地区后，忙于招兵索饷，扩充势力，并不热心攻闽。经孙中山几次催促，5月上旬才指挥所部向闽军进攻。战至8月底，连克武平、上杭、漳州等地，李部战败，李逃回福州。

在护国战争中，被护国军战败的前广东将军龙济光逃往琼州（今海南省）后，大肆扩充军队，以图卷土重来。护法战争爆发后，北洋政府任命龙济光为两广巡阅使，并令其出兵攻粤。1917年11月龙率两万余人由琼出动，12月，在阳江等地登陆后，即向广州方向推进，并连占数县。广东督军莫荣新即令钦廉镇守使沈鸿英、高雷镇守使林虎，分任讨龙军第一、第二军司令，各率所部在化州、恩平等地阻击龙军。嗣后又编组第三、第四军和讨龙靖国军，加上原有两个军，共约两万余人对龙军作战。双方在阳江及其西南地区激战两月，形成拉锯战。1918年3月7日，护法军政府参谋长李烈钧出任讨龙军总指挥后，决心改变分兵防守的不利态势，集中主力于开平至阳春之线，围歼龙军李嘉品部主力，收复阳江，再进击廉江、化州之敌。16日，在恩平附近待机的第三军，首先向龙军发起反击，一举收复恩平。李烈钧即令第三军从正面牵制敌人，以讨龙靖国军李根源部为主攻，在海军舰艇的支援下，插入阳江北部，从侧翼攻击龙军。第二、第四军亦迅速向阳江推进，协同李部围歼阳江地区之敌。李嘉品见被数面包围，25日放弃阳江，退守电白。讨龙军乘胜追击，4月12日，占领电白。李烈钧即以一部兵力协同第一军向廉江、化州发起攻击，另以一部兵力南渡琼州海峡，袭击在琼的龙军。龙部军心动摇，加之粮弹不济，节节败退。讨龙军战至28日，收复化州、廉江、遂溪。龙济光弃军逃走，所部大部缴械投降。

第二次湘战

湘粤桂护法联军攻占岳阳后，按照孙中山的计划，应在湖北靖国军石星川、黎天才等部协同下，加上滇黔川靖国军以一部兵力配合，乘胜攻取武汉，继续向北推进。但由于滇、桂军阀各怀私利，尤其是桂系军阀满足于占领湖南，拥兵不前，与北洋集团媾和，还对军政府进行分裂破坏活动，严重削弱了护法部队的战斗力，给北洋政府继续调兵遣将，发动第二次攻湘之战以可乘之机。1918年1月上旬，北洋政府为解决再次攻湘的后顾之忧，令第三师代师长吴佩孚、第十一师师长李奎元等部，向荆（州）襄（阳）地区的石星川、黎天才部发动进攻。湖北靖国军孤立无援，相继战败。月底，代总统、直系首领冯国璋在段祺瑞等皖系势力的威逼下，令援湘军第一、第二路司令曹锟和张怀芝，各率所部再度攻湘。2月28日，第一路吴佩孚部向岳阳发起反攻。吴亲率一部兵力向护法军防守比较薄弱的新店、滩头等要点进行突击。防守该要点的湘军第一师一部，在吴军猛烈火力的攻击下，被迫后撤，吴军乘胜跟进，3月2日，攻占万峰山，突破联军第一道防线。接着，吴指挥所部继续向南推进，至3月15日，突破联军第二、第三道防线。17日，吴部会攻岳阳，当晚守城部队退守新墙。18日，吴部进占岳阳城，联军向长沙方向撤退。吴部继续追击。25日，联军总司令谭浩明见岳阳已失，恐惧已极，率桂军撤离长沙。湘军亦退守衡山地区。26日，吴部进占长沙。北军第一路张敬尧部亦于3月11日向平江护法军进攻。防守该地区的湘军刘建藩等部，依托有利地形，顽强抗击北军的进攻。双方战至22日，护法军不敌，北军占领平江。

4月初，北洋政府令第一路吴佩孚部出长沙经湘潭，向衡山方向进攻；张敬尧部经湘步、永丰攻宝庆。第二路军施从滨师和两个混成旅及安武军等部，经醴陵攻取攸县、茶陵。计划旬日内占领全湘，后趋广东。

护法联军弃守长沙后，桂军退至祁阳一带，仅有在衡山的湘军和在安仁的粤军，共约两万人。面对3路南犯的北军，程潜等决定依靠湘军自身力量，联合粤军，以一部兵力率制湘南地区之敌，集中主力和粤军，歼灭企图进攻攸县的施从滨师。4月21日，赵恒惕等率部对施从滨师进行包围攻击，施部损失过半，余部逃向茶陵。护法军乘胜向北推进，又战败北军张宗昌旅及安武军, 27 日, 夺回醴陵等地。30 日, 前锋逼近长沙。张怀芝逃回汉口。吴佩孚、张敬尧闻讯, 各调一部兵力驰援第二路军, 至 5 月初, 连陷安仁、攸县等地。护法联军分别向湘桂边境溃退。

5 月初, 国会非常会议在西南军阀的操纵下, 改组护法军政府, 将大元帅制改为总裁合议制, 进一步排挤孙中山。孙中山愤而辞去大元帅职, 护法战争结束。

五四爱国运动

山东问题和巴黎和会上中国外交的失败

1918 年 11 月, 第一次世界大战以德、奥等 "同盟国" 的失败宣告结束。从 1919 年 1 月 18 日起, 美、英、法、日等战胜国在巴黎凡尔赛宫举行所谓 "和平会议", 中国作为战胜国之一, 也派代表出席了会议, 巴黎和会被美、英、法、日、意 5 个强国操纵, 实际上是个分赃会议。中国代表向和会提出取消帝国主义列强在华特权的 7 项希望条件 (即放弃势力范围、撤退外国军警、撤销外国邮政电报机关、取消领事裁判权、归还租借地、归还租界、关税自主); 取消日本与袁世凯订立的 "二十一条"; 归还在大战期间被日本夺去的德国在山东的各种权利等正当要求。和会置中国人民的正当要求于不顾, 除将山东问题列入议程外, 其余各项均被拒绝提交会议讨论。4 月 30 日, 英、美、法、日等国会议竟无理决定, 将德国在山东掠取的权利全部让给日本, 并明文写入《协约和参战各国对德和约》(即《凡尔赛和约》)。对此, 北洋政府竟准备签字承认。北洋政府的卖国行为和会上中国外交的失败, 引起中国人民的极大愤慨, 成为五四爱国运动爆发的导火线。

五四运动的爆发

5 月 3 日晚, 北京各校学生代表在北京大学开会, 讨论对策。会上群情激愤, 决定: 通电全国, 联络各界一致行动; 致电出席巴黎和会的专使, 令其拒绝签字; 5 月 4 日, 在天安门前集会, 示威游行, 定 5 月 7 日为国耻日, 举行全国示威游行。

5 月 4 日下午, 北京 10 余所高校的学生 3000 余人, 从四面八方汇集到了天安门。学生们手执标语小旗, 高呼口号, 要求 "取消二十一条" "拒签和约" "誓死收回青岛" "废除中日军事协定" 等, 宣读了《北京学生界宣言》, 强烈要求惩办交通总长 (订立 "二十一条" 时任外交次长) 曹汝霖、驻日公使章宗祥和订立 "二十一条" 时的驻日公使陆宗舆, 呼吁社会各界联合一致,

"外争国权，内惩国贼"。

在简短的演讲集会之后，便开始了浩浩荡荡的示威游行。当游行队伍行至东交民巷西口时，遭到帝国主义和军阀政府军警的无理阻拦，义愤填膺的学生队伍，改向东单，直驱赵家楼曹汝霖寓所，曹汝霖闻讯躲藏，但未及逃离的另一个卖国贼章宗祥却被学生抓获，并将其痛打了一顿，最后放火烧了章宅。不久大批军警赶到，未及撤离的学生被逮捕。

5月5日，北京高校学生总罢课，设法营救被捕同学。6日北京中等以上学生联合会成立，继续领导学生开展各种爱国活动。

爱国学生运动的发展，引起北洋军阀政府的恐惧，它随即开始采取一系列的镇压措施。

5日，教育部严令各校立即开除"闹事"学生，6日，徐世昌总统下令加强"弹压"，对不服弹压者"逮捕惩办"，7日，下令禁止召开国民大会，8日，又下令警察厅将刚刚释放的被捕学生送交法庭审办，禁止学生集会游行示威，逼走北大校长蔡元培。压迫愈强，反抗愈烈，北京政府的倒行逆施，使矛盾进一步激化。

从19日起，北京学生再次实行总罢课。学生们组织了"救国十人团"，开展讲演活动和抵制日货运动，还组织了护鲁义勇队，进行军事操练，准备掀起更大的斗争。

学生爱国运动的扩大，使帝国主义特别是日本帝国主义大为震惊。他们对北京政府施加压力，要求严厉取缔。北京政府下令禁止学生讲演，各学校一律复课，不准报纸刊登学生爱国活动的消息，并为3个卖国贼辩护。6月3日，北京学生两千多人组织讲演队，进行大规模爱国宣传。北京政府出动大批军警、马队，驱散听众，捕去学生170人。6月4日，讲演的学生人数增加了一倍，又有700多人被捕。但是，爱国学生并没有被军阀政府的高压政策所屈服。

"五四"爱国运动的初步胜利

"五四"爱国运动的开始阶段，主要是青年学生的革命运动，运动的中心在北京。6月3日，北京政府大肆逮捕北京爱国学生，激起了全国人民的义愤。爱国运动发展成为有工人阶级、小资产阶级和民族资产阶级参加的全国范围的革命运动，工人阶级成为运动的主力，运动的中心也转移到上海。

6月5日，上海日商内外棉第三、第四、第五纱厂的中国工人首先举行爱国罢工，接着，上海机器、纺织、市政、船坞、海运、烟草、印刷等行业的工人相继罢工。6月10日，沪杭、沪宁、淞沪铁路工人也参加罢工，使上海罢工总人数达到六七万人。长辛店、唐山、杭州、九江等地的工人也举行了罢工。在群众运动的推动下，上海和其他城市的工商业者也举行了罢市。

工人阶级最初是为同情和支持爱国学生而参加运动的。但是，他们在斗争中提出了自己的政治主张。上海工人表示："吾国民受强权之压制，今日已达极点"，要"牺牲吾辈数十万工人的赤血，与野蛮的强盗战""格政府之心，救灭亡之祸"。上海一些资本家罢市以后，害怕坚持爱国斗争会引起国际交涉和军阀政府镇压，很快又酝酿开市，并劝说工人复工。工人们对资本家的妥协态度进行了抵制。他们宣布："即令商界答应开市，工界同胞决不因此终止，誓当再接再厉，继续罢工。"

工人阶级参加战斗，大大增强了爱国力量，对运动的发展起了重要作用。在群众爱国运动的巨大压力下，6月7日，北京政府释放了关押的爱国学生。6月10日，又被迫下令罢免了曹汝霖、章宗祥、陆宗舆的职务。

罢免3个卖国贼的目标实现后，全国人民继续开展拒签对德"和约"的斗争。6月17日，北京政府屈服于帝国主义的压力，曾电令出席巴黎"和会"的代表在"和约"上签字。为了争取收回山东权利，山东、天津、北京等省市都派代表向北京政府请愿，坚决要求拒签"和约"。国内人民、海外华侨和留学生向出席"和会"的中国代表发去电报7000余封，一致要求拒签"和约"。6月28日是对德"和约"签字的日期，这一天巴黎的华工和中国留学生包围了中国出席"和会"代表的寓所，不许他们前往签字。在这种情况下，中国代表终于拒绝在对德"和约"上签字。至此，五四爱国运动取得了初步的胜利。

五四爱国运动是一次彻底地反帝反封建的运动。在这次运动中，工人阶级、小资产阶级和民族资产阶级组成了一个广大的革命阵营，向着帝国主义和中国封建势力进行了不屈不挠的斗争，终于迫使北京政府拒绝在帝国主义强加的屈辱条约上签字。这在1840年鸦片战争以来的中国外交史上是前所未有的。

五四爱国运动是在第一次世界大战期间中国民族资本主义进一步发展，工人阶级成长壮大的历史条件下发生的。在这次运动中，中国工人阶级不再作为资产阶级的追随者参加斗争，而开始以独立的姿态登上政治舞台，并且表现了伟大的力量。五四运动标志着中国新民主主义革命的伟大开端。

北洋政府

北洋政府是1912—1928年由北洋军阀控制的北京中华民国政府的通称。1912年2月15日，袁世凯取得中华民国临时大总统一职，3月10日在北京就职，又逼南京临时政府迁往北京，这标志着民国史上北洋政府统治的开始。北洋政府对外依靠帝国主义的支持，对内主要代表国内封建势力，以北洋军队为统治支柱，镇压人民，排斥异己，在全国建立起军事化的统治。北洋政府与北洋军阀各个派系的兴衰关系很密切，以时间划分，大致可分为袁世凯统治时期、皖系军阀统治时期、直系军阀统治时期、奉系军阀统治时期4个阶段。

袁世凯统治时期（1912—1916年）

袁世凯上台后，临时政府进行改组，唐绍仪首任内阁总理，不少北洋官僚入阁。袁世凯为了清除革命势力，逼迫主张调和南北矛盾的唐绍仪辞职，换其亲信赵秉钧组成御用内阁。《中华民国临时约法》对袁并无约束力。但此时政治形势仍具有明显的过渡色彩，其主要表现是资产阶级民主形式得以保留，国会中同盟会员居多数，南方多数省政权也掌握在同盟会手中，资产阶级革命派还有与北洋派一争高下的实力。1912—1913年上半年，由于两大政治势力的对峙，形成了民国史上一个短暂的特殊时代。政党林立，舆论活跃，全国大小党派团体上百个，报刊几百家，表现出难得的资产阶级民主气氛。众多政党中，最重要的是以同盟会为主体改组的国民党，以前清立宪派旧官僚为支柱的进步党。国民党领导人希望通过和平方法建立资产阶级议会民主制度，发展实业，具有进步意义。但他们在理论上的主张脱离了以土地问题为核心的广大农民的现实需要，行动上组织松散，缺乏强有力的行动手段，对袁的野心也认识不足。相反，袁世凯暗中积聚力量，文武并用，扩军备战，寻求列强财政支持，实力雄厚。1913年初，大选揭晓，国民党获胜，袁立即摘下和平假面具，指使暴徒暗杀国民党领导人宋教仁，挑起战争。革命党人意见纷纭，仓促中在7月发动二次革命，终因不敌早有准备的北洋军而失败。这是在中国建立资产阶级民主制度的一次重大挫折。

二次革命失败后，南北对峙局面宣告结束，袁世凯用武力统一全国，北洋集团由此独占了全国政权。接着，袁通过威胁手段，于10月当选正式大总统。随即解散国会及省议会，用一批官僚政客组织会议、约法会议、参政院等御用机构，建立起个人独裁统治。1914年5月1日，袁世凯废除《临时约法》，公布《中华民国约法》，实行总统制，总统独揽一切大权，至此，辛亥革命的成果——资产阶级民主制度被袁破坏殆尽。

袁世凯统治期间，镇压了革命派的活动，北洋派也保持着大体上的一致，因而政局相对稳定，北洋政府的行政、立法、司法各种体制的基础多在这一时期奠定，公布的一些法规、条例对工商业也起了一定作用。但大总统职位仍不能使袁世凯满足，自1915年春开始，他在英、日帝国主义的支持下，积极准备改行帝制。同年12月12日宣布恢复帝制。旋下令改1916年为洪宪元年，废除民国纪元。但经过辛亥革命，共和国的观念已经深入人心，加之袁为称帝不惜出卖国家主权，与日本订立"二十一条"以换取支持，遭到全国人民的一致反对。袁在北洋派内部排挤手握兵权、对帝制不甚积极的段祺瑞、冯国璋等人，造成北洋派内部的分裂。忙于世界大战的帝国主义列强也不可能给帝制运动以有力支持。因此，袁世凯称帝后彻底动摇了他的统治基础。

以孙中山为代表的革命党人坚持反袁，组织了中华革命党与中华革命军，在沪、鲁、陕等地发动起义，但因孙中山、黄兴有分歧，缺乏实力，又脱离群众，故影响不大。结果，反对袁氏帝制运动的领导权反而被进步党夺走。他们在全国反袁浪潮的推动下，联合西南地方势力，打出反袁复辟旗帜，占据了主动地位。1915 年 12 月 25 日，蔡锷在云南首义，护国战争爆发，很快得到全国响应，资产阶级两大派别在反袁基础上联合，北洋派内部却无法一致。在全国反袁的浪潮下，袁世凯被迫于 3 月 22 日宣布取消帝制，恢复中华民国。这场战争反对帝制，维护共和，具有革命性，势不可挡。袁世凯虽然还想挣扎，但已力不从心，于 1916 年 6 月 6 日病死。

皖系军阀统治时期（1916—1920 年）

自 1916 年袁世凯死至 1920 年直皖战争爆发，北京政府基本上为皖系军阀段祺瑞把持。袁世凯之死，结束了北洋集团的大体统一局面，开始了群雄纷起、兵连祸结的军阀割据年代。北洋内部分裂为直、皖两大系，奉系在东北迅速崛起，各地大小军阀如晋系、滇系、桂系等无不割据一方。中国的小农经济基础与帝国主义列强分而治之的政策为军阀割据创造了条件。北洋集团内部缺乏坚固的凝聚力，本身并非统一的军事团体，袁世凯生前尚能维持，袁死后中心既失，兵为将有，政治权力分散在各路军阀手中，不仅中央不能控制各省，甚至省不能控制下属各县。督军横行无忌，立法、行政、司法机构大多徒具形式，中央政府只能在对外关系上勉强代表着国家。

黎元洪继任大总统，《临时约法》、国会等资产阶级民主形式也已恢复，但实质与袁世凯时代并无二致。段祺瑞以国务总理身份把持北京政府实权，但他不能缓和北洋派与其他派别以及北洋派内部的矛盾。首先引发的是府院之争，手无实权的总统府敢与大权在握的国务院相抗衡是因为得到部分国会议员及对段不满的派别的支持，到 1917 年春因对德参战案达到高潮。黎元洪解散国会，免去段祺瑞的职务，段立即煽动督军叛乱，并阴谋在天津另组政府。正值此时，张勋复辟发生，段率兵打败张勋。冯国璋任代理大总统，段祺瑞以"再造共和"的英雄自居，把持中央政权。皖系政府对外以参战为名，签订了中日军事协定，出卖主权，投靠日本，借款编练参战军；对内奉行武力政策，排除异己。为了独霸政权，段废除《临时约法》，由皖系安福俱乐部包办选举，1918 年 8 月成立新的御用国会，选北洋元老徐世昌为大总统，派兵讨伐南方护法运动，皖系势力发展到了最高峰。

段祺瑞破坏民主的行径，遭到资产阶级革命派的反对。1917 年 7 月孙中山南下广州发起护法运动。他没有提出发动民众的切实方案，手头无军队，只能依靠西南军阀唐继尧、陆荣廷等人，而唐、陆等人的目的则是借机扩充势力。孙中山最后被排挤，不到一年即辞职。南北武力对峙演化为争权夺利的议和。

皖系虽然控制了北京政府，但不能控制北洋各派，对非北洋系的西南军阀更是鞭长莫及。皖系军阀扩张的同时，其他大小军阀也在扩充各自的实力，直、奉两系的扩展尤其迅速。直系兵精械足，不甘久居人下，首先在与南方军政府作战问题上与皖系发生矛盾。直军在前线自行停战，其停战主和言论，迎合了全国人民渴望和平的心理；直系极力攻击皖系卖国，一时又赢得了人心。皖系上台后一系列的倒行逆施，本已引起人民反感。1919 年巴黎和会时，皖系政府的表现导致五四运动的爆发，使它陷于完全孤立的境地。直系在政治、军事上都占据优势，第一次世界大战结束后，西方列强卷土重来，压制日本的扩张，依靠英、美支持的直系在与依靠日本支持的皖系的争斗中又多了一重筹码。1920 年 7 月，直皖战争终于爆发。

直系军阀统治时期（1920—1924 年）

直皖战争爆发，直系与奉系结盟，未及半月，皖系即败下阵来，直系曹锟、吴佩孚成了北京政府的新主人。

直系是打着反对皖系武力统一的旗号上台的，然而当他们上台后，就以中央政权的名义实行武力统一政策。这一政策遭到一切非直系的反对，纷纷以"民主""自治""联省自治"以及其他各种名义对抗。首先与之发生矛盾的是昔日倒皖的盟友奉系。双方起先共同控制着北京政府，但因胜利果实分配不均，在组阁等问题上互相指责，矛盾愈演愈烈。1922 年 4 月，爆发了第一次直奉战争，结果直系击败奉系，独占了中央政权。

新胜之后的直系脱下"爱国""进步"的伪装，镇压工人运动，造成"二七"惨案，暴露了它的敌视人民的本相。他们先打着"恢复法统"的旗号，恢复国会，逼徐世昌下台，迎黎元洪复任大总统。继之又对黎元洪"逼宫夺印"，接着直系便高价收买国会议员，于 1922 年 10 月通过贿选，收买"猪仔议员"，让曹锟当上了大总统，搞得举国哗然，丧尽民心。反直的一方，奉系败退出关后，宣布"闭关自治"，锐意整军经武，实力大增，皖系不甘寂寞，企图卷土重来；南方的孙中山准备北伐，也在寻找盟友，由此形成了孙、皖、奉"反直三角同盟"。直系内部则因争权夺利而四分五裂，冯玉祥部自成一派，且与反直一方暗通款曲。1924 年 9 月，以江浙战争为前奏，第二次直奉战争爆发，奉军大举进攻，直军作战不利。10 月，冯玉祥发动北京政变，囚禁曹锟，直系腹背受敌，吴佩孚失败南下，直系军阀统治时期告终。

奉系军阀统治时期（1924—1928 年）

直系垮台后，奉系控制了北京政权。他们抬出皖系首领段祺瑞为临时执政，实际则在背后操纵。段祺瑞提出召开"善后会议"，但解决不了任何实际问题。

各派军阀之间争权夺利，纵横捭阖，敌与友之间根本无一定之分。北方的奉系与冯玉祥国民军系首先发生矛盾，这一矛盾的激化，又使奉系与吴佩孚重新携手，共同反冯，1926年初将冯部挤出华北。奉系内部，郭松龄于1925年底联合冯玉祥倒奉，由于日本的干涉而失败。同时，东南孙传芳与奉军激战，一跃而为5省霸主。到1926年4月，段祺瑞下台，其后奉、直两系在围攻倾向革命的国民军的共同目标下"联合"起来，暂时建立了他们在中国中部和北部的统治，并组成直系和奉系军阀势力所控制的北京政府，这个政府由内阁"摄政"。

这时，南方国民革命兴起，经过五卅运动，形成全国性的革命高潮，使广东革命军的北伐时机成熟。1926年7月，北伐开始，北伐军先打吴，再攻孙，最后击奉，各个击破，不到一年，即控制全国半壁江山。

北洋军阀在面临失败的最后关头，仍不愿意自动退出历史舞台。1927年6月，张作霖在北京组织安国军政府，自任大元帅，企图联合各派军阀，进行最后挣扎。蒋介石、汪精卫先后进行"清党""分共"，使北伐中途停顿，给北洋军阀以短暂的喘息之机。然而为时不久，国民党各派再度联合继续进行所谓后期北伐，张作霖见大势已去，遂于1928年6月下令退出京津一带，向东北收缩。他本人在回沈阳途中，被日本关东军预埋的炸弹炸死。1928年6月8日，国民党军队进入北京，北洋政府在中国的统治最后结束。同年12月29日，张学良宣布"东北易帜"，全国实现了形式上的统一。

临时执政府

临时执政府是1924年11月至1926年4月间，段祺瑞在北京组织的临时政府。1924年10月，冯玉祥乘第二次直奉战争的时机，发动北京政变，推倒曹锟政府，组织了黄郛摄政内阁。但为北洋军阀各实力派所忌，各帝国主义为了自身的利益也不断对冯施加压力；同时，长江流域各省的直系军阀，公开反对北京摄政内阁，随时可能挥戈北上。在此情况下，冯玉祥为了防止南方直系势力北上，决定联合奉系、皖系势力对付直系，请避居天津的段祺瑞到北京组织中华民国临时执政府。11月24日段宣布就任临时执政，颁布临时政府条例，任命各部总长。黄郛摄政内阁解职，北京的中华民国临时执政府宣告成立。

临时执政以国家元首的身份兼行政首长，不设国务院或其类似机关，由执政直接指挥各部。段祺瑞重掌政权后，采取措施消除直系势力，先后免去直隶、河南、安徽、江西等省的直系督军或省长等职。他向各帝国主义国家表明"外崇国信"，宣布尊重不平等条约，以换取各列强的承认。1926年2月1日至4月21日临时执政府在北京召开由部分军阀、官僚、政客等参加的善后会议，先后通过《军事善后委员会条例》《国民代表会议条例》等议案。其内容在实质上是同孙中山所主张的废除不平等条约和召开国民会议的主张相对抗。

1926 年 3 月 18 日，北京各界代表举行反帝国主义集会，会后两千多人到铁狮子胡同向临时执政府请愿，遭到卫队开枪射击，当场打死群众 40 多人，伤两百多人，造成三·一八惨案。由此激起全国人民的激烈反抗，奉系军阀乘机迫令段祺瑞交出政权。4 月 20 日临时执政府宣告结束，北京政权落入张作霖为代表的奉系军阀手中。

江浙战争

这是 1924 年 9 月至 10 月，直系军阀、江苏督军齐燮元和皖系军阀残余、浙江督办卢永祥，在淞沪地区进行的一场大规模战争。又称"齐卢之战"。

1920 年 7 月，直皖战争结束后，英、美帝国主义支持下的直系军阀一直把持着北京的中央政权。但是，日本帝国主义为了夺取在华的独占地位，在第一次世界大战后，又进一步挟持东北的奉系军阀，同时又拉拢皖系的浙江军阀卢永祥，以对抗在英、美势力控制下的直系江苏军阀齐燮元。于是，奉直两系之间又开始发生了新的矛盾冲突。

1923 年 10 月 12 日，浙江督办卢永祥率先通电不承认曹锟贿选的总统地位，并停止与北京政府的公文往来。一时间反直系的政客和未参加贿选的议员麇集于杭州、上海，浙、沪一带成了反直系的中心。这时，浙江的卢永祥和奉天的张作霖、广东的孙中山形成为反直的三角同盟。

直系军阀曹锟、吴佩孚为了击破反直三角同盟，拔除列阵浙江的卢永祥，切断反直三角的南北联系，除了在北方以重兵严防奉军入关外，在南方则派长江上游警备总司令兼第二师师长孙传芳为"援闽军"总司令，率部进入福建，企图与广东军阀陈炯明勾结起来，压制孙中山率兵北上。同时，曹锟、吴佩孚还调动部队从闽、赣、皖包围浙江卢永祥部。江苏督军兼苏皖赣巡阅使齐燮元早有打倒卢永祥，夺取淞沪之意，因此和直系军阀一拍即合。而此时的卢永祥已看出齐燮元联直的企图，因此，也与奉系联手结盟，与齐争夺权势。

1924 年 5 月，北京政府为谋犯广东，任命孙传芳为闽粤边防督办，另以福建军阀周荫人代孙传芳为福建督理。但是，广东革命根据地此时统一不久，以孙中山为首的广东大本营革命力量和群众运动正在巩固和发展之中，孙传芳入粤企图一时难以实现。而福建一省又难以容纳孙、周二军阀同时并存，所以孙传芳开始谋求向浙江方向扩张势力。此案经曹锟、吴佩孚同意后，孙传芳联合苏督齐燮元、皖督马联甲、赣督蔡成勋、闽督周荫人共订图浙计划。此时，卢永祥则联合其部属淞沪镇守使何丰林组织浙沪联军相对抗。江浙双方积极备战，借口则随时可寻。8 月 24 日，江苏军阀齐燮元以浙江军阀卢永祥收纳被直系军阀周荫人击败的福建皖系军阀臧致平、杨化昭为借口，联合安徽、江西、福建的直系军阀逼迫卢永祥解散臧、杨部队，并电请曹锟下令讨伐"招纳叛亡"

的卢永祥。9 月 7 日，北京政府发出"褫卢永祥、何丰林官勋，并免本兼各职，令齐燮元督部剿办"的通令。卢永祥起兵反对，于是江浙战争全面爆发。

江浙战争爆发前，江、浙双方的军事部署是：一、江苏军阀方面：孙传芳在建瓯组织了闽浙联军总司令部，派卢香亭为攻浙前敌总指挥，联合安徽、福建、江西各省与直系有关的军队，共 8 万余人兵分 4 路攻守。第一路攻上海，由宫邦铎任指挥；第二路驻守宜兴，由陈调元任指挥；第三路攻广德，由王普任指挥。以上 3 路由齐燮元任总指挥。第四路攻仙霞岭，由孙传芳任总司令。二、浙江军阀方面：以浙、沪和从福建退入浙江的臧致平、杨化照部组成浙沪联军，共 9 万余人，分 3 路攻守，由卢永祥任总司令。第一路以何丰林、臧致平为正副司令，率部守上海；第二路以陈乐山、杨化昭为正副司令，率部攻长兴；第三路以张载扬、潘国纲守江山。卢永祥自己准备带兵直冲南京。

江浙战争中卢永祥的胜负，关系着反直三角同盟的共同命运。因此，在战前张作霖派杨毓珣到杭州，表示奉军一定入关相助，并先汇 300 万接济浙沪联军的军饷。

9 月 3 日晨，江、浙两军正式开战。江苏军一路沿沪宁线首先发起进攻，由青阳港进攻黄渡，一路沿太湖西侧由宜兴进攻长兴。同日，卢永祥发表了讨曹（未涉及吴佩孚）通电，并传檄西南各省请其共同出兵讨伐直系。接着张作霖、段祺瑞都有通电予以声援。与此同时，齐燮元一再催促北京政府下令讨卢，可是代理内阁总理顾维钧因是嘉定人，不想迎合奉系军阀出卖故乡，迟迟不下讨伐令。

在此情况下，从 9 月 3 日开战以来，双方在黄渡、浏河一带进行了阵地战、壕堑战，每天都是拂晓开炮，中午休息，午后 3 时再继续开炮，傍晚停止，双方谁也不出兵。双方每天公布的战绩都是"阵地没有变化"，这是历年来军阀混战中打得最"文雅"的一段。后来，浙军首先发起攻击，在黄渡、浏河一带打败了江苏军阀，进展颇为顺利。这时，孙中山因和奉皖两系有反直联盟关系，即决定出师北伐，声援卢永祥，在大本营会议上宣布："援浙即以存粤"。卢永祥得到孙中山的支援，进攻益烈。但是，由于第二路陈乐山部绕道太湖以西，企图攻占宜兴，进窥武进以击江苏军阀之背的计划遭到失败，使浙军的局势发生变化。齐燮元率部遂趋重于宝山、嘉定、淞江方面，直接威胁卢永祥的后翼。此时，浙军闽边战事又败，孙传芳部的孟昭月旅出击仙霞岭，于 9 月 16 日攻占江山，直通杭州。浙军第二师又在此时发生内变，余部由衢州退守仙游，浙军闽边战线由此被攻破。

9 月 17 日，卢永祥被迫放弃浙江，决定将浙沪联军总司令部移驻龙华，并在浙江省署召开紧急会议，决定张载杨辞去浙江省长职务，由浙江警务处长夏超代理省长职务。9 月 18 日，卢永祥发表了"移沪督师"的通电，同日将浙沪联军总司令部移驻龙华，第二路军陈乐山部也由长兴调回沪杭线防守嘉兴。此时，奉天张作霖得知浙江战局变化的消息，即致电卢永祥，表示"誓同生死"，但却迟迟不见发兵。19日，齐燮元率部乘势进攻南翔，上海已可以听到轰轰隆隆的炮声了。

这时，由于浙江代理省长夏超在杭州暗通孙传芳，使孙部得以顺利进驻浙江境内，使浙军战局急剧恶化。卢永祥被迫决定放弃浙江，将所部集中在松江、上海一带继续与齐、孙军作战。当卢永祥决定放弃浙江的时候，派周凤歧代理浙军第二师师长，责令其率部为保卫家乡而战。不料，夏超早已通款于周凤歧，使浙军无力再战，孙军长驱直入。9月25日，孙传芳部攻入杭州，随即转赴嘉兴与陈调元部会合，筹划会攻松、沪。

在此期间，北京政府于9月20日任命孙传芳为闽浙巡阅使兼督理浙江善后事宜；22日，任命夏超为浙江省长；25日，任命齐燮元为暂兼淞沪护军使。卢永祥、何丰林等人已被罢免一切职务。10月初，齐、孙率部连续攻下青浦、嘉定等地。浙军被围在松江、石湖荡一带，已无力再战。10月3日，孙、卢两军在松江、石湖荡一带又开始交战。卢军不支，于9日退出松江，孙军直抵龙华。12日，卢永祥在上海召集军事会议，讨论战守问题，臧致平、杨化昭两人主张战斗到底，陈乐山则认为浙军已元气大伤，军无斗志，腹背受敌，已无法再战下去了。卢永祥见败势已定，即日宣布下野。13日，偕同何丰林乘轮东渡日本。

当卢、何两人决定通电下野的时候，皖系"军师"徐树铮在上海公共租界南阳路34号住宅召集浙沪联军残部将领举行紧急会议，与会人员不甘心就此失败，又推举徐树铮为浙沪联军总司令，继续抵抗。徐树铮在上海麦根路收集溃兵，建立最后一道防线，企图固守。15日，当徐树铮回到租界内的住宅时，被上海工部局抓捕，其企图率领残部固守的计划遂告失败。同日，鄂军张允明旅首先开进上海，通电由齐燮元至沪维持地方政务。22日，齐燮元率部至沪。至此，激战2个多月的江浙战争遂告结束。

奉浙战争

这是1925年10月至11月，奉系军阀和直系军阀孙传芳为争夺在淞沪地区的统治权，在上海、南京、徐州一带进行的一次战争。

第二次直奉战争后，获胜的奉系军阀大举南下，仍企图以武力统一全国。1924年11月皖系的段祺瑞被张作霖和冯玉祥推举为中华民国临时执政后，一切听命于张、冯2人。12月11日，段祺瑞根据张作霖之意下令免去齐燮元的苏、皖、赣3省巡阅使和督办江苏军务善后事宜等职，以江苏省长韩国钧兼任江苏督办，特派卢永祥为苏皖宣抚使。

这时，张作霖为谋求在长江流域扩张势力，又以援助卢永祥为名，派张宗昌率兵偕卢南下。卢永祥也企图趁机解决齐燮元的残余势力，以报在江浙之战中失败之仇，便借奉军南下之机，再次向齐部发动进攻。齐燮元面对奉军大举南下，感到势孤难敌，不得不于 12 月 14 日按照临时执政府的命令办理交卸，自行到沪暗约孙传芳共同抗卢。

1925 年 1 月 10 日，卢永祥于南京就任宣抚职后，即召集旧部，进兵沪宁线，企图彻底解决齐燮元的残余势力。而此时的齐燮元因得到孙传芳的援助，于 1 月 11 日秘密令驻沪江苏军旧部驱逐分治上海南、北两地的张允明、宫邦铎部。齐燮元自称为浙沪联军第一路军总司令，孙传芳为第二路军总司令，于 14 日突然出兵占领苏州，使沪军与集中于镇江的齐燮元旧部联成一气，形成了一股新的军事势力与南下的奉军和卢永祥抗衡。段祺瑞恐怕事态扩大，为了安抚孙传芳，特于 16 日任命卢永祥兼督办江苏军务善后事宜，孙传芳督办浙江军务善后事宜，周荫人督办福建军务善后事宜，以表示临时执政处事公正，对闽、浙并无侵害之意。17 日，又派陆军总长吴光新南下，表面上是去查办齐燮元，实际上是为了调和孙传芳，使其中立。孙因此采取一种观望的态度，与齐的军事联盟出现裂痕。而张宗昌率领的奉军这时则与卢永祥部会合，向沪宁线的齐军步步紧逼。

自 1 月 17 日起，张宗昌的奉军会同卢永祥部于齐燮元部大战于丹阳、无锡之间。由于孙齐军事联盟的破裂，齐军势单力孤，在奉军和卢永祥部的大举进攻之下，很快溃败。1 月 25 日，齐燮元败退上海，旋乘船东渡日本。齐军残部无首，一部被孙传芳乘机接管。29 日，张宗昌率奉军 1 万余人抵达上海，又将齐的一部败军缴械收编。至此，齐燮元的苏军不复存在。

张宗昌率奉军抵近上海，引起了孙传芳的惊恐和不安，为接收齐军残部的一些事情，张、孙两部发生了争执。2 月 3 日，在吴光新的居间调停之下，孙传芳与张宗昌签署了江浙二次和平条约："浙军退松江，奉军退昆山，上海永不驻兵，兵工厂交上海总商会保管"。这时，虽然齐、卢二次战争告一段落，但是，由于奉军对段祺瑞和吴光新对上海调停的处置不满意，又开始了奉浙战争的酝酿。

4 月 24 日，段祺瑞应张作霖的要求，特派张宗昌为鲁督；8 月 3 日，因卢永祥辞去江苏督办职务，8 月 29 日，段祺瑞又任命奉系杨宇霆为苏督、姜登选为皖督。在此期间，奉军又以"沪案"之事为名，派兵进驻上海，并建立戒严司令部。孙传芳对此大为不满，对奉系势力的南下感到不安，便暗中联络浙沪旧部和直系政客吴景濂、张英华、刘永谦等人，策划抗奉对策。

9 月下旬，杨宇霆、姜登选分别在南京，蚌埠两地就职。此时，由于奉浙之间战争气氛紧张，大有一触即发之势，段祺瑞又派吴光新到长江一带奔走和平，劝告奉、浙两军切勿诉诸武力。但是，由于段的傀儡角色，这一切奔走已无济于事。

10 月初，孙传芳在杭州召集直系和有关各省代表举行秘密会议，讨论出兵讨奉的任务。商定由孙传芳率兵首先进攻上海，而后由福建督办周荫人带兵到浙江打接应；江西督办方本仁派部下邓琢如为援浙军前敌总指挥。皖南镇守使王普、江苏第四师师长陈调元以及下台的直系军阀齐燮元、马联甲等也都派代表参加了杭州讨奉军事会议并答应出兵策应。

会议结束后，孙传芳以"国庆"（10月10日）阅兵为名，向松江、长兴两地集结兵力。段祺瑞得到这个情报后，于10月7日又派陆宗舆匆匆到杭州做最后一次调和，孙传芳拒和。此时，张作霖也急召关内四督李景林、张宗昌、杨宇霆、姜登选于双十节前赶回奉天，讨论对付孙传芳兴兵讨奉之事。但是，时间已来不及了，在奉系四督准备回奉之时，孙传芳已分兵5路向驻沪奉军发起了进攻。第一路军以浙军第一师师长陈仪为司令、第二路军以北军第四师师长谢鸿勋为司令，担任由沪杭线进攻上海的任务；第四路军以北军第二师师长卢香亭为司令、第五路军以浙军第二师师长周凤歧为司令，担任由长兴进攻苏州的任务；孙传芳自任第三路军司令，居中策应，另派孟昭月为杭州戒严司令，留守后方。

10月11日，孙传芳发表通电，以奉军在上海欺压百姓、压迫工农运动为名，呼吁各国派员来沪进行调查，骗取人民的同情和支持。并以此为由向奉军发动了进攻。

奉系军阀们没有料到孙军会如此神速地发动攻势，一时陷入被动。这时，奉军从榆关到天津、浦口、南京、上海一线，恍如摆下了一字长蛇阵，兵力分散。而此时的冯玉祥部又在后面积有重兵，如趁机出兵加以截击，就会使奉军陷入首尾不能相顾的险境。为此，杨宇霆决定缩短战线，保全实力。10月14日，杨宇霆命令邢士廉旅迅速由上海退出，并且在通电中解释"前因沪案发生，为维持秩序，不得不酌调军队，宣布戒严。现在沪案已解决，应将戒严司令名义取消，将所部军队撤退，并将江苏警务处移驻上海，以资震慑"。15日，杨宇霆又邀请姜登选到南京讨论沪宁、津浦两线撤军的问题，并授意姜向孙传芳保证"苏不犯浙"，请其"念及同窗之雅，毅然止戈"。可是此时的孙传芳不肯再讲老同学的交情了，同日，以浙、闽、苏、皖、赣5省联军总司令的名义，通电讨伐奉系。

10月16日，孙军第二路占领上海，第四路占领宜兴，随即又向苏州、无锡开进。在孙军到沪和奉军撤沪，两者之间相距仅一小时左右。

由于奉军对孙军采取了不抵抗的方针，退兵十分迅速。因而，孙军的进展也十分顺利，一路进军几乎兵不血刃。只是18日在丹阳附近陵口时，未及退走的邢士廉部与孙军前锋小有接火，随即奉军则向镇江退走。

18日晚，杨宇霆在南京召集军事会议，得悉奉军败退消息，但已无法脱身。此时，苏军将领陈调元率苏军第四、第十师留守南京已把杨看管起来。杨以洗澡为名，借机逃出南京城，弃下守城奉军，自身渡江乘车逃走。

19日，驻守南京未及撤走的奉军第八师大部被苏军第四、第十师包围缴械，除一部渡江逃走外，师长丁春喜被俘。20日，孙传芳到南京后，即派谢鸿勋师渡江追击奉军，奉军又退往蚌埠。21日，驻防泗县的皖军倪朝荣旅开到淮关，电促姜登选下野，姜见奉军大势已去，无力挽回败局，于23日被迫辞职离开蚌埠，奉军也由蚌埠向徐州方向退却。

奉军虽然退出南京、蚌埠一线，但是并未战败。张宗昌于 10 月 21 日统率援军到达徐州，摆开战场，准备与孙军大战一场。但在此时，孙军却占据蚌埠后不再前进。原来孙传芳在此期间与退据湖北的吴佩孚和北方的冯玉祥已预有密约，迫切希望有吴佩孚鄂军或冯玉祥的国民军接替进攻徐州的任务。不料吴、冯两部未能履约。26 日，张宗昌调兵由陇海路新安镇忽然进攻海州，苏军白宝山部不敌败退。奉军又沿运河南下进攻清江浦，苏军马玉仁部在城外战败，只好困守孤城。此时，孙传芳调动苏军郑俊彦、陈调元两师前去增援，才遏止了奉军在东线的攻势。

11 月 1 日，张宗昌又在津浦路发动进攻，用铁甲车装载白俄军冲锋前进。前线皖军见到"洋兵"助战都很害怕，由任桥一路败退到固镇以东。此时，孙军前敌总指挥卢香亭，一面拆毁铁路阻止奉军前进，一面派陈仪、谢鸿勋二师绕到奉军的后面截断退路。孤军冒进的白俄军和奉军一部，受前后夹击，突围无望，只得举手投降。在这次战斗中，白俄军有 300 余人被杀。张宗昌所派前敌总指挥施从滨，也在新桥站被擒，所部鲁军第四十七旅全部被包围。张宗昌又派褚玉璞率部增援，接应鲁军第四十七旅反攻突围，但未能如愿。11 月 3 日，鲁军第四十七旅被缴械解散，褚玉璞见救援无望，便率部在宿县、夹沟之间布阵，与孙军相峙。

此时，冯、奉两系破裂在即，张作霖自感战局与己不利，便命令张宗昌不要再战，保全实力退守山东。因此，张宗昌于 11 月 7 日下令退却。邢士廉、许琨、毕庶澄等部也由海州、宿迁退回郯城、台儿庄，褚玉璞等部由宿县、徐州退回韩庄、临城。11 月 8 日，孙军占领徐州。20 日，孙传芳通电自徐州返杭。从此，苏、浙、皖、赣、闽 5 省遂为孙传芳割据。奉、浙战争也宣告结束。

第二次直奉战争

这是 1924 年 9 月至 11 月，直系军阀吴佩孚和奉系军阀张作霖为争夺北京政府的统治权，在华北地区进行的又一次战争。

奉系军阀在第一次直奉战争失败后，在东北地区积极经营储备武力，以图东山再起。为了壮大声势，并与粤、浙结成同盟，共同对付直系政权。

1924 年 9 月 3 日，江浙战争爆发，张作霖即以粤、浙同盟关系，于 9 月 4 日发表通电，谴责曹、吴政府，并以援助卢永祥为由，组织"镇威军"，向山海关、热河一带增兵。张作霖自任"镇威军"总司令，将所属部队共 25 万人编为 6 个军，以姜登选为第一军司令，出兵山海关；以李景林为第二军司令，由锦县攻朝阳；以张学良为第三军司令，会同姜登选部，攻山海关九门口；以张作相为第四军司令、吴俊升为第五军司令，作为援军，部署于锦州、兴城、绥中一带，防止直军从海上登陆，并随时策应两翼作战；以许兰州为第六军司令，由西面的开鲁攻打赤峰，而后向承德开进。

9月13日，京奉线火车停驶。15日，奉军分兵两路向榆关和朝阳出发。同日，张作霖向曹锟发出挑战电称："日内将派员乘飞机赴京，藉候起居"。

曹锟接到张作霖从奉天发来的挑战书后，便急如星火地电召吴佩孚迅速到京主持作战任务。9月17日，吴佩孚由洛阳赶赴北京时，直系大将冯玉祥、王怀庆等和全体阁员以及北京城的高级文武官吏都到车站排队恭迎。当日，曹锟发布讨伐张作霖电令，任命吴佩孚为"讨逆军总司令"，将所属部队共17万人，分3路出兵。其兵力部署为：以彭寿莘为第一路军司令，出兵山海关；以王怀庆为第二路军司令，出兵赤峰口；以冯玉祥为第三路军司令，出兵古北口。另设10路援军，分别以曹锳、胡景翼、张席珍、杨清臣、靳云鄂、田维勤、张治公、李绍云、潘鸿钧、谭庆林为司令，随时准备投入战事。

在奉军发动进攻之前，直军主力第一路军已开进榆关中立区。吴佩孚派温树德率领渤海舰队两度由秦皇岛进攻葫芦岛。奉军将领沈鸿烈率领东北舰队加强沿海防务，使直军海上进攻计划始终未能得手。奉军的空中力量优于直军，因此，奉军飞机先后在榆关和秦皇岛一带投弹轰炸，破坏直军的阵地。

9月15日，奉军分两路进攻热河。热河都统米振标部和前去增援的王怀庆部第十三师，是3路直军中兵力最弱的一部。自15至22日，奉军一路进展顺利，接连占领开鲁、朝阳并开始向凌源发起攻势。同时，在榆关中立区，奉直两军主力开始发生战争。20日，张作霖邀请沈阳领事团的教士传话，除表示尽力保护中立区侨民安全外，并称因战争需要将派飞机前往秦皇岛轰炸直军的大本营。因此，请外国侨民先行撤离战区，由榆关到秦皇岛的外国舰队也请先行离开。

这时，直军第三路军的战斗任务是由古北口、喜峰口一线向平泉开进，会同第二路军进攻奉军的侧面。但是，第三路军的行动比较迟缓，9月23日，冯玉祥才与陕军师长胡景翼率部离开北京。走到怀柔时，部队又停顿下来，借口交通不畅，叫士兵一面修路一面开进，因此，行动更加迟缓。此时，热河方向战况十分紧张，奉军已突破直军的东部防线，正向承德开进。吴佩孚连连电催第三路军迅速开赴前线阻敌，并派"讨逆军"副总司令王承斌前往承德指挥第二、第三路军联合作战。

奉、直两军主力在榆关地区相峙数日后，自9月28日起战事转趋激烈。直军处于守势，居高临下，占据地理优势。但是奉军精锐部队第三军在张学良、郭松龄的指挥下，前仆后继，奋勇仰攻，双方死伤惨重。10月7日，在奉军的强烈攻势下，直军力不能支，九门口被奉军攻破。直军第十三混成旅旅长冯玉荣见守城无望，畏罪自杀。

由于榆关前线形势危急，吴佩孚急调后援部队迅速开赴前方，自己也于10月11日离开北京出发到滦州坐镇。12日，吴佩孚前往榆关巡视战况，亲自督阵，使直军前方的形势得以稳定下来。

榆关激战之时，热河战线的奉军于 10 月 9 日占领赤峰，15 日，直军第三路军争夺赤峰，不攻而克。原来，这一路的奉军已奉命向榆关秘密移动，攻占赤峰的目的不是占领，而是为了调动直军。

奉军将主力集中在榆关一带，发动全线猛攻，先后又攻占了石门寨、山海关，于 10 月 17 日开始进入关内。吴佩孚凭关据守的作战企图失败后，率部退至秦皇岛，又以舰队运兵 3 万余人，向榆关方向增援，企图挽回直军的颓势。但是，由于此时冯玉祥秘密率部回师北京发动政变，遂使直军士气大伤，吴佩孚原定的作战计划全盘打乱。

事实上，在第二次直奉战争刚刚发动的时候，冯玉祥、王承斌、胡景翼、孙岳等人就设想了两种计划：一种是吴佩孚打胜了，他们就将自己的军队集中到榆关，阻止吴军再回来，同时逼迫曹锟任命吴为东三省的巡阅使，这是排吴不倒曹的计划；另一种是吴佩孚打败了，他们就回师北京，发动政变。这是曹、吴并倒的计划。10 月 15 日，王承斌和冯玉祥在古北口会面时，预见了战争形势的发展将不利于吴。19 日，冯玉祥接到总部参谋长张方严的急电，催促冯部按预定作战方案迅速发起攻势，以策应榆关方向的作战，电文中有"大局转危为安在斯一举"的一句话。同时，冯玉祥看到战情报告，得知直军在榆关之战中牺牲惨重，已势衰兵竭。在此情况下，冯玉祥认为回师北京的机会已经到来，便电令孙岳迅速将驻防大名的军队调回南苑，同时下令所属部队将后队改为前队，即刻回师北京。

冯军沿途割断电线，封锁消息，并以昼夜兼程 70 公里的行军速度，迅速杀回北京。10 月 22 日晚 9 时，冯军第八旅旅长李鸣钟、第二十二旅旅长鹿钟麟两部率先开回北京。随后，陕军胡景翼师也开进通州，隔断了吴佩孚与京东方向的联系。

10 月 23 日，陆军检阅使兼第十一师师长冯玉祥、陕西陆军第一师师长胡景翼、大名镇守使兼第十五混成旅旅长孙岳联名发出了呼吁和平的通电。在电文中，他们把直奉战争说成是吴、张两人的"私斗"，痛斥吴佩孚"凭战胜之余威，挟元首以自重，揽国柄以掌握，视疆吏若仆从，逞一人之忿，兴孤注之师……业经电请大总统明令惩警以谢国人，停战言和用苏民困"。冯玉祥在此采用了倒吴而暂不倒曹的办法，还想利用曹锟这个傀儡总统来收束前方的军事，以制止吴佩孚的反抗行为。

由于冯军秘密回师北京，曹锟在 23 日上午接到通电后才知道冯军回京。随后，孙岳率兵进宫，以保证"总统"的安全，同时，逼迫曹锟表态，给吴佩孚一个适当的名义让他体面下台。24 日，内阁通过决议发表四道命令：一、停战言和；二、撤销讨逆军总司令等名义；三、解除吴佩孚的直鲁豫巡阅使及第三师师长等职；四、任命吴佩孚为青海垦务督办。

10月25日，公府卫队曹世杰旅（曹锟的子弟兵）被缴械，从此，曹锟便处于冯军的直接监视之下。同日，冯玉祥、王承斌、胡景翼、孙岳等人在北苑召开会议，决定组织中华民国国民军，冯玉祥为总司令兼第一军军长，胡、孙二人分任副司令兼第二、第三军军长。

另一方面，吴佩孚在榆关前线接到冯玉祥10月23日通电后，当时大吃一惊，但又疑心是张作霖捏造出来的假通电，以迷惑军心。24日，查明情况属实后，吴佩孚又寄希望胡景翼未必加入政变之事，即任胡为第三军总司令取代冯，并派张敬尧到通州传达命令。结果，胡景翼把张敬尧扣留起来。25日，一切真相大白，吴佩孚才心慌意乱地把前方作战任务交给张福来主持，自己率领第三、第二十六师各一部约8000余人乘车回救北京。26日，吴佩孚把司令部设在天津，军队到达杨村布防，对冯军采取守势，以待后援。

此时，吴佩孚唯一的希望就是调动齐燮元、孙传芳的军队由津浦路北上，调李济臣、萧耀南的军队由京汉线北进，两路夹击进攻北京。

北京政变后，津浦路成为直系军阀贯通南北的主要交通线，而山东督理郑士琦，是一个对直系怀有敌意的皖系军阀。在这种情况下，吴佩孚如果放弃榆关停止对奉系的战争，把全部兵力调到津浦路上来，就有可能控制这条交通要道，以便与山东、河南、江苏、浙江各省的直系力量联结起来，使自己战败后转入到一个进可以取、退可以守的机动地位。可是，吴佩孚没有考虑到这一点，仍把主力摆在榆关不动，自己仅抽调少数兵力回救北京。而此时，榆关直军因为北京发生政变而军心动摇，已不可能与声势方张的奉军相抗衡。

在此期间，由于北京政变后情况不明，各省直系军阀对吴佩孚还存有幻想。因此，在10月26、27日，萧耀南、齐燮元、孙传芳、马联甲、周荫人、杜锡珪、蔡成勋、杨树庄等人纷纷发出了助吴讨冯的通电。萧耀南派出陈嘉谟师、寇英杰旅；齐燮元派出陈调元师；孙传芳派出孟昭月、张允明两旅；马联甲派出田锦章旅等，分别由津浦、京汉两路北上援吴。

但是，各省援直军尚未开动，冯玉祥、胡景翼的军队即已到廊坊，准备进攻天津。此时，在天津做寓公的张绍曾，看到吴佩孚的地位十分危险，便充当中间人，奔走于北京和天津之间，协调冯、吴言和。这种调停仍无效果。

10月28日，榆关战事发生急剧变化，由平泉、冷口入关的奉军张宗昌部，从翼侧占领滦州，截断了榆关直军的归路和榆关与天津之间的交通干线，西此，榆关的直军土崩瓦解一般从榆关溃败下来。31日，奉军占领了榆关和秦皇岛，缴获了直军枪支3万余支，吴佩孚多年经营的直军主力至此也已基本瓦解。

11月2日，冯玉祥的军队由廊坊东进，占领了杨村和北仓，俘获了北京援吴的鲁军旅长潘鸿钧。吴的司令部由天津被迫移至军粮城。这时，奉军张宗昌、吴光新等部又南下攻占唐山、芦台。吴佩孚在军粮城也不敢久留，便打算由津浦路南下另找出路。在此期间，山东督理郑士琦突然宣布"武装中立"，派兵到沧州、马厂一带阻止吴佩孚率部假道通过山东。同时，郑士琦还派兵南下炸毁了韩庄铁路，以阻止江浙援吴军通过山东。与此同时，阎锡山出兵石家庄，截断了京汉路的交通，豫、鄂等省的援吴军，也都被阻止不能前进。这时，吴佩孚所盼望的两路援军都落了空，自己南下津浦路又受阻。正在无路可走的时候，海军部军需司司长刘永谦替他准备好华甲运输舰一艘，劝吴乘车到塘沽登舰南下。11月3日，当奉军与国民军迫近天津时，吴佩孚不得不率残部自塘沽出海南逃。至此，第二次直奉战争从9月15日起到11月3日止，一共打了50多天，以直军主力的全部覆灭和吴佩孚的狼狈遁逃而告结束。

郭松龄反奉之战

　　1925年11月至12月，奉系军阀内部发生分裂，郭松龄起兵反对张作霖，率部与奉系部队在辽宁新民一带进行的一次决战。

　　奉浙战争结束后，奉系军阀内部矛盾进一步激化。奉系军阀原分新旧两派，新派以杨宇霆为首，旧派以张作相为首。在第二次直奉战争中，奉系失败后，新派逐渐得势。在新派中又有士官派和大学派之别，士官派以杨宇霆、姜登选为中坚；大学派以郭松龄、李景林为首领。两派之间互相倾轧，由来已久。特别是郭松龄尤为张学良所倚重，奉为尊师，这更为其他同僚所忌。在第二次直奉战争中，郭松龄率部主攻山海关一线，立有战功。可是奉系获胜，大军入关后，杨宇霆、姜登选、李景林、张宗昌等均居要职，得到各自地盘，唯独郭松龄一无所得，后来欲求热河都统，也因杨宇霆在张作霖面前作梗而未能如愿。于是，郭感到愤愤不平，与杨水火不容。但由于杨受"大帅"倚重，"少帅"也无可奈何。因此，郭便暗中筹谋从奉系中分裂出来，与冯玉祥联合反奉。

　　1925年3月，冯玉祥所部的国民军占领了河南全省，按照冯、张原定协议，冯玉祥的势力范围可沿京汉线向豫、陕、甘一带发展，但因屡受奉军阻挠，使原定协议成为一纸空文。当奉浙战争爆发时，冯玉祥即准备借机反奉，后因奉军及时收拢至徐州一带，牵制了河南的国民军。同时，北京附近的奉军，也向驻守京城内的国民军采取了三面包围的形势，冯、奉大战又一触即发。冯玉祥自知难敌奉军，便利用奉系内部矛盾，派员与郭松龄联合，达成了反奉的秘密协定。

　　在奉浙战争期间，张作霖派张宗昌、李景林南下专力对付孙传芳；派张学良为"京榆一带驻军军长"，郭松龄任副职，专力对付冯玉祥。此时，由于冯玉祥派员与郭秘密联系，使张氏父子动了疑心。为了避免两线作战，集中力量对付东南5省的孙传芳反奉联盟，张学良于11月13日突然携带妥协条件到天津，对冯军作了让步。11月20日，冯、郭两人又一次达成密约；由郭率部从榆关正面回师反戈驱张，冯率部进攻热河以作支援。同时，郭松龄又拉拢李景林加入反奉同盟，并代李向冯玉祥提出 3 个条件：一、划直隶、热河两地为李的势力范围；二、冯军可驻保定，但财政收入仍由李统筹支配；三、黄河以北直隶各县均由李军驻守，但可开放天津海口以供冯军使用。以上 3 条冯玉祥表示可以接受。

11 月 22 日，张作霖电召郭松龄回奉、郭察觉他的活动已被张氏父子察觉，召他回奉是不怀好意，便决心提前行动。当天，郭向张学良提出"父让子继"的建议，以改造东北政局，他将竭诚予以拥护。这种"反父不反子"的态度，一是由于郭和张学良有着深厚的交情，二是利用张学良的名义起兵，可以减少奉系内部的抵抗。张学良听了郭的建议，不禁为之骇然，但他未动声色，以免打草惊蛇，用"可以考虑"予以搪塞。他们分手后，张学良立即在天津东站上车，用双车头挂着三节专列车厢，加速向关外急驰而去。由于锦州铁路被毁，不能通车，张学良途中改往葫芦岛，准备由海上返回沈阳。在这以前，冯玉祥曾建议郭扣留张学良，但郭不忍心下手，否则，张学良没有逃出天津的可能。

11 月 23 日，郭松龄在滦州召开军事会议，决定班师回奉，倡导和平之举。当场扣押了不肯签名附和的第五师师长赵恩臻、第七师师长高维岳、第十师师长齐恩铭、第十二师师长裴春生等 30 余名军官。正在这时，姜登选的专车开到滦州车站，郭派人把姜迎到司令部后即扣留。24 日，郭发出了班师回奉的电报，并通电要求张作霖下野。张作霖接到电报大吃一惊，为稳住郭，马上下令罢免杨宇霆，劝郭切勿意气用事。

李景林因为家眷均在沈阳，根据事前约定暂不举兵响应，只是暗中相助。李在郭的通电之后也用委婉的词句劝告张作霖下野，他的眷属即在沈阳被扣为人质，吓得李景林再也不敢多动了。

同一时期，冯玉祥一面宣布对郭、张的分裂内争保持"中立"，一面把部队迅速调往北京，并派兵出喜峰口直趋热河，以威胁奉军。

11 月 25 日，郭军由滦州向榆关出发，为了减少沿途奉军的抵抗，以期一鼓而下直达沈阳，郭所下命令都与张学良联合署名。为此，蒙蔽了不少人跟着反戈，使郭的队伍有所扩大。

11 月 26 日，张学良在葫芦岛接到他父亲的命令，叫他迅速设法安抚郭军。因此，张学良当天便乘镇海舰直达秦皇岛，电召郭前去面谈。郭未应召前去，却写了一封回信说："龄一身所有，皆公之所赐。拼得此身，以效忠于公为职志。现分途前进，清君侧而除宵小，另造三省之新局面。成则公之事业，败则龄之结局"。同一天，姜登选在滦州被郭枪决，所扣押的 30 余名军官被解往天津交由李景林看管。张作霖派飞机前往滦州、秦皇岛一带散发传单，用张学良的名义召抚所部弃郭来归，但没有效果。23 日，张学良从秦皇岛乘船到达大连，与杨宇霆同回沈阳，商讨抗郭反戈之事。

11 月 27 日，郭军占领榆关，29 日占领绥中。30 日，郭将所部改称东北国民军，自任总司令。至此，张作霖见郭反叛之心已无可挽回，便下令讨伐，并悬赏80万元捉拿郭，提头来见者8万元。同时还将郭的父母扣押起来。

12月3日，郭军与退守兴城的张作相军在大雪之中展开了一场鏖战，张军不支退往锦州。郭军紧追不舍。5日，张军又退守大凌河北岸，并破坏了大凌河铁桥以阻止郭军前进。

此时，奉军主力几乎全部开进关内，关外只留有2个补充旅，面对起兵反戈的郭军主力根本无法阻挡。因此，张作霖大为恐慌，请出沈阳日本总领事内田转达，要求郭军暂缓前进愿意和平交出政权。郭表示张下台后可聘为最高顾问，张学良可出国留学，学成回国后将政权交还给他。同时，段祺瑞拟就命令革去张作霖本兼各职，派郭继任奉天军务督办，只等郭军进城，即予发表。

但是，张作霖用的是缓兵之计，与此同时，他派张学良到兴隆店设立司令部，在辽河左岸建立了最后一道防线。8日，又派张作相回吉林调动援兵，同时又令黑龙江吴俊升率兵迅速来援。就在这个时候，日本政府利用奉系内讧的时机，派关东军司令白川到沈阳，向张作霖提出了关东租借地租期、南满铁路管理权延长99年以及日本在满蒙享有种种特权的条件，张作霖都予以接受。因此，日本政府决定帮助张维持政权并予以必要的援助。9日，日本关东军第十师团由辽阳移驻沈阳。12日，张作相率领吉林军回到沈阳。13日，吴俊升率领黑龙江骑兵由洮南经四平开抵沈阳。这样一来，张作霖的地位有了保障，便收回了和平让出政权的宣言。

在此期间，郭松龄率部于12月12日从正面占领白旗堡，右翼占领营口，正待向纵深开进时，同一天，日方突然宣布营口为中立区，不许郭军开入市内，并不得沿辽河两岸作战，不得侵入南满铁路附属地周围20华里内，南满铁路拒绝运送郭军。在这种情况下，郭松龄于13日又率部由营口河北站渡河，又被日军阻止，只得退往田庄台。

而这时，日方却允许张作霖利用铁路从吉、黑两省调动援军。因此，张作霖得以集中全力在正面设防，并利用调动军队之机从侧翼迂回郭军右翼，使郭军两路进攻受阻，并造成左右夹击之势，对郭军构成威胁。

12月14日，郭军由白旗堡进攻新民，由于气候严寒，战斗时打时停，久攻不下。19日，日方加派一混成旅到沈阳代张守城，沈阳兵工厂也由日军驻守。于是，张作霖让自己的卫队也尽数开往前线作战。同一天，郭军第二次进入营口，因日军干涉只好又退出。20日，郭军占领新民，与张军沿巨流河隔岸对峙。

此时，张作霖部的骑兵旅于芒山绕道冷口出关开到兴隆店，接着富双英、刘震东各团也脱离郭军投奔张学良。于是，郭松龄以重兵压城的优势转为分化瓦解之局。

12月23日，张军左翼黑龙江骑兵师5000余人，绕过新民向白旗堡郭军司令部实施突然袭击，同时，飞机也在新民城上空投弹，全城燃起大火，郭军在地面和空中的配合攻势下陷于极大混乱之中。24日，郭逃往新民城，请求日本领事分馆转电沈阳吉田领事，表示可以弃军向张投降，乞免一死。张作霖回答，郭军官兵一概可以不咎既往，只有郭一人为奉军所切齿，不能保障其生命安全。同一天，吴俊升部骑兵冲进新民，郭逃至日领事分馆寻求避难，日方拒绝收容。郭只好偕同眷属和秘书长林长民等退出来，林在路上被流弹打死。郭找到一辆推车，让妻子剪发易服，装扮农妇坐在车上，自己化装成为农夫推车而行。在行至老达房附近时，遇到黑龙江骑兵营长王永清搜索前来，郭急忙躲进当地一农家菜窖内，不幸被活捉。

张作霖闻讯后大喜，电令将郭押解沈阳讯办，随后又怕途中逃走，于是又临时下令把郭夫妇从汽车上拉下就地枪决。同一天，郭军参谋长邹作华率残部向张学良投降，巨流河之战到此结束，郭松龄从起兵到身死正好一个月。

中国共产党成立的背景及发展概况

新文化运动的发展

五四爱国运动推动了新文化运动的深入发展。五四前新文化运动是一个反封建的思想运动，主要宣传资产阶级民主主义和科学思想。五四前后，中国的先进分子从巴黎和会所给予的实际教训中，开始看出帝国主义列强联合压迫中国人民的实质，抛弃了对帝国主义的幻想，走上了彻底反帝的道路。这是社会主义思想在中国进一步传播的主要原因。

五四后新文化运动表现出明显的向更深层次发展的趋向。广大知识分子不满足于五四运动具体斗争目标的实现，思想界出现了如何改造中国、改造社会的热烈讨论，各种社团和期刊，各种社会思潮和改造社会的方案纷纷出现，马克思列宁主义得到进一步传播，使新文化运动迅速发展成为马克思主义为主流的思想解放运动，从而揭开了中国革命的新篇章。

马克思主义在中国的广泛传播

李大钊是中国最早的马克思主义者和中国共产主义运动的先驱。在五四运动中及其之后，他在《新青年》《每周评论》《晨报副刊》《少年中国》《言志》等刊物上发表了许多宣传马克思主义的文章。1919年5月，李大钊在他主编的《新青年》马克思研究专号上发表了《我的马克思主义观》，第一次向中国人民介绍了马克思主义的唯物史观、政治经济学和科学社会主义，指出这3个部分不可分割的关系。1920年3月，他又在北京大学组织领导了我国第一个马克思学说研究会，翻译、研究马克思列宁主义著作。他还在北京大学、女子高等师范学校分别开设了唯物史观、社会主义社会运动等课程，团结教育大批青年走上革命道路。

陈独秀也是马克思主义的积极宣传者，他发表的《马尔萨斯人口论与中国人口问题》《劳动者的觉悟》《上海厚生纱厂的湖南女工问题》《谈政治》等文章，阐述了马克思主义关于劳动人民创造世界、剩余价值理论、阶级斗争和无产阶级专政学说。在宣传和研究马克思列宁主义的过程中，1920年初陈独秀接受了马克思列宁主义，成为具有初步共产主义思想的知识分子。作为新文化运动的倡导者的陈独秀，对资产阶级民主主义的信仰极为坚定，他能够转变，说明马克思主义在中国的兴起，已成不可抗拒之势。同时，由于陈独秀是思想界有影响的人物，因而他的转变必然在知识分子中间引起很大反响，促使更多的人接受马克思主义。

在李大钊、陈独秀的影响下，毛泽东、周恩来、邓中夏、瞿秋白、蔡和森等一批知识青年坚定了对马克思主义的信仰，成为早期的具有初步共产主义思想的知识分子。毛泽东早在1918年到北京期间就已接触了包括马克思主义在内的新思潮。五四运动爆发后，他领导湖南人民开展反帝反封建爱国运动，主编《湘江评论》，他在该刊发表了著名的《民众大联合》一文，号召工人、农民、小资产阶级各阶层人民，起而仿效俄国。1919年冬，毛泽东第二次到北京，进一步阅读了一些马克思主义的书籍，1920年夏开始成为马克思主义者。周恩来早在留学日本时已接触到有关十月革命和马克思列宁主义的书籍。1919年6月，他回到天津，积极参加了五四运动，主编《天津学生联合会会报》。1920年1月，他被反动派逮捕入狱，在狱中给难友讲唯物史观、剩余价值学说，宣传马克思主义。

此外，恽代英、邓中夏、赵世炎、张太雷、向警予等，也都积极进行了革命思想的宣传和马克思列宁主义的传播，从而成为五四后新文化运动的主流。这样，到1920年期间，在中国已经形成一支共产主义知识分子队伍，这是马克思主义传播的硕果。

各地共产主义小组的创建

中国共产党的成立，是中国近代社会经济、政治发展和思想演变的必然结果，是马克思列宁主义同中国工人运动相结合的产物。中国工人阶级的成长壮大，是中国共产党诞生的阶级基础。马克思列宁主义的传播，是中国共产党诞生的思想基础。

最早酝酿建立工人阶级政党的是李大钊和陈独秀。1920年初，在陈独秀离京赴沪之际，李大钊与陈独秀即交换过建立共产党的意见，两人相约分别在北京和上海进行筹建活动。1920年4月，经共产国际批准，俄共（布）局派维辛斯基等来华了解中国革命的情况。维辛斯基在北京会见了李大钊，并同北京的革命分子讨论过建立共产党的问题；随后，经李大钊介绍，维辛斯基等又到上海会见陈独秀，并在上海具体帮助陈独秀等进行建党的准备工作。

经过筹备，1920年8月陈独秀与俞秀松、李达、李汉俊、陈望道等首先在上海成立共产党的发起组织，推陈独秀为书记，当时名称即叫中国共产党，并立即函约各地共产主义者成立党的支部。同年10月，李大钊与张国焘、邓中夏等成立"中国共产党北京支部"，李大钊被推为书记。1920年秋至1921年春，毛泽东、何叔衡等在长沙，董必武、陈潭秋、包惠僧等在武汉，王尽美、邓恩铭等在济南，谭平山、谭植棠等在广州也先后成立了党的小组；在这同时，张申府、赵世炎、陈公培、刘清扬、周恩来等在法国巴黎，施存统、周佛海在日本东京，先后在中国留学生中也成立了共产党小组。由于这些党的地方组织当时名称并不统一，后来习惯通称为共产主义小组。这些小组以上海发起组为活动中心，开展了多方面的工作。

各地共产主义小组建立后，便有计划地开展马克思主义宣传。1920年9月，上海党的发起组把《新青年》杂志改为自己公开的机关报；10月，又出版了秘密刊物《共产党》月刊，系统宣传马克思主义和介绍国际共产主义运动的状况。各地共产主义小组很重视在工人中宣传马克思主义和进行组织工作。1920年8月，上海党的发起组出版了《劳动界》周刊。不久，北京共产主义小组出版了《劳动音》周刊，广州共产主义小组出版了《劳动者》周刊。这些刊物，用通俗易懂的文字向工人宣传马克思主义。1921年初，北京共产主义小组在长辛店举办了劳动补习学校，上海党的发起组在沪西小沙渡举办了劳动补习学校，武汉共产主义小组在汉阳兵工厂等处举办了工人识字班。小组成员们结合文化知识的讲授，把革命道理传播到工人中去。1920年11月，上海党的发起组领导成立了上海机器工会；12月，又领导成立了印刷工会。1921年5月，北京共产主义小组领导成立了长辛店工人俱乐部（工会）。各共产主义小组也很重视在青年中培养党的后备军。1920年8月，上海党的发起组建立了上海社会主义青年团。北京、武汉、长沙的共产主义小组也先后建立了社会主义青年团。各共产主义小组还进行了建党原则问题的研究和讨论。上海党的发起组在《共产党》月刊上登载了许多介绍俄国共产党和其他共产党的文章，吸取它们的建党经验。

各地共产主义小组的出现及其活动，促成了马克思主义与中国工人运动的结合，在组织上、思想上和干部上为中国共产党的诞生准备了条件。

中国共产党"一大"

经过各地共产主义小组的酝酿、准备，成立全国性的统一的中国共产党的条件完全成熟。

1921年6月，共产国际代表马林等来到上海，进一步指导中国的建党工作。经过上海共产主义小组的积极筹备，在共产国际代表的指导和各地共产主义小组的支持下，中国共产党第一次全国代表大会，于1921年7月23日晚8时，在上海法租界贝勒里路树德里 3 号（今兴业路 76 号）秘密开幕。出席大会的代表有：毛泽东、何叔衡（湖南），董必武、陈潭秋（湖北），王尽美、邓恩铭（山东），李达、李汉俊（上海），张国焘、刘仁静（北京），陈公博（广东），周佛海（日本东京）12 人，还有陈独秀指派的代表包惠僧。代表全国 50 多名党员。共产国际代表马林、赤色职工国际代表尼柯尔斯基应邀参加了大会。中国共产党的主要发起人陈独秀、李大钊因事均未出席，大会由张国焘主持。大会的中心议题是讨论正式成立中国共产党的问题。大会进行到 7 月 30 日晚上，由于租界密探的突然闯入而临时中止，最后一天会议转移到浙江嘉兴南湖的一条游船上进行。大会通过了党的纲领，正式确定党的名称叫中国共产党，党的奋斗目标是以革命军队与无产阶级一起推翻资本家阶级的政权，建立无产阶级专政，消灭资本家私有制，直至消灭社会的阶级区分；党纲还规定了党的纪律，若干组织原则和吸收党员的条件与手续等等。大会还通过了党的工作的第一个决议，确定党成立后的基本任务是成立产业工会，加强党对工人运动的领导。

大会选举陈独秀、张国焘、李达 3 人组成党的领导机构中央局，陈独秀任中央局书记，张国焘、李达分别负责组织和宣传工作。

党的第一次全国代表大会的召开，正式宣告了中国共产党的诞生。中国共产党的诞生是中国近现代历史上最重大的事件。鸦片战争以来，中国人民为了推翻帝国主义和封建主义，争取民族解放和政治民主，建设富强的国家，进行了前赴后继、不屈不挠的斗争。这些斗争虽然都在一定程度上打击了帝国主义和封建主义，但是结果都失败了。事实证明，单纯的农民战争和资产阶级的革命运动都不能取得最后胜利。中国革命的任务必须有新的力量来领导，才能完成，中国共产党就是这样的领导力量。"自从有了中国共产党，中国革命的面目就焕然一新了"。

中国共产党民主革命纲领的制定

帝国主义列强争夺中国和军阀混战

五四以来，中国革命进入新的阶段，中国无产阶级及其先锋队开始以崭新的面貌活跃于中国政治舞台之时，中国的政局也因第一次世界大战的结束而发生了新的变动。

时局变化的特点之一，是帝国主义列强共同支配中国的局面重新出现。一次大战期间，西方列强无暇东顾，当时只有日本加紧在中国扩张势力。战后，英、美势力重返中国，英日、美日之间在中国的争夺趋于尖锐。1920 年 10 月，美、英、法、日签订新四国银行团协定，就是西方国家为打破日本包揽对中国政治、经济借款格局的一个举措。1921 年 11 月至次年 2 月，在美国的提议下，美、英、日、法、意、中、荷、比、葡9国在华盛顿举行会议。会议经过激烈争吵，签订了一系列协定。其中美、英、法、日、意《五国公约》规定美、英、日3国海军主力舰吨位为5∶5∶3，实际上是美英在军事上联合挟制日本的一个措施。会议签订的《九国间关于中国事件应适用各原则及政策之条约》，即《九国公约》，在"尊重中国之主权与独立及领土与行政之完整"的名义下，又规定了各国在华"机会均等"和中国"门户开放"的原则，也是意在打破日本的在华优势。华盛顿会议实际上造成了帝国主义列强协同侵略和共同支配中国的局面，并为尔后美国势力在中国的扩张创造了条件。

时局变化的特点之二，是中国各派军阀的混战加剧。这实际上是列强在中国争夺的一种表现。1920年7月，分别由美、英和日本支持的北洋军阀直系与皖系间爆发了一场直皖大战，结果皖系兵败，段祺瑞政府倒台。1922年4月，直奉两派军阀又为控制北京的中央政府而爆发第一次直奉战争，结果奉系张作霖战败，直系吴佩孚完全控制北京政府。此后，吴佩孚公开提出"武力统一"的主张，企图建立直系的专制独裁统治，而各省军阀则以"自治"或"联省自治"相对抗。这期间，各派军阀间的混战频繁，争斗不已，政局动荡，社会极其混乱。

四川军阀是1902年新军建立到辛亥革命后逐渐结成的。四川军阀同北洋军阀之间，同西南其他军阀之间，既相互勾结，也相互角逐，对北洋军阀在西南地区的扩张及其发展和消亡，都有很重要的关系。四川军阀的主要特点之一，就是在省内实行封建割据的防区制。所谓"防区"，原是指各军的驻防区域，但四川军阀的"防区"，却远远超出了军事方面的内容，而俨然成了大大小小的独立王国。

资产阶级改良派的政治主张

面对由于帝国主义对中国加紧侵略和封建军阀混战纷争而造成的民族危机与国内政治危机，一些不满现状而又不赞成以暴力手段改造现实社会的资产阶级和上层小资产阶级的改良派，企图通过政治上的改良来谋求中国的出路。当时改良派的言论充满各种报刊。《东方杂志》《太平洋》《解放与改造》《努力周报》等，是发表改良主义言论的主要刊物。提出的主要政治主张有"好人政府""省自治"和"联省自治""制宪救国""废督裁兵"等。

1922年5月，资产阶级改良派代表胡适在《努力周报》上发表了《我们的主张》，提出了建立"好人政府"和改革中国政治的3条基本原则：要求实现"宪政的政府""公开的政府""有计划的政府"，幻想这样的"好人政府"会为社会全体谋福利，可以充分容纳个人的自由，保护个性的发展。他否认中国政治腐败的祸根是帝国主义的侵略和封建军阀的统治，认为："中国所以败坏到这步田地，虽然有种种原因，但'好人自命清高'确是一个重要原因"。因此，他们深信，"今日政治改革的第一步，在于好人需要有奋斗的精神"。

在他们看来，只要有几个"好人"出来组织"好人政府"，实行一步一步的改良，不必进行反帝反封建军阀的斗争，中国的时局就可得救。他们反对孙中山实行北伐的革命行动，却把陈炯明叛变孙中山的行径吹捧成"是一种革命"。

胡适的这种"好人政府"的政治主张，正好适应了直系军阀吴佩孚的需要。1922年9月，吴佩孚为了维护自己的统治，欺骗群众，组织了以王宠惠为内阁总理的"好人内阁"，其实权仍操在直系军阀手中。没过多久，由于内部派系利害冲突，"好人内阁"垮台，"好人政府"的政治主张彻底破产。

这时期，联省自治的主张也颇有声势，资产阶级革命派和改良派都曾主张中国采取联邦式的资产阶级共和国。实行省自治和联省自治，制定省宪法、联省宪法，以完成国家的统一，这是联邦式资产阶级共和国主张的翻版。

早在清朝末年，梁启超等人均提到了学习欧美联邦制，实行地方自治等问题。以后一些人针对军阀独裁政治，提出要使中国强大，必须采用联邦制。1920年下半年至1923年，形成了一个规模颇大的要求省自治和联省自治的浪潮，各地成立了自治运动的团体。主张省自治和联省自治的人认为，中国致乱的原因是军阀权力太大，中央政府无力制裁军阀，民众无权，地方无权。因此，救国治国的办法在于实行"省民自决主义"，各省制定宪法，实行自治，然后在省自治的基础上，建立一个"联省自治的共和国"。

1920年7月，谭延闿首先提出了湖南实行自治的主张。11月，章太炎发表了《联省自治虚置政府议》，赞同这种主张。认为"近世所以致乱者，皆由中央政府权藉过高"，救治的办法应是：各省人民，宜自制省宪法，文武大吏，以及地方军队，并以本省人充之；自县知事以至省长，悉由人民直选；督军则由营长以上各级军官会推举。

湖南省宪自治运动中，不仅包含着人民群众同军阀官僚的矛盾，也掺杂着军阀之间的矛盾。军阀赵恒惕也想当省长。11月23日，在赵的压迫下，谭延闿去职。省议会选举林支宇为临时省长，未几林被迫下台，赵恒惕当上了临时省长。林支宇上台后，1921年3月，聘王正廷、蒋百里、李剑农等13人为"省宪起草员"，到4月14日省宪草案告竣。而后交各县推举的审查员讨论修改。12月1日，付全省公民投票表决，以1800余万票通过。翌年元月1日，湖南省宪法正式公布。湖南宪法条文虽然表现了资产阶级关于民主自由和反对军阀专制的要求，但无法贯彻执行。宪法公布后，进入选举阶段，赵恒惕无视省宪独断专行，杀害劳工会领袖及大批劳工会员，残酷搜刮，早已引起湘人的不满。但他却利用职权，抛卖公产，贿买议员，同时指使爪牙包办选举。11月4日，赵恒惕正式当上了省长，之后更变本加厉地推行独裁政治。资产阶级改良的这种主张反映了资产阶级共和国方案屡遭失败之后，资产阶级谋求出路的另一种不切实际的幻想。

辛亥革命后，鉴于军阀拥有重兵，连年混战，成为国家极大祸患的事实。在 20 年代初期，资产阶级知识分子，为了寻求中国出路，提出了废督裁兵的主张。当时报刊上连篇累牍发表了许多关于废督裁兵的文章，揭露了军阀的兵是扰乱社会的根源，中国要进步，非去兵不可。兵和督不可分，必须同时裁废，"欲裁兵先废督"。提出了种种裁兵的方案。上海、北京、湖南等地的一些团体发表宣言、通电，召开裁兵大会，举行示威请愿，组织裁兵促进会，要求裁兵，形成了有一定声势的裁兵运动。在一段时间里，孙中山也是"化兵为工"的积极主张者。

上述资产阶级改良主义主张，都否认或忽视帝国主义的侵略和封建军阀的反动统治是中国的根本乱源，是中国社会进步、国家富强的主要障碍，反对或不赞成反帝反封建的革命，表现了资产阶级的软弱性。这些主张没有一个能取得实际效果。事实证明，资产阶级改良主义道路在中国是根本行不通的。

中国共产党"二大"

中国共产党正式成立后，在中央局的统一领导下，党进行了大量的卓有成效的工作，为"二大"的召开作了准备。

从"一大"到"二大"的一年里，许多地区建立了党的组织。北方成立了中共北京支部委员会，湖南成立了湘区委员会，湖北成立了武汉区委员会，山东成立了山东区委员会。此外，广东、江苏、浙江、安徽、四川和奉天等省，均在这一年里先后建立起地方党组织。各地党的组织，培养和吸收了一批先进分子入党，党的队伍不断壮大。1922 年 6 月底止，党员人数已由党的"一大"时的 50 余人发展到 195 人。共产党"一大"只确定了党的奋斗目标是实现共产主义。随着国内外形势的发展，迫切要求中国共产党提出在现阶段的革命纲领，以给全国人民指引前进的方向。在共产国际与列宁的帮助下，中国共产党第二次全国代表大会完成了这一任务。

1922 年 7 月 16 日至 23 日，中国共产党在上海召开第二次全国代表大会。出席会议的代表 12 人，代表全党 195 名党员。会议的中心议题是讨论和制定党在现阶段的革命纲领。会议根据列宁关于民族和殖民地革命的理论，正确地分析了中国的社会性质和革命性质，明确指出中国的社会性质是半殖民地半封建社会，当前阶段的革命性质是资产阶级民主革命，革命的基本动力是工人、农民和小资产阶级，而民族资产阶级为免除经济上受压迫，也要起来与世界资本主义斗争，因此，无产阶级应同民主主义的势力结成联合战线，促使革命的迅速成功。在此基础上，会议制定了党的最高纲领和最低纲领。最高纲领是"组织无产阶级，用阶级斗争的手段，建立劳农专政的政治，铲除私有财产制度，渐次达到一个共产主义的社会"；最低纲领即党在民主革命阶段的纲领是"消除内乱，打倒军阀，建设国内和平"；"推翻国际帝国主义的压迫，达到中华民族完全独立"；"统一中国本部（东三省在内）为真正民主共和国"。会议还通过了《关于"民主的联合战线"的决议案》等决议，并根据列宁的建党学说，制定了《中国共产党章程》，明确规定党的组织原则是"少数绝对服从多数""下级机关须完全执行上级机关之命令""全国大会及中央执行委员会之决议，本党党员皆须绝对服从之"。会议选举陈独秀、李大钊、张国焘、蔡和森、高君宇为中央委员。邓中夏、向警予、张太雷为中央候补委员，组成中央执行委员会，陈独秀为委员长。

这样，党的二大正确地分析了中国的社会性质和革命性质，实际上明确了中国革命必须分民主革命和社会主义革命两步走，这是党对中国革命问题认识上的一个重大进步；二大在近代中国革命史上第一次提出彻底的反帝反封建的民主革命纲领，为中国革命指明了方向，预示着中国革命的新高潮必将迅速到来。

第一次工人运动高潮和农民运动的兴起

香港海员大罢工

在中国共产党的正确领导和推动下，中国工人阶级掀起了第一次工人运动高潮。这个高潮从1922年1月开始，到1923年2月终止，前后持续13个月之久，大小罢工斗争达100多次，参加人数在30万人以上。其中影响较大的有香港海员罢工、安源路矿工人罢工、开滦煤矿工人罢工和京汉铁路工人大罢工等。

香港的中国海员，深受外国资本家的剥削和压迫，工资只及白人海员的五分之一，住房简陋，有的甚至无房可住，栖身于道路旁、货堆上和煤堆里，政治上又备受歧视，处境十分恶劣。他们经常航行于欧美各国，受到了世界革命潮流的影响，因此他们革命意识较强，思想觉悟较高，1921年3月就成立了中华海员工人联合会，同外国资本家进行过几次经济斗争。

1922年1月12日，香港海员工人要求增加工资遭到资本家的拒绝，于是在中华海员工会的领导下举行大罢工。香港英国当局下令封闭海员工会，更加激起了中国工人的反抗。2月底，香港全市工人举行总同盟罢工，人数多达10万余人。英帝国主义大为恐慌，调集大批军警镇压罢工工人。为了争取罢工的胜利，海员罢工总办事处决定封锁香港，断绝其粮食供应，并动员罢工工人离港回广州。3月4日，大批工人步行回省，当行至九龙附近沙田时，遭到英国军警开枪射击，打死6人，伤数百人，造成"沙田惨案"。此后，海员工人的罢工斗争更加激烈。中国劳动组合书记部、广东政府和全国工人给予一致声援，海外华侨也捐款援助。罢工坚持了8个星期，终于迫使香港当局撤销了封闭工会的命令，答应增加工资 20%。这次斗争的胜利，大大鼓舞了中国工人的斗志。

香港海员罢工，是中国工人阶级第一次直接和帝国主义进行针锋相对的斗争，也是第一次工人运动高潮的起点。

安源路矿工人大罢工

为了适应工人运动高涨形势的需要，1922 年 5 月 1 日，由中国劳动组合书记部发起，在广州召开了第一次全国劳动大会。大会接受了中国共产党提出的"打倒帝国主义""打倒军阀"的口号，通过了《罢工援助》《全国总工会组织原则》等决议案，并决定在全国总工会成立以前，以中国劳动组合书记部为全国工会组织的总通讯处。这表明中国共产党已成为全国工人运动的领导者。第一次全国劳动大会促进了中国工人阶级的团结，推动了罢工高潮在全国各地展开。其中安源路矿工人大罢工，就是这次工人运动高潮中南方工人举行的主要罢工之一。

安源路矿是指株萍铁路和安源煤矿。安源路矿共有工人 1.7 万余人。毛泽东曾于 1921 年秋到安源调查，随后由李立三等来此建立党团组织，并成立了工人俱乐部。1922 年 9 月初，毛泽东来安源对罢工进行部署。接着，刘少奇也来安源工作。9 月 14 日，一万多名工人冲出矿井、厂房举行大罢工。路矿当局勾结军阀调来大批军警企图镇压，但由于工人们的英勇斗争和社会各界的声援，终于迫使路矿当局于 18 日接受了工人提出的承认俱乐部有代表工人之权、增加工资等条件，罢工取得了胜利。

开滦煤矿工人大罢工

开滦煤矿工人罢工，是这次工人运动高潮中北方工人举行的主要罢工之一。1922 年 10 月 23 日开始，开滦煤矿约 5 万工人，在中国劳动组合书记部特派员彭礼和等的指挥下，举行总同盟罢工，要求增加工资、改善待遇、承认工人俱乐部。矿局勾结北京政府，调集军警镇压。罢工斗争坚持了 25 天，终未达到预期目的。工人们在增加少许工资的条件下复工。

京汉铁路工人大罢工和"二七"惨案

京汉铁路工人大罢工是这次工人运动高潮的顶点。1921 年以来，在中国劳动组合书记部的帮助下，京汉路各站陆续成立了工会，并成立了全路总工会筹备委员会。经过酝酿，决定于 1923 年 2 月 1 日在郑州召开京汉铁路总工会成立大会。吴佩孚下令"制止开会"。2 月 1 日，工人代表冲破军警的封锁拥入会场如期召开了大会。当日，反动军警又捣毁了总工会会所。总工会号召全路工人举行大罢工，将总工会南移至汉口江岸办公。2 月 4 日，在长达两千余里的京汉路上 3 万多名工人在 3 小时内实现了总同盟罢工。7 日，在帝国主义的支持下，吴佩孚在汉口、郑州、长辛店等地对罢工工人进行血腥镇压，致 52 人惨死，300 多人受伤，40 多人被捕，1000 多人被开除。江岸分会委员长、共产党员林祥谦和武汉工团联合会法律顾问、共产党员施洋惨遭杀害，这就是震惊中外的"二七"惨案。"二七"惨案后，各地的工会组织除广东、湖南外都遭封闭，工人情绪一时趋于低沉，全国工人运动暂时转入了低潮。

中国工人运动的第一次高潮，显示了中国工人阶级坚强的组织力和战斗力，提高了中国工人阶级和中国共产党在全国人民中的政治威望。同时，也使他们从血的教训中认识到：中国工人阶级孤军奋战，要战胜强大的敌人是不可能的。必须同其他的革命阶级，特别是占全国人口 80% 以上的农民联合起来，建立革命统一战线，组织人民武装力量，进行武装斗争，才能取得中国革命的胜利。

广东、湖南农民运动的兴起

广东省的海丰、陆丰，是全国农民运动最先兴起的地区。早在 1921 年 5 月，积极从事农民运动的先驱彭湃，就在他的家乡海丰开始从事农民运动。1922 年，彭湃在家乡海丰县从事发动和组织农民的工作。1922 年 7 月底成立赤山农会。经过一些斗争，农会威信日益提高，请求加入农会者日渐增多。1923 年 1 月，成立了海丰县总农会，会员达 10 万人。农会内设有教育、卫生、财政、农业、仲裁等部。1923 年上半年，天灾严重，地主仍强迫农民交租。彭湃发动农民进行减租运动，提出了"减租七成，至多三成交纳"的口号。减租运动得到农民热烈拥护；地主阶级却十分惊恐，他们在县长的支持下，勾结保卫团包围农会，逮捕 25 人，企图扑灭这次运动，但反对派的暴行，更激起农民的斗志，海丰农民运动的影响更加扩大了，广东各地农民运动有组织地开展起来，陆丰、惠阳、紫金、惠安、普宁等县成立农会，会员增到 20 余万人，成为地主豪绅十分惧怕的一支革命队伍。1924 年海丰总农会改组成为惠州农民联合会，不久又改称广东农会，彭湃任执行委员长，各县设分会。蓬勃发展的广东农民运动，成为日后广州革命政府扫平军阀、统一广东革命根据地的坚强后盾。

1923 年初，在毛泽东的领导下，湖南省衡山县的岳北、白果一带，农民运动开始兴起。这里是军阀赵恒惕的老家，农民深受其害，剥削压迫很重；同时，这一带许多农民在水口山做工，又受到工人斗争的影响，所以，发动农民和组织农民的工作易于开展。1923 年 9 月，在白果召开了岳北农工会成立大会，到会万余人。会上发表了宣言，揭露帝国主义和封建军阀的罪恶，号召农民"要为自己解除困苦，争谋利益，只有大家联合起来"，与地主进行斗争。农会成立后，会员很快发展到 10 万人以上。农民在农工会的领导下，积极开展了平粜和阻禁地主外运谷米、棉花的斗争。这些斗争，虽然遭受反动武装的镇压，暂时受了挫折，但斗争却在群众中播下了革命的种子，不久以后，湖南农民运动迅猛发展起来，成为全国农民运动的中心。

反曹锟贿选总统运动

直系军阀控制北京政权后，为了加强和巩固自己的政治地位，打起恢复旧国会的旗号，以抵制南方的护法运动，同时又高唱起孙吴合作，虚伪地赞颂孙中山的兵工主义，声称愿为其试验效劳，企图借助孙中山的政治威望，实现其独裁统治。当直系军阀认为自己的统治已趋于"稳定"后，便发动了一次逼宫政变，将黎元洪驱逐。黎元洪下台后，曹锟的党羽们，在美国的大力扶持下，于1923年10月间，演出一幕贿选丑剧；以5000元到10000元不等的价格（选前给支票，选后兑现），贿买议员500多人，同时指使直系各省军警及将领向国会发出限期选举的通电，还逮捕记者，封锁舆论，限制议员们的自由。10月5日选举的当天，又派出大批军警宪兵警戒，议员进入会场前，经人身搜查，就在这种利诱威逼的情况下，议员们终于把曹锟捧上了总统的宝座。10月10日曹锟就职，同日颁布了《中华民国宪法》。

曹锟为了稳固其统治，便不惜卖国求荣，在其执政期间，媚外残民的罪行比比皆是。媚外必然残民，直系军阀对人民群众的反抗采取残酷的镇压政策。

10月9日，广东的孙中山大元帅府下令讨伐曹锟，通缉贿选议员，孙中山还发出一个致各国政府的宣言，警告各国不得承认这个偷窃的政权。

全国人民反对曹锟贿选的活动，和反对直系军阀媚外卖国、暴虐统治的斗争汇合在一起，猛烈地冲击着军阀的统治，和袁世凯的短命皇帝一样，曹锟也只当了一年零十几天的总统，便结束了总统生涯。

新军阀混战

帝国主义划分势力范围的侵略政策，必然造成在它们支持下的中国各派军阀之间的矛盾，导致国民党内部的派系斗争和连绵不断的军阀混战。

国民党蒋、冯、阎、桂4派军阀原本就各怀野心，在取得对奉作战胜利后，彼此间的矛盾立即尖锐起来，导致派系间连绵不断的军阀混战。

当时，蒋介石虽然是南京中央政府的最高统治者，但实际上只占有江苏、浙江、江西、安徽、福建5省和南京、上海两市。冯玉祥的第二集团军占有河南、陕西、甘肃、宁夏等省。阎锡山第三集团军占有山西、河北、绥远、察哈尔等省和北平、天津两市，桂系李宗仁、黄绍竑、白崇禧的第四集团军占有广西、湖南、湖北，并控制河北一部分地区，支持桂系的李济深率粤军占有广东。

1929年1月，蒋介石在编遣会议流产后，又操纵召开国民党"三大"，以中央指派和圈定代表的办法，排斥反对派，树立自己在国民党中的垄断地位。会议代表有406人，其中由中央指派者211人，圈定者122人，两项共占代表总数的82%。同时对汪精卫改组派和已公开反对自己的桂系领导人做了组织处理。蒋同其他各派的矛盾达到不可调和的地步，只能诉之于战争。

1929年3月，首先爆发了蒋桂争夺两湖的战争。当时，桂系的迅速发展，成为蒋介石的心腹大患。而桂系因对蒋介石运给日益亲蒋的湘省主席鲁涤平大批军火不满，决定先发制人。26日，蒋以南京政府的名义下令讨桂，坐镇九江，亲自督师进攻武汉。在蒋的收买下，桂军一部在前方倒戈，桂军主力从武汉地区后退。4月4日，蒋军进入武汉。随后，蒋派军队由湖、粤、滇3路进攻广西。5月上旬，李宗仁组织南路护党救国军，通电反蒋，并派兵进攻广东。6月下旬，蒋支持粤军打败桂军，任命原桂系军人俞作柏为广西省政府主席，蒋桂战争结束。

1929年10月，爆发蒋冯争夺山东的战争。3月，济南事件解决后，日军撤离。蒋派其嫡系部队进入冯玉祥控制下的山东，致使蒋冯矛盾加剧。5月，蒋收买了冯部韩复榘、石友三，使之叛冯投蒋，冯四面受敌，西北军被迫退守潼关。

11月，在蒋桂战争中被蒋起用为师长的张发奎，与桂系联合，组成"护党救国军"，进攻广东。12月，蒋派何应钦率军援粤，击败张、桂，这是第二次蒋桂战争，或称粤桂战争。与此同时，唐生智与石友三联合，参加护党救国军，举兵拥汪反蒋，不久也为蒋所败。

1930年4月，爆发了规模更大的蒋与冯、阎的大规模军阀混战，即"中原大战"。蒋介石在打败桂冯等军阀之后，把下一个主要目标对准了拥兵自重的阎锡山，各派反蒋的势力为了自身利益，也都与阎锡山联合起来同蒋介石抗衡。3月，阎、冯、李三集团军的50多名将领发出逼蒋下野通电，并推阎锡山为中华民国陆海空军总司令，冯玉祥、李宗仁和张学良为副总司令，领导反蒋。4月1日，阎、冯、李分别通电就职。蒋介石则以国民政府主席的名义，下令罢免阎锡山本兼各职，并以总司令名义通电讨伐阎、冯。5月中旬，冯、阎军与蒋军在豫皖鲁苏交界地区展开激战。中原大战正式爆发。战争初期，阎冯部队进展顺利，攻克济南、商丘等地，接着冯玉祥分兵3路，以攻夺徐州为目标，向陇海线发动全线总攻，但未能奏效。阎冯两军处于被动局面。这时，拥兵关外的东北军张学良处于举足轻重的地位。蒋介石与阎、冯都在极力争取张学良。但张一直采取观望态度，9月18日，张学良发表拥蒋通电，东北军入关，占领平津，使整个战局急转直下。11月，反蒋联军失败。至此，历时7个月的中原大战，以蒋介石的胜利宣告结束。

全国各地的军阀混战，从1927年到1930年间，大规模的军阀混战有六七次，战祸遍及大半个国，人民痛苦不堪言状，社会经济遭到极大破坏，此中原大战，双方死伤三四十万军队，耗资无计。经过1929年到1930年的军阀混战，蒋介石打败了同他抗衡的军阀，取得明显的优势。此后，反蒋势力仍然存在，但失去了问鼎中原、与蒋争雄的实力。蒋介石在政治上的统治地位，得到了巩固。

龙云与胡若愚的云南之战

1927年6月至1929年底，滇系军阀龙云与胡若愚等人为争夺在云南地区的统治权，在本省内进行了一次长期混战。

1926年下半年，国共合作进行的北伐战争顺利进展，滇、黔、川等西南地区的军阀纷纷易帜，拥护北伐，可是西南地方的军阀头面人物唐继尧，不仅没有与广州国民政府取得联系，反而进一步加紧了与北洋军阀吴佩孚、孙传芳的勾结，加紧反共反革命的活动。在大革命高潮来临之际，逆历史潮流而动的唐继尧，遭到了拥护北伐部属的反对。1927年2月6日，驻守云南的4个镇守使龙云、胡若愚、张汝骥、李选廷，打着拥护北伐的旗号，发动了倒唐的"二六政变"。唐继尧倒台以后，虽然成立省务委员会主持云南政务，但难以协调各派的不断纷争，形同虚设，因而，在云南出现了权力的真空。为了争夺权力，滇系军阀之间又展开了激烈的矛盾冲突。

在发动"二六"政变时，龙、胡、张、李4个镇守使，名义上都拥有1个"军"的番号，实际上兵力都不足为"军"。龙云、胡若愚各有两个旅；张汝骥虽然也号称两个旅，实则兵力不足3个团；李选廷则兵力更少，只有一个多团的兵力。唐继尧有近卫军4个旅，计8个团。在"二六"政变后，8个团为龙云、胡若愚平均收编。因此，龙、胡两人又兵力相当，各霸一方。张汝骥虽然也参加了倒唐事变，但因听命于龙、胡两人，又因力量稍弱，没有收编唐部，心中感到不快；李选廷自知力弱，虽想投机，又力不从心，甘愿退出，不过其态度倾向胡若愚。结果是龙、胡之间首先展开了权力之争。张汝骥因对龙不满，故与胡联盟，进一步壮大了胡的力量。4月18日，蒋介石建立南京政权后，龙、胡、张均以个人名义派员向蒋介石政权疏通关系。此时的蒋介石尚未插足到滇系军阀之中，为了在滇系军阀中寻找自己的代理人，蒋在表面上似乎没有偏袒任何一方，而是让龙、胡、张3人互相制约、争斗，自己则在暗中进行挑动。

1927年6月14日凌晨，胡若愚与张汝骥达成协议：许诺驱除龙云后，胡、张两人主持云南军政。遂派出大队人马，突然包围了龙云在昆明翠湖边的私人官邸。龙云尚在梦中，仓皇惊醒，想组织反抗已经来不及了。龙云约250人的卫队被胡部解除了武装，龙云见反抗无望，便企图从后门逃走，但是住宅四周已被团团围住，龙云困守在官邸中正在待机求援，胡部的炮兵向龙云住宅开炮，弹片四飞。一块弹片打在玻璃窗上，炸碎的玻璃片恰巧飞进龙云的眼中，结果使龙云这只眼终生失明，成了"独眼将军"。龙云见逃走无望，求援无门，只好投降。胡若愚命令部下做了一个铁笼子，将龙云囚在其中。

龙云的妻子李培莲和其家里的人到法国驻昆明领事馆避难，法国总领事卢希比出面调停，提出 4 项条件：一是龙云自动下野，部队交省府善后；二是龙云暂移法国领事馆，随后携家眷经越南转赴日本考察；三是同去日本的翻译，由省府任选；四是龙云在日本考察期间，省府酌予补助经费。但是，龙云不愿进领事馆做难民，也不愿到日本考察。同时胡也不愿以这样的条件调停。

在 6 月 14 日凌晨，胡发动对龙云事变的同时，龙在昆明的部队及其他一些将领也遭到了胡部的突然袭击和围捕。当时，龙在昆明的部队主要驻在北校场。事变发生时，在龙部团长高荫槐带领下突出胡部的包围，向富民方向撤退。龙云的主要将领卢汉、孟坤等人在家中听到枪声后，也急忙逃出昆明，先后到达禄丰、元谋，辗转找到高荫槐。因此，在胡若愚发动的"六一四"事件中，龙云虽然被囚，但龙部的实力并未受到多大损失，这就为龙云部以后东山再起，留下了资本和基础。

奇怪的是，蒋介石在龙云被囚禁的当天，南京政府又发出命令，任命龙云为三十八军军长，胡若愚为三十九军军长，张汝骥为独立第十八师师长。蒋介石的这一举动，又加剧了滇军内部各派势力之间的权力争夺。

胡虽然囚禁了龙云，但迫于各派滇系势力的声援和强谏，未敢加以杀害。龙云所部乃推出滇军元老胡瑛暂代三十八军军长，指挥部队从滇西向昆明反攻。7 月上旬，祥云一战，胡、张部不支败退昆明。龙部乘胜逼近昆明。在龙部重兵压城的逼迫下，胡若愚挟持龙云向昆明以东撤走。胡在撤退时，托部下周钟岳守城处理军政公务，并叮嘱三事：一、尊重省务委员会及地方公意，相机移师滇东，以免扩大战祸，请三十八军尊重和平，勿事追击；二、张汝骥被困禄丰，杨瑞昌（胡部旅长）部驻扎蒙自，请三十八军勿再与为难，胡部亦保龙云的安全；三、俟张、杨两部集中后，略事整顿，即参加北伐，请后方能及时补充饷械。胡若愚挟带龙云退到昆明东郊大板桥后，恐三十八军尾追，乃与龙云签订了"板桥协议"后，礼送龙云返回昆明旧部。

龙云回到昆明后，于 8 月 13 日出任代理省务委员会主席，改组了省政府，清除了一帮与胡、张有联系的政客。由于龙云毁约，驱赶胡、张旧部，又引起新的矛盾争端。胡、张自感兵力不足，难以向龙云部发起进攻，便与四川的刘文辉、贵州的周西城相联系，重新向昆明反攻。从 9 月底至 10 月初，龙与胡、张二部在曲靖地区发生激烈战斗，双方对峙长达 40 多天。这时，驻在滇西的唐继尧旧部，又趁昆明城防空虚，曲靖战事紧张，直捣昆明。龙云被迫从曲靖撤军回救，方解昆明之围。

1927 年冬，胡、张再求援于川军，向昆明进军。龙云率部据城固守，胡、张二部久攻不下，由于弹药、给养缺乏又缺少攻城重武器，于 1928 年初便撤离昆明之围，再寻战机。龙云几次与胡、张二人交锋，以谋略和实力取胜，受到了蒋介石的看重。1 月 17 日，蒋又通过南京政府正式任命龙云为云南省政府主席，4 天以后，又任命龙云为第十三路总指挥。由于蒋的支持，龙云在云南的实力大增，地位上升，使胡、张两人不再敢轻易起兵反龙。但是龙与胡、张之间的矛盾并没有解决。胡、张两人暗中发展与龙云抗衡的势力，准备与龙云再战。同年秋，贵州局势发生变化，黔系军阀内部李燊和周西城之间发生战争，龙应李求援派出大部兵力，开进贵州。乘机报黔军周西城部支援胡、张两人反龙云之仇。1929 年初，蒋桂战争期间，龙云被蒋介石任命为讨逆军第十路总指挥，率兵深入贵州，与李燊联合向与桂系有关联的周西城发动进攻。5 月底，周西城战死，李燊入主黔政。正在这时，昆明战事又起。胡若愚、张汝骥两人趁龙云率部在贵州之机，再度率兵逼近昆明。龙云接到昆明战事吃紧的消息后，急忙率部回援，在昆明外围两军又大战一场。龙云采取了诱敢深入的战法，故意以劳师远征，不堪再战，将胡、张部引到碧鸡关附近，依托有利地势，一举大败胡、张部。胡、张两人率残部退往金沙江畔，在华坪、永北一带暂住休整。

龙云为了乘胜解决胡、张势力，以绝后患，一面笼络当地彝族土司，帮助建立武装，拨发弹药，与胡、张部进行武装对抗，一面派军渡过金沙江，绕道江北从后面包抄胡、张部。胡、张部虽经顽强抵抗，但终因兵力不足，缺少援助和给养，于 1929 年底以失败而告终。胡在战败后化装只身逃走，张汝骥被龙云俘虏后，因不肯合作为龙云所杀。至此，龙云与胡若愚长达 3 年的云南之战遂告结束。

冯玉祥与张宗昌的河南之战

1927 年 10 月至 12 月，冯玉祥率西北军与奉系军阀张宗昌的直鲁联军在河南的兰封、考城一带地区进行的战争。

1926 年 8 月，冯玉祥的西北军在南口大战失败后，主力部队受到严重损失，重武器丢弃殆尽，尚存 10 余万人向西北方向退却。1927 年夏，冯玉祥占领郑州、开封后，又面临着极其不利的形势。张作霖强大的奉军正虎视于北，号称 30 万的张宗昌直鲁联军，盘踞在陇海线上随时可西上。此时，冯玉祥的同盟者国民党正在进行混战，李宗仁为争夺两湖地盘与唐生智开战；张发奎回师广东向李济深夺权并与黄绍竑开战。因此，蒋介石、李宗仁都在为各自军事集团的利益整军备战，已无力再出兵北伐。在这种情况下，冯玉祥为摆脱困境，以直隶、京津地盘为饵，争取阎锡山与自己结成同盟，于 9 月初对奉军开战，以解北方之忧，冯部则可集中兵力对付张宗昌的直鲁联军。

阎部对奉开战后，初期作战进展顺利。张作霖为解除后顾之忧，集中奉军全部兵力于 10 月中旬开始反攻，阎部抵挡不及，至 11 月退守雁门、蔚州、井陉几个关隘，奉军直逼山西境内，太原岌岌可危。冯玉祥为援助阎锡山保住山西地盘，迎接国民党军北伐，于10月中旬兵分3路，以第十八军军长鹿钟麟为右路军总指挥，率第十、第十八、第二十、第二十一、第二十七军；以第六军军长韩复榘为中路总指挥，率第五、第六军和骑兵第二军；以第三军军长孙良诚为左路总指挥率，第三、第四军和左路军左翼第二十三、第二十六、第二十八军，对张宗昌的直鲁联军展开攻击。由于冯部多系入豫后收编的一些杂牌军，战斗力比较弱，因此，在与直鲁联军的作战中，一开始即陷于不利的境地。10月13日，冯玉祥部与张宗昌部在马牧集交战，开火后不久，冯部左路军左翼刘镇华部即有梅发魁、姜明玉、憨玉珍3个师叛投张宗昌。这些叛军截断了陇海交通，使冯部阵线陷于困境，前线各军纷纷溃退至皖北一带。右路军总司令鹿钟麟只好率前卫部队绕道鹿邑、柘城退回开封。直鲁联军在叛军的相助下，连占归德、民权、兰封、考城，前锋直逼开封。冯玉祥为击破当面之敌，重新调整兵力部署，将其主力孙良诚的第三军和马鸿逵的第四军布防于杜良寨、杞县间；将石友三的第五军布于杞县城东；鹿钟麟的第十八军集结于杞县、太康之间；刘镇华剩余的5个师布防于考城，以防御张部刘志陆的第十三军、潘鸿钧的第二十四军和郑大章的骑兵部队，向归德以东迂回袭扰敌人的后路；韩复榘的第六军和孙连仲的两个师集结于开封、郑州一带为总预备队。10月23日，张宗昌部沿陇海铁路西进，与冯部守备部队在正面发生激战。26日起，自黄河南岸至杞县100公里的战线上，冯、张两部主力展开全面决战，战斗异常激烈，短兵相接，昼战夜夺。27日，韩复榘军投入主战场进行作战，30日拂晓，与石友三军并力进击，一举攻破直鲁联军在杨固集的阵地防线。11月1日，孙良诚军攻克兰封，铁路正面之敌也被击溃。2日，孙军又进占内黄。3日，分头向归德、考城追击溃敌。5日，韩复榘军和庞炳勋军攻占归德。6日，石友三军追逾马牧集；鹿钟麟军回兵归德。包围考城的刘志陆军、潘鸿均军等，直鲁联军见势不妙，仓皇退走。冯部各路军乘胜截击，俘直鲁联军3万余人，缴枪2万余支，另缴钢甲火车5列、大炮40余门。是役，为冯部出潼关以来俘获最多的一次大胜仗。

兰封之战结束后，张宗昌为避免陷入两面作战的困境，决定在何应钦率领北伐的国民革命军未渡淮河前，集中优势兵力，击破冯玉祥的西北军。张宗昌坐镇徐州，以鲁军首领褚玉璞为前敌总指挥；以第十三军军长刘志陆为右路总指挥，率第十三、第十八、第十九、第二十一、第二十二、第二十四军和第一、第二、第三挺进军，共5万余人由城武、单县进攻考城，直取开封；以第六军军长徐源泉为中路总指挥，率第四、第五、第六、第七、第十五军，共5万余人沿陇海路正面向西推进；以第二军军长张敬尧为左路总指挥，率第二、第八、第二十六、第三十、第三十二军，共约3万余人由夏邑向杞县、太康挺进。

冯玉祥为防御直鲁联军的进攻，在兰封大捷后，即把出击到归德、砀山的部队撤回，以集中兵力，缩短战线；将孙良诚的左路军集结于兰封以东、黄河以南地区；将石友三部防守杞县东北地区；鹿钟麟部除留少数部队守防归德外，主力撤到太康、杞县待命；韩复榘部控制郑州一带；为加强防御力量又调刘汝明部出潼关东进，警备陇海路沿线。

11月16日，张部刘志陆率军首先向驻考城的冯部刘镇华军发动进攻。激战3日，刘镇华军撤退至考城西瓜营一线，刘志陆率部继续西追，攻势甚猛，形成孤军冒进之势。但此时徐源泉、张敬尧两路因在兰封之战中曾受重创，均畏战不敢急进，这就为冯玉祥各个击破直鲁联军提供了有利条件。冯首先严令刘镇华、马鸿逵两部在正面顶住刘志陆右路军的猛烈攻势；然后以孙良诚军的吉鸿昌师，向考城以北迂回攻击；以梁冠英师由定陶切断直鲁联军的后方联络线。24日，孙良诚开始攻击，将刘志陆部包围于考城一带，经5天激战，攻克考城，击毙其第二十四军军长潘鸿钧，俘旅长以上军官4人及官兵2万余人，缴获枪万余支。孙军乘胜直追，又攻克菏泽、单县，将直鲁联军第二挺进军围困于曹县。至1928年1月19日，攻克曹县，挺进军军长、原叛军师长姜明玉自杀。

在此期间、韩复榘、石友三、鹿钟麟各部同时向当面之敌发起进攻。至12月1日，韩复榘部占领砀山，3日，进迫徐州城下，占领陇海车站，切断了津浦路，将张宗昌、孙传芳部围困于徐州城内。石友三、鹿钟麟、庞炳勋等军也先后到达徐州外围的卧牛山、二十里铺、三堡车站。这时，何应钦率领的国民革命军第一集团军也临近徐州。为迎接沿津浦路北上的何应钦中央军，冯玉祥抽调刘汝明军迅速肃清陇海线的土匪，同时又令各军沿途策应何部入徐作战。12月14日，何部第一集团军第一军团赶到徐州外围，与冯部会合。何、冯即率部分路向孙传芳、张宗昌守徐州的部队进行攻击。激战两昼夜，于16日晚孙、张率残部北逃，徐州克复。至此，冯玉祥与张宗昌的兰封、考城之战遂告结束。

冯玉祥与张宗昌的兰、考之战，是西北军与奉系中的直鲁联军进行的最大一次决战。在这次大战中，冯玉祥以劣胜优，以少胜多，化被动为主动，赢得了作战胜利的主动权，其主要经验有以下几点：一是能够纵观全局，结盟御敌，调动阎锡山从北面与奉军作战，减轻了来自北方的军事威胁，避免了两面受敌作战的困境，转而集中兵力对付张宗昌的直鲁联军，使其较好地掌握了作战的主动权。二是在指挥作战中能够及时总结经验教训，灵活用兵。当马牧集初战失利后，及时调整兵力部署，缩短战线，集中主要兵力与正面战场，采取一路突入、四面围攻的战法，取得了兰封大捷，挫败了敌进攻的锐势，并给敌以重创，为以后作战奠定了胜利的基础。三是把握住有利战机，谋形造势，集中兵力，各个击破直鲁联军。在考城之战中，针对敌刘志陆部孤军冒进的情况，采用攻防结合、前后夹击的战法，将敌主力围困于考城一带，为最后夺取作战的胜利创造了有利条件。张宗昌在是役中先胜后败的主要教训就在于战前谋事不足，各路协调不够统一，形成一路孤军冒进，被冯抓住战机，各个击破，导致最后失败。